D1701294

# BITTER
**DER VERGESSENE GESCHMACK**

Manuela Rüther

# BITTER
## DER VERGESSENE GESCHMACK

Von Artischocke bis Zichorie
Rezepte für Gesundheit und Genuss

AT Verlag

FÜR STEPHAN – MEINEN MANN!

© 2016
AT Verlag, Aarau und München
Textredaktion und Lektorat: Nicola Härms, Rheinbach, und AT Verlag
Fotos: Manuela Rüther, www.elaruether.de
Foodstyling: Petra Wegler
Styling: Bettina Bormann
Druck und Bindearbeiten: Firmengruppe APPL, aprinta druck, Wemding
Printed in Germany

ISBN 978-3-03800-924-5

www.at-verlag.ch

# INHALT

**VORWORT**
9 Die Entdeckung des Bitteren

**EINLEITUNG: BITTER – DER BESONDERE GESCHMACK**
10 Bitter ist nicht gleich bitter
11 Der bittere Geschmack in der Natur
12 Geschmack entsteht im Kopf
13 *Die fünf Grundgeschmacksrichtungen*
13 *Der Bitterwert*

**EIN PAAR WORTE ZU DEN REZEPTEN**
15 Lieblingszutaten
15 Qualität
15 Bittere Raritäten
15 Zitrusfrüchte

**BITTER FÜR ANFÄNGER**
18 **Das Bittere als Gewürz**
19 Bier
19 Lattichsalate
22 Olivenöl und Oliven
23 Spargeln
25 Sprossen
25 Tahini (Sesampaste)
27 **Die Rezepte**

**AROMATISCH BITTER**
52 **Zartbitter bis scharf-bitter – gesunde Senföle in Kresse, Rettich, Meerrettich und Kohl**
53 Artischocke und Kardy
53 Brunnenkresse
55 Grünkohl, Federkohl
56 Meerrettich
56 Rettich
58 Rübstiel
58 Stängelkohl und Sprossenbrokkoli
59 Steckrüben und Speiserüben
60 **Die Rezepte**

**BITTER FÜR FORTGESCHRITTENE**
96 **Der pure Bittergeschmack von Zichorie und Wildkräutern**
97 Chicorée
97 Löwenzahn
99 Puntarelle
101 Radicchio Rosso di Treviso Tardivo
102 Zuckerhut und Endivie
104 **Die Rezepte**

**BITTER-SÜSS UND SALZIG**
136 **Die Mischung macht's – Warum süß nicht gleich süß ist**
136 Bitterorange
137 Cedro
138 Grapefruit und Pampelmuse
138 Rohkakaobohnen und Bitterschokolade
144 **Die Rezepte**

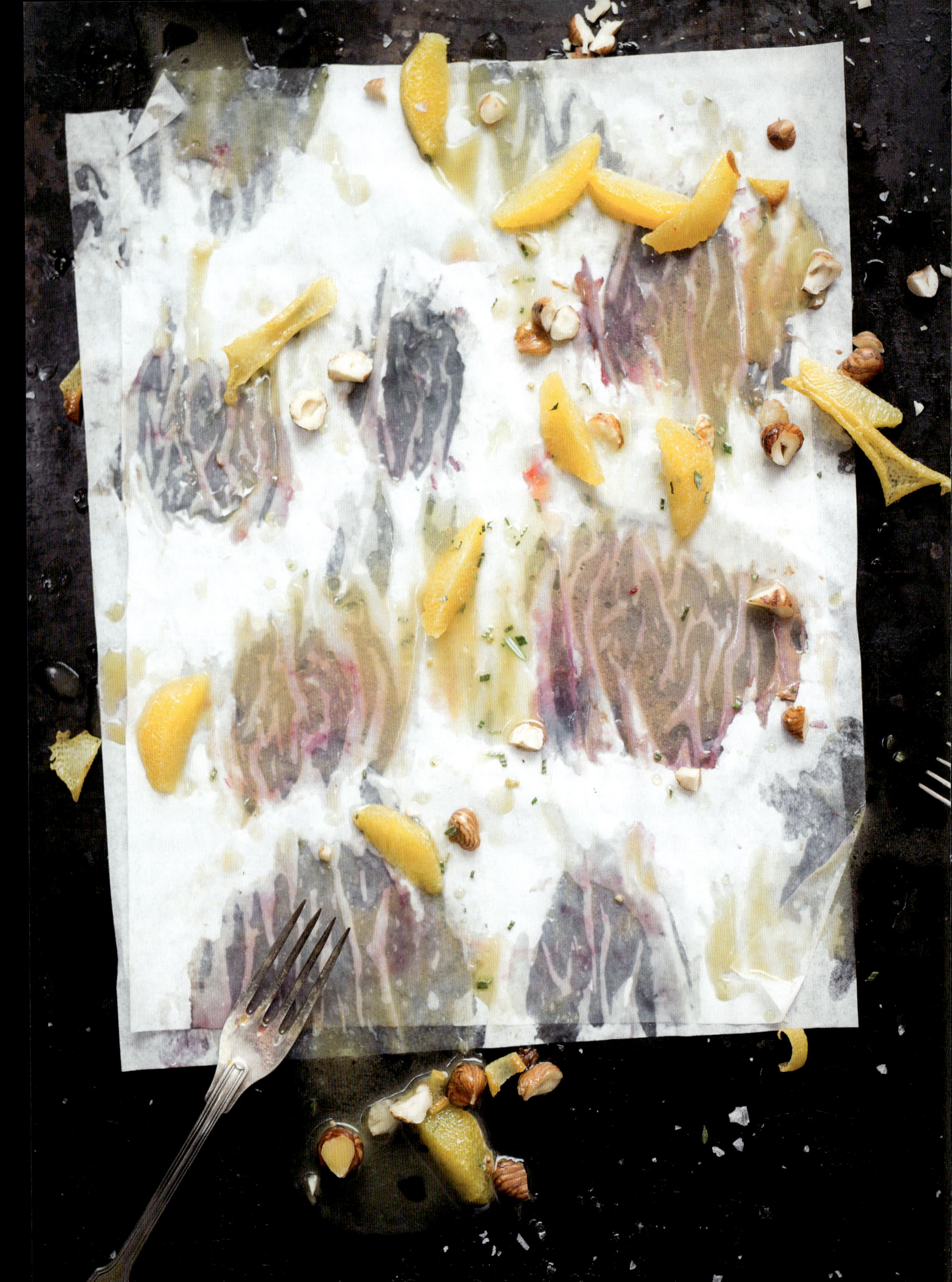

## TRINK BITTER!

- **172 Die Welt der bitteren Getränke**
- 172 Grüner Tee
- 173 Kaffee
- **178 Die Rezepte**

## BITTER-APOTHEKE

- **206 Heilende Bitterpflanzen**
- 208 Eberraute
- 208 Fenchel
- 208 Gänseblümchen
- 208 Kapuzinerkresse
- 209 Löwenzahn
- 209 Ringelblume
- 209 Schafgarbe
- 209 Wegwarte
- **212 Die Heilrezepte**

- 233 Buchhinweise
- 234 Bezugsquellen
- 235 Dank
- 235 Die Autorin
- 236 Rezeptverzeichnis

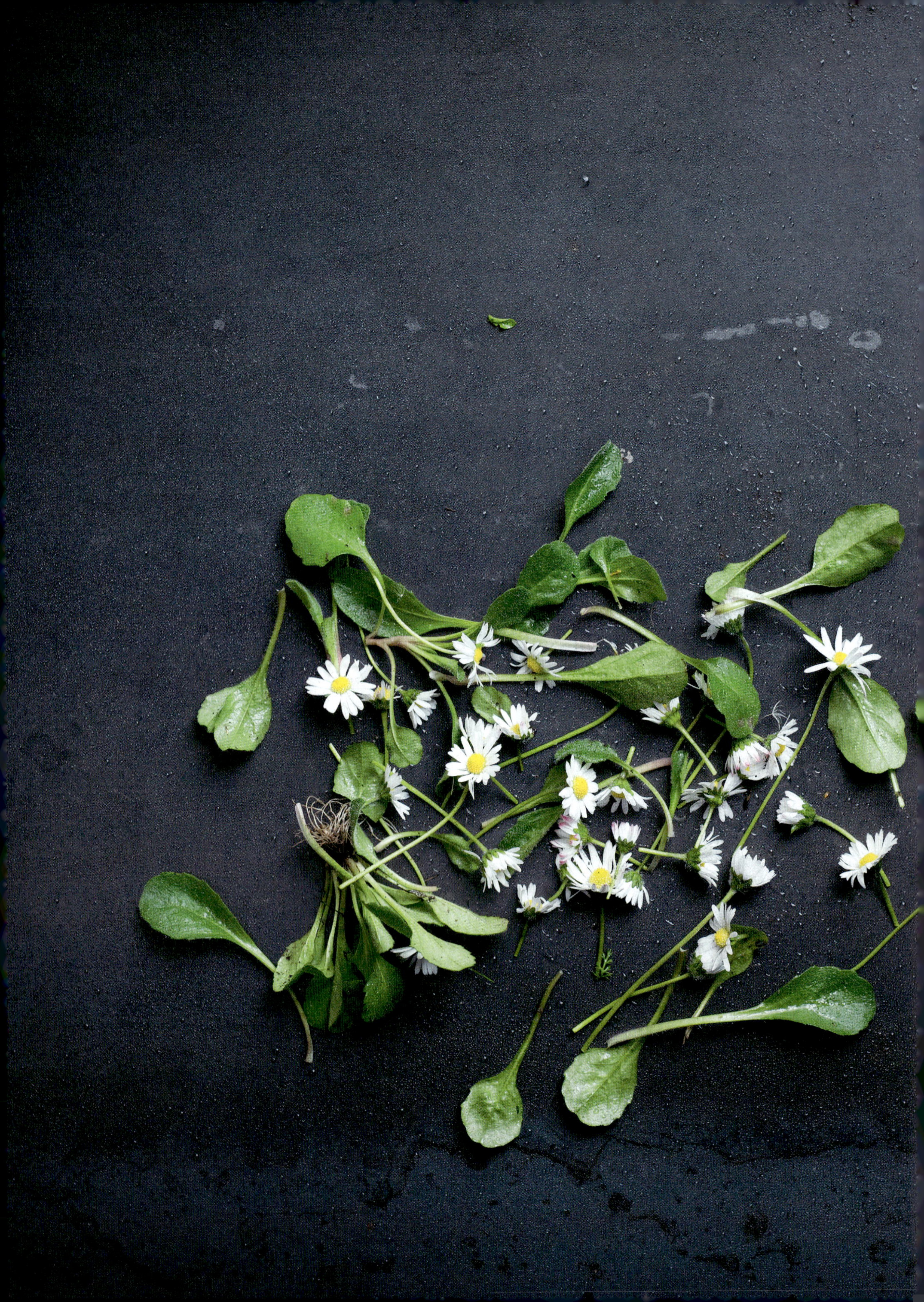

# VORWORT

## DIE ENTDECKUNG DES BITTEREN

Der bittere Geschmack ist eine geniale Dimension in der Welt der Kulinarik – die mir allerdings lange fehlte. Das Bittere hatte keine Tradition in der Familienküche meiner Kindheit. Und auch danach gab es wenig Anreize, sich mit dem Bittergeschmack in seiner ganzen Vielschichtigkeit vertraut zu machen. Als Köchin habe ich zunächst gelernt, süß, salzig und sauer in Einklang zu bringen. »Bisschen Salz, bisschen Zucker, bisschen Limette noch ...«, pflegte mein Küchenchef zu sagen. Erst in der Sterneküche begegneten mir bittere Raritäten wie Wildkräuter, Kardy und Cima di Rapa, Puntarelle, Catalogna, Tardivo und viele andere.

Aber keine Angst! Der Bittergeschmack findet sich nicht nur in solch speziellen Gewächsen. Glücklicherweise verbirgt er sich auch in alltäglichen Gewürzen und Kräutern, Tees und Schokoladen, in Rübe, Rettich und Kohl und vielen anderen leckeren Produkten. Ich war überrascht, wie lang die Liste schon nach den ersten Recherchen wurde. Und auch jetzt, da das Buch gedruckt ist, bin ich mir sicher, dass es noch viele weitere bittere Zutaten gibt, die gut hier hineingepasst hätten. Und natürlich auch viele weitere Rezepte ...

Doch mit etwas Glück geht es Ihnen beim Durchblättern des Buches wie mir bei der Recherche: Sie lassen sich inspirieren von der Vielfalt gesunder Bitterstoffe. Sie wundern sich darüber, wie viele Möglichkeiten es gibt, Bitternoten als subtiles Gewürz einzusetzen und wie gut Bitter, Süß und Salzig harmonieren. Sie staunen darüber, wie groß die Welt der aromatisch bitteren Zutaten ist, welche gesundheitlichen Trümpfe sie bieten und wie einfach sich heilsame Tees und Tinkturen für die Hausapotheke zubereiten lassen. Wem es nicht bitter genug sein kann, der wird sich an Zichoriengewächsen, bitter-süßen Zitrusfrüchten und aromatischen Wildkräutern gar nicht satt essen können.

Viel Spaß beim Kochen und guten Hunger!

Manuela Rüther

# BITTER – DER BESONDERE GESCHMACK

Der bittere Geschmack ist etwas Besonderes. Er ist reizvoll, doch zugleich auch anspruchsvoll. Man muss bereit sein, ihm eine gewisse Aufmerksamkeit zu schenken und sich daran zu gewöhnen. Doch warum ist das so? Was ist das Bittere eigentlich?

Zunächst muss man wissen, dass es nicht den einen bitteren Geschmack gibt. Vielmehr sorgen unzählige Bitterstoffe dafür, dass wir etwas als bitter wahrnehmen. Diese Bitterstoffe sind keine chemisch einheitliche Gruppe, sondern zeichnen sich zunächst einmal vor allem dadurch aus, dass sie bitter schmecken. Lactucopikrin sorgt in Wegwarte und Lattichsalaten für bittere Aromen. In der Artischocke steckt der gesunde Bitterstoff Cynarin, Intybin sorgt für die Bitternoten von Radicchio und Chicorée. In Grapefruits und Pomelos steckt das Glykosid Naringin, das sich durch eine antioxidative und lipidsenkende Wirkung auszeichnet. Alle Gemüse, die zur Familie der Kreuzblütler gehören, enthalten gesunde Senfölglykoside. Sinigrin und Gluconasturtiin aus Meerrettich und Kapuzinerkresse können sogar entzündungshemmend, antimykotisch (pilzwidrig) und antibakteriell wirken.

Schon diese Aufzählung zeigt: Bitterstoffe haben ganz besondere Fähigkeiten. Häufig werden sie als wahre Wundermittel angepriesen, die Lebensfreude und Gesundheit bringen sollen. In Wirklichkeit sind sie einfach essenzielle Bausteine einer gesunden Ernährung. Wer regelmäßig Bitterstoffe zu sich nimmt, tut besonders Magen und Darm viel Gutes. Bitterstoffe kurbeln die Bildung der Verdauungssäfte an, sie fördern die Darmbewegung und erleichtern damit die Verdauung im Allgemeinen und die Fettverdauung im Speziellen. Eine intakte Verdauung sorgt wiederum für allgemeines Wohlbefinden und Gesundheit, denn ein Großteil unserer Immunzellen ist im Darm angesiedelt. Eine gesunde Darmflora ist daher die beste Grundlage für ein starkes Immunsystem und gute Abwehrkräfte. Eine Tasse Löwenzahn- oder Wegwartentee regt die Verdauung schon vor dem Essen an und zügelt gleichzeitig den Appetit. Isst man eine Grapefruit oder kaut zwischendurch einige Blätter Bittersalat, drosselt dies den Drang nach Süßigkeiten und soll sogar beim Abnehmen helfen. Und auch Getränke wie Campari oder Aperol haben als Appetitanreger ihre Berechtigung, denn sie enthalten viele Bitterstoffe.

## BITTER IST NICHT GLEICH BITTER

Bitterkeit ist nicht objektiv messbar. Wie bitter ein Nahrungsmittel letztendlich schmeckt, hängt von vielen verschiedenen Faktoren ab. Zunächst davon, wie das Nahrungsmittel zusammengesetzt ist. Dominieren die bitteren Aromen oder halten sie sich im Hintergrund? Zudem ist es eine Frage der individuellen Geschmackswahrnehmung, die wiederum genetisch bedingt ist. Je nachdem, wie viele Bitterrezeptoren wir für die Dekodierung von Bitterstoffen zur Verfügung haben, reagieren wir mehr oder weniger sensibel darauf. Die Wissenschaft unterscheidet daher sogenannte »Nichtschmecker« von »Normalschmeckern« und »Superschmeckern«. Dabei ist es nicht so, dass Nichtschmecker gar nichts schmecken würden. Sie sind einfach mit weniger Geschmacksknospen ausgestattet und tolerieren daher bittere, aber auch scharfe Lebensmittel besser. Superschmecker hingegen reagieren solchen Lebensmitteln gegenüber extrem sensibel.

Weitere Faktoren, die unser individuelles Geschmacksempfinden bestimmen, sind unsere Essgewohnheiten und unser kulinarischer Horizont. Unsere Essgewohnheiten können ganz unterschiedlich sein. Vielleicht sind sie geprägt durch Neugierde, durch vielfältige Einflüsse und das Ausprobieren immer neuer Rezepte. Oder sie basieren auf stets wiederkehrenden gleichen Rezepturen und Gerichten. Auch unsere Prägung und unser kulturelles Umfeld spielen eine wichtige Rolle. Es gibt Geschmäcke, die wir seit Kindertagen lieben oder verabscheuen. Es gibt aber auch viele, die wir nie kennengelernt haben und die im Erwachsenenalter auf den ersten Biss befremdlich wirken. Für viele Mitteleuropäer gehört das Bittere zu diesen eher unbekannten Geschmäcken.

Und schließlich wäre da noch unser Alter ... Die Chance, dass einem Bitteres mit zunehmendem Alter immer besser schmeckt, ist groß, denn die Sensibilität der Geschmacksknospen nimmt ab. Insofern wird das Bittere gern als »erwachsener« Geschmack beschrieben. Tatsächlich würde kaum ein Kind freiwillig Kaffee oder Bier trinken und bei Steckrüben oder Grünkohl am liebsten gleich den Teller wegschieben.

## DER BITTERE GESCHMACK IN DER NATUR

Warum löst Bitteres bei Kindern, aber auch bei vielen Erwachsenen oft Missfallen aus, während Chips und Sahnetorten immer und allen schmecken? Bitterstoffe lassen uns instinktiv zunächst zurückschrecken. Der Grund dafür ist einfach: In der Natur deuten sie in der Regel auf unreife oder verdorbene, oft sogar giftige Nahrungsmittel hin. In Sahnetorte und Chips hingegen dominieren die drei Grundgeschmacksrichtungen, die jeder Mensch von Natur aus bevorzugt: Süß, Salzig und Umami. Biologisch gesehen deuten diese drei Grundgeschmäcke auf lebenswichtige Inhaltsstoffe hin: Ein konstanter Salzspiegel ist elementar für verschiedene Körperfunktionen. Der Umami-Geschmack verrät tierische und pflanzliche Proteinquellen, während das Süße lebenswichtige Kohlenhydrate anzeigt. Die Kombination der beiden zuletzt Genannten prägt uns von Geburt an, denn sie findet sich in Form von Milchzucker und Eiweiß schon in der Muttermilch.

Daher ist es nicht verwunderlich, dass unser Instinkt zu Chips und Sahnetorte Ja sagt. Die Lebensmittelindustrie macht sich genau dieses Phänomen zunutze, indem sie nahezu alle Produkte mit großen Mengen Zucker und Salz, eventuell sogar noch mit Natriumglutamat oder Hefeextrakt versetzt. Mit der Folge, dass der heutige Mensch sich an eine besonders hohe Dosis dieser Geschmäcke gewöhnt hat. Saure Noten werden als Würzmittel gerade noch eingesetzt, während das Bittere kaum Verwendung findet. Es ist zu ungewohnt und behindert eher die einfache Verkäuflichkeit eines Produkts. Auch in den verschiedenen Gemüsesorten finden wir es kaum noch, denn die Masse der Konsumenten möchte Grünzeug, das sich durch milde bis süßliche Aromen auszeichnet. Selbst Grapefruits, deren Charakteristikum von Natur aus ihr bitterer Geschmack sein sollte, werden in immer süßeren Varianten gezüchtet. Eine verlässliche Bitterstoffquelle sind dagegen Wildgemüse und Wildkräuter. Wer wilden Löwenzahn mit gezüchtetem vergleicht, wird über den Unterschied staunen. Das wilde Kraut enthält nicht nur viel mehr Bitterstoffe, sondern ist auch deutlich aromatischer. Zudem glänzen Wildkräuter im Vergleich zu Kulturgemüse durch ein Vielfaches an Vitaminen, Mineralstoffen und sekundären Pflanzenstoffen.

## GESCHMACK ENTSTEHT IM KOPF

Wenn wir über den bitteren Geschmack sprechen, ist immer zu bedenken, dass es keinen objektiven Geschmack gibt und dass zwei Menschen niemals den genau gleichen Geschmack meinen. Denn Geschmack ist ein Sammelsurium von einzelnen Sinneswahrnehmungen, die sich erst im Gehirn zu einem Gesamteindruck verbinden. Zu diesen Sinneswahrnehmungen gehört neben dem eigentlichen Schmecken vor allem das Riechen. Aber auch das Sehen, Hören und Fühlen können zur finalen Geschmackswahrnehmung beitragen.

Wenn man sich die Nase zuklemmt, wird man verwundert feststellen, wie wenig Geschmack übrig bleibt. Wir schmecken dann nur noch die Grundgeschmacksrichtungen, die auf der Zunge durch den Speichel gelöst, von den Rezeptoren wahrgenommen und an das Gehirn weitergeleitet werden (gustatorische Wahrnehmung). Der größere Teil unseres Geschmacks basiert jedoch auf flüchtigen Aromastoffen, die wir vor, während und nach dem Essen riechen (olfaktorische Wahrnehmung). Jeder kennt das: Wenn man einen frisch gebackenen Kuchen oder einen leckeren Braten riecht, knurrt einem sogleich der Magen. Oder nur schon, wenn man daran denkt. Experimente zeigen, wie sehr wir uns von Aromen leiten lassen. Für eine Studie ließ man Probanden mit verbundenen Augen heißes Wasser trinken. Gleichzeitig rochen sie den Duft von frisch gerösteten Kaffeebohnen. Alle waren der Meinung, Kaffee zu trinken.

Ein anderes Experiment zeigt, wie sehr das Aussehen eines Nahrungsmittels unseren Geschmack stimuliert: Weinexperten wurden ein Rot- und ein Weißwein zur Verkostung gereicht. Dabei war der Rotwein ein mit Lebensmittelfarbe gefärbter Weißwein. Die Weinexperten schrieben ihm trotzdem typische Rotweincharakteristika zu. Hinzu kommt der Tastsinn im Mund, aber auch der Tastsinn unserer Hände, der uns hilft zu entscheiden, ob etwas die gewohnte Konsistenz und damit den vermeintlich richtigen Geschmack hat. Und letztendlich kann uns manchmal auch unser Gehör etwas über die Qualität beispielsweise von Schokolade oder die Backstufe eines Brotlaibs sagen. All diese Eindrücke werden auf unterschiedlichen Wegen an das Gehirn geleitet, dort verglichen und dekodiert, um dann als ganz individueller Geschmackseindruck wahrgenommen zu werden.

## DIE FÜNF GRUNDGESCHMACKSRICHTUNGEN

Fünf Geschmacksqualitäten – Bitter, Süß, Sauer, Salzig und Umami (würzig, wohlschmeckend) – sind heute wissenschaftlich anerkannt. Vieles deutet darauf hin, dass auch Fett zu diesen Qualitäten gehört. Schärfe gilt nicht als Geschmacksqualität, sondern als Schmerzempfindung auf der Zunge. Im Verlauf der Geschichte ging man teilweise von über zehn verschiedenen Geschmacksqualitäten aus. Erst im Jahr 1864 definierte Doktor Adolf Fick die ersten vier unserer heutigen Grundqualitäten. Umami wurde zwar schon 1908 von dem japanischen Forscher Ikeda Kikunae wissenschaftlich nachgewiesen, aber erst Ende des 20. Jahrhunderts als fünfter Grundgeschmack anerkannt. Der aus dem Japanischen stammende Begriff Umami wird mit »fleischig« und »wohlschmeckend« übersetzt; er wird durch die Aminosäuren Glutaminsäure und Asparaginsäure ausgelöst.

## DER BITTERWERT

Bitterkeit ist keine objektiv messbare Eigenschaft. In der Pharmazie gibt es aber den sogenannten Bitterwert, der zur quantitativen Beschreibung des Bittergrades verwendet wird. Er ist der reziproke Wert derjenigen Konzentration, die gerade noch als bitter wahrgenommen wird. Zum Vergleich dient eine wässrige Lösung aus Chininhydrochlorid, deren Bitterwert mit 200 000 festgelegt ist. Das bedeutet: Wenn man 1 Gramm Chininhydrochlorid in 200 000 Milliliter Wasser gibt, schmeckt es gerade noch wahrnehmbar bitter. Chininhydrochlorid ist ein Alkaloid aus der Chinarinde. Der Bitterstoff Amarogentin, der in den Wurzeln mancher Enzianarten vorkommt und als die bitterste natürliche Substanz der Welt gilt, hat den Bitterwert 58 000 000.

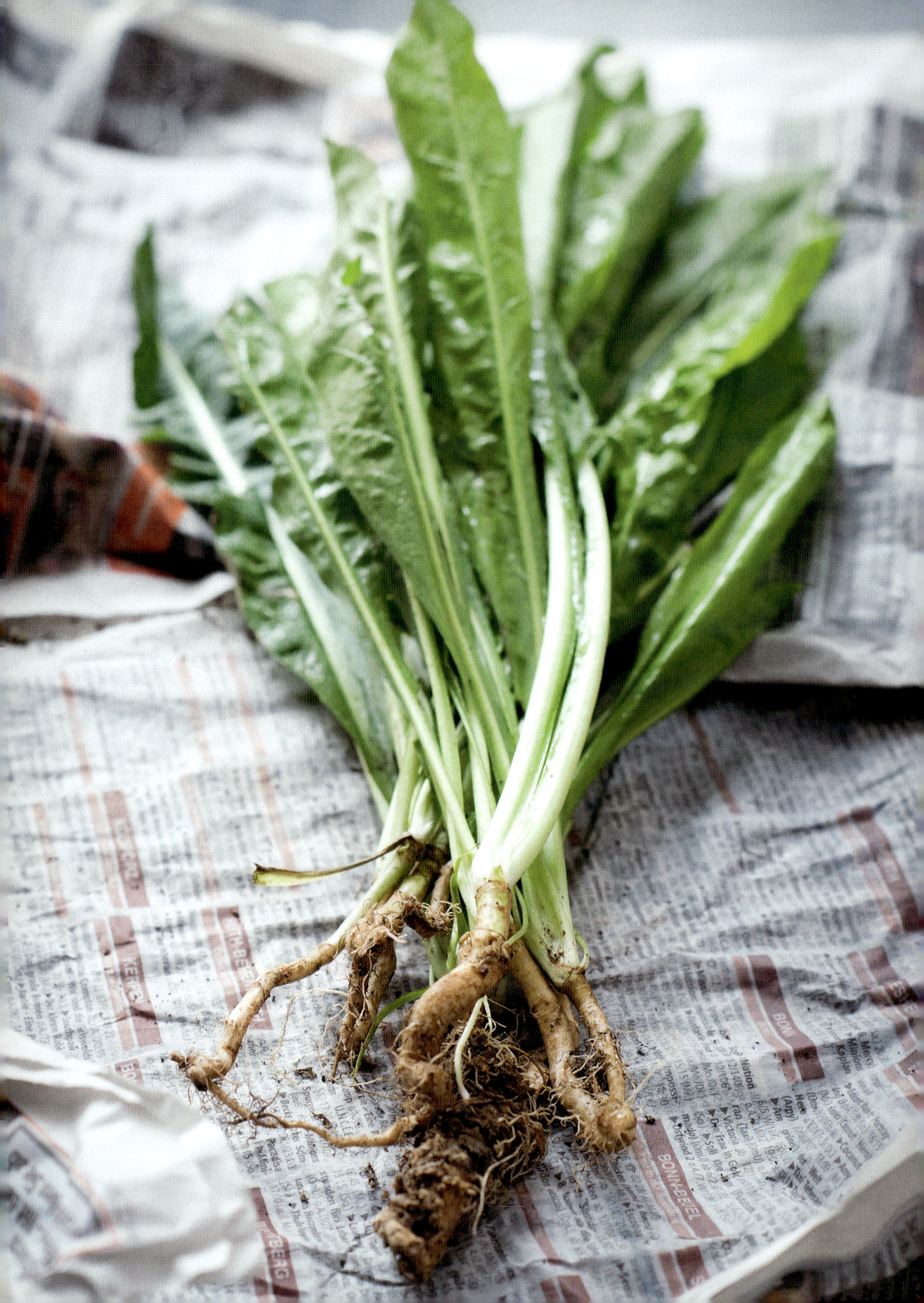

# EIN PAAR WORTE ZU DEN REZEPTEN

## LIEBLINGSZUTATEN

Sie werden sehen, dass in meinen Rezepten drei Lieblingszutaten immer wieder auftauchen: Agavendicksaft, Fleur de Sel und grünes Olivenöl. Agavendicksaft finde ich als Süßmittel unschlagbar, denn er ist etwas flüssiger als Honig und damit besser dosierbar. Gleichzeitig ist er nicht ganz so süß. Alternativ kann man Ahornsirup, Rübensirup, Honig oder braunen Zucker verwenden. Fleur de Sel sind sehr dünne, meist pyramidenförmige Salzflocken, die Gerichten einen dezenten Salzakzent verleihen. Es ist vergleichsweise teuer, doch man benötigt davon nur wenig. Fleur de Sel schmeckt übrigens auch in Kuchen, Keksen und Schokolade großartig. Beim Olivenöl verwende ich gerne das grasig-herbe grüne Öl, da es bitterer schmeckt. Nach Belieben kann man natürlich auch fruchtigere Sorten verwenden. Hauptsache, es ist ein qualitativ hochwertiges kaltgepresstes Öl.

## QUALITÄT

Die Qualität der Produkte ist das A und O in der Küche. Gute Zutaten garantieren Genuss und erleichtern das Kochen, indem das pure Produkt bereits so gut schmeckt, dass man sein Grundaroma höchstens noch mit etwas Salz, vielleicht Zucker, ein wenig Säure und etwas Fett zu unterstützen braucht. Das Kochen beginnt daher schon beim Einkauf – oder im eigenen Garten! Aus minderwertigen Zutaten dagegen kann man kein gutes Essen kochen. Aus wässrigen Tomaten ohne Geschmack wird auch eine Tomatensauce, die leer und fade schmeckt. Fleisch von Tieren aus Massentierhaltung hat viel weniger Eigengeschmack und eine andere Textur als solches von Tieren aus Auslauf- und Weidehaltung ohne Kraftfutter- und Antibiotikaeinsatz. Dass auch die Inhaltsstoffe solcher Nahrungsmittel ungenügend sind, versteht sich von selbst.

## BITTERE RARITÄTEN

In einigen Rezepten werden Sie Zutaten finden, die je nach Jahreszeit schwer zu bekommen sind. Sie wurden für dieses Buch trotzdem ausgewählt, um möglichst viel Anregungen und neue Ideen zu geben. Denn gerade wenn es um die bitteren Noten geht, findet man viele interessante und schmackhafte Zutaten außerhalb der Supermarkttheke. Um aber die Nachkochbarkeit der Rezepte zu gewährleisten, sind wo immer möglich und sinnvoll Alternativen angegeben. Außerdem finden Sie im Anhang einige Bezugsquellen, die bei der Beschaffung seltenerer Zutaten helfen können.

## ZITRUSFRÜCHTE

Zitrusfrüchte werden in diesem Buch mitsamt ihrer Schale verwendet. Achten Sie beim Kauf daher unbedingt darauf, dass die Schale der Früchte unbehandelt ist (Bioqualität) und dass die Früchte aus ökologischer Landwirtschaft stammen.

# BITTER
## FÜR ANFÄNGER

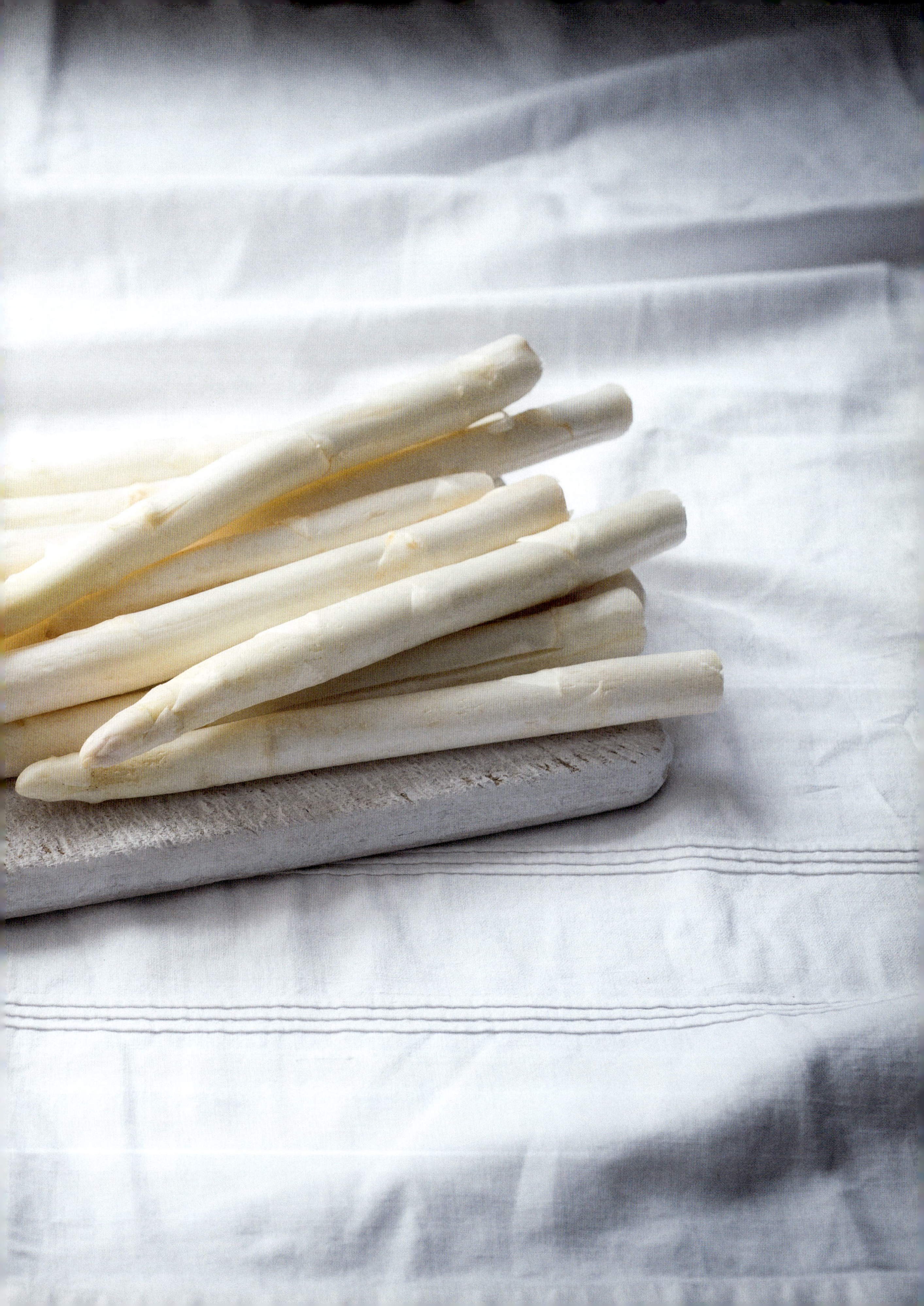

## DAS BITTERE ALS GEWÜRZ

Wer beim Thema »Bitter« nur an Radicchio und Bitterschokolade denkt, wird sich wundern. Denn Bitteres steckt, ganz ohne sich aufzudrängen, in unzähligen Zutaten. Es gibt Gemüse mit dezenten Bitternoten wie Spargel, Sellerie, bestimmte Sprossen oder die Salate der Lattichfamilie. Auch Aprikosen und Mirabellen haben leichte Bitternoten. Daneben enthalten unzählige Gewürze und die meisten Kräuter gesunde Bitterstoffe: unter ihnen Gewürze wie Muskatnuss, Zimt, Macis, Anis, Gelb- und Veilchenwurz, Ingwer, Nelken, Piment, Süßholz, Kardamom und Galgant. Auch Kräuter wie Salbei, Minze, Oregano, Thymian, Rosmarin und Bohnenkraut sind bitterstoffreich. Ebenso gut lassen sich mit der abgeriebenen Schale von Zitrusfrüchten, etwas bitterer Schokolade, Sesampaste (Tahini), einigen gehackten Walnüssen oder mit Olivenöl oder Bier bittere Akzente setzen.

Das Bittere ist für einen ausgewogenen Geschmack wichtig, weil es Gerichte im Mund spannend und vollmundig macht. Ein Beispiel: Beim Dressing puffern Zucker, Honig oder Fruchtsüße die Säure ab. Das Olivenöl bringt Fett als abrundenden Geschmacksträger und liefert gleichzeitig subtile Bitternoten. Senf sorgt nicht nur für Bindung, sondern bringt weitere scharf-bittere Noten. Wenn alle Grundgeschmäcke harmonieren und keiner die anderen überdeckt, ist das Dressing »gut« abgeschmeckt. Dabei sorgen Süße, Fett und Umami für das Fundament, während Salz, Säure und Bitterstoffe als »störende« Elemente wirken und interessante Akzente setzen. Sie sorgen für Spannung und einen komplexen Geschmackseindruck. Isst man aufmerksam und langsam, merkt man, wie im Mund etwas passiert. Nacheinander entfalten sich zuerst saure und salzige Aromen. Erst nach etwa einer Sekunde nehmen wir süße und bittere Reize wahr, denn ihre Übermittlung an das Gehirn ist komplexer. Da sich die Bitterrezeptoren vermehrt im hinteren Bereich der Zunge, am Zungengrund, aber auch in Gaumensegel, Nasenrachen, Kehlkopf und Speiseröhre befinden, hallen die bitteren Noten relativ lange nach.

Wer vielschichtig und gesund kochen möchte, erhält auf den folgenden Seiten einen Überblick darüber, in welchen Produkten gesunde Bitterstoffe enthalten sind und was man mit ihnen in der Küche anfangen kann. Selbst wenn man kein Fan von Chicorée, Radicchio und Bitterorange ist, bieten sich unendlich viele weitere Möglichkeiten. Ein schöner Nebeneffekt ist, dass Bitterstoffe vitalisierend und wohltuend sind. Sie wirken appetitanregend und fördern die Produktion von Magen- und Gallensäften und damit die Verdauung. Nicht umsonst werden bittere Getränke gern als Aperitif oder Digestif gereicht. Viele Bitterstoffe wirken zudem entgiftend, entzündungshemmend, antioxidativ und krampflösend und damit positiv auf den gesamten Stoffwechsel.

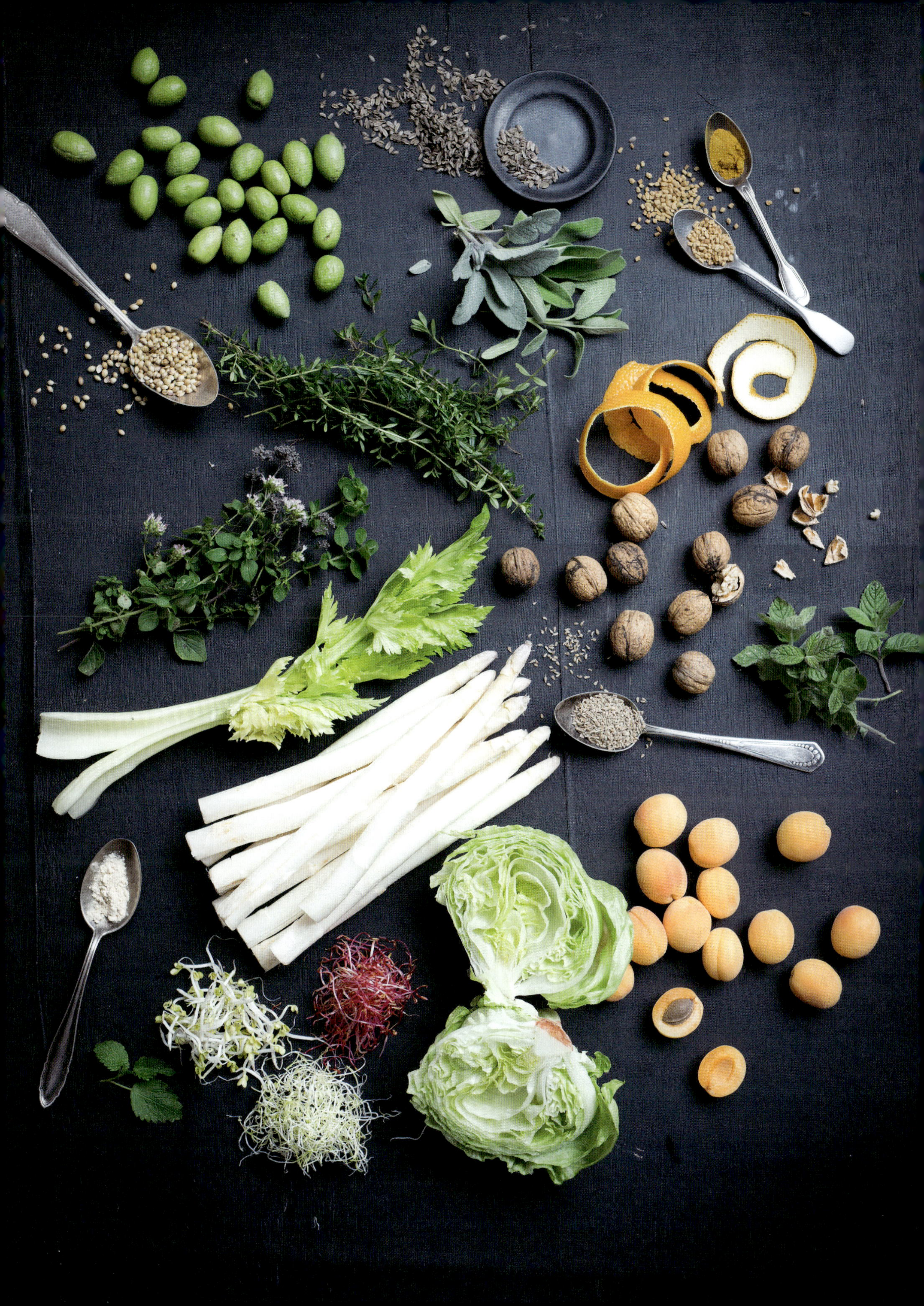

## BIER

Während Wein als Kochzutat beliebt und bekannt ist, fließt Bier wesentlich seltener in den Kochtopf. Zu Unrecht, denn mit Bier lassen sich eigentlich alle Gerichte kochen, die auch mit Wein funktionieren. Natürlich schmecken sie mit Bier völlig anders. Während der Wein eine dominante Säure und fruchtige Komponenten hat, bietet das Bier vor allem würzig-bittere, je nach Sorte auch mehr oder weniger süßliche Aromen. Die fehlende Säure kann man beim Kochen durch Zitronensaft oder einen Schuss Essig ergänzen.

Wie Wein ist Bier ein uraltes Nahrungsmittel. Seine Wurzeln reichen zurück bis nach Mesopotamien, auch die alten Ägypter und die Kelten brauten Bier. Im Mittelalter wurde Bier nicht nur in den Klöstern gebraut, sondern auch zu Hause. Damals wurden statt Hopfen verschiedene, häufig bittere Zutaten wie Gundermann oder Kräutermischungen zum Würzen eingesetzt. Heute ist Bier in Deutschland und vielen anderen Ländern das meistkonsumierte alkoholische Getränk. Dank des Trends zu handwerklich gebrautem »Craft Beer« erfreuen wir uns heute einer Fülle unterschiedlichster Biere aus teilweise kleinsten und lokalen Mikro-Brauereien.

Doch was ist Bier eigentlich? Wie Wein ist es ein alkoholisches Getränk, das durch Gärung entsteht. Zur Gärung benötigt man stets Zucker. Während der Zucker bei der Weingärung aus den Trauben kommt, wird beim Bier Stärke in Form von gemälztem Getreide vergoren. Die bitteren Aromen erhält das Bier durch den Hopfen. Für die bei uns bekannten Biersorten wird Braugerste oder Weizen verwendet. Weltweit gibt es aber unterschiedlichste bierähnliche Getränke, die je nach Region mit Roggen, Reis, Hirse oder Mais gebraut werden. In Südamerika kennt man das prickelnd herbe Chicha, ein aus Mais gebrautes alkoholisches Getränk. In Russland und Osteuropa ist das deftige, aus vergorenem Roggenbrot hergestellte Kwas beliebt. In vielen afrikanischen Ländern werden traditionell verschiedenste Biere gebraut, nahrhafte Getränke mit rauchig-würzigem Geschmack und trübem Aussehen. Sie werden nicht in Flaschen abgefüllt, sondern in speziellen Hütten frisch ausgeschenkt, meist von den Familien, die sie brauen. Die Basis dieser Biere ist Hirse, aber auch Gerste, Weizen und Mais werden über dem offenen Feuer verarbeitet und spontan, also ohne den Zusatz von Hefen, vergoren.

## LATTICHSALATE

Bei Salaten unterscheidet man grundsätzlich zwischen den von der Wegwarte abstammenden Zichoriensalaten und der Familie der Lattichsalate. Zu den Zichoriensalaten zählen zum Beispiel Radicchio, Chicorée oder Endivie. Sie schmecken bitterer als die Lattichsalate und haben im Kapitel Bitter für Fortgeschrittene ihren großen Auftritt. Zu den Lattichsalaten gehören Kopf- und Eisbergsalat (auch Bataviasalat genannt) sowie die Schnittsalate Eichblatt, Lollo rosso und Lollo bionda. Römersalat, auch Bindesalat genannt, gehört ebenfalls dazu; er ist geschmacklich etwas kräftiger als die vorher genannten.

Lattichsalate, auch Gartensalat oder *Lactuca* genannt, enthalten allesamt in den Blattrippen, im Strunk und in der Wurzel einen leicht bitter schmeckenden Milchsaft. Dieser enthält die gesunden Bitterstoffe Lactucin und Lactucopikrin, die nicht nur die Verdauung anregen, sondern einer Laborstudie zufolge sogar gegen die Erreger der Malaria wirken. In den Wurzeln sind noch weitere Bitterstoffe zu finden. Zudem enthalten Lattichsalate Vitamin A und K1, Flavonoide, das ätherische Öl Cumarin und Mineralien. Wer die Bitterstoffe der Lattichsalate voll auskosten möchte, sollte den Strunk und die dickeren Blattrippen mitessen.

## OLIVENÖL UND OLIVEN

Erst seit der zweiten Hälfte des 20. Jahrhunderts eroberte die Olive Nordeuropa. Doch inzwischen ist sie aus unseren Küchen nicht mehr wegzudenken. Ein gutes Olivenöl verleiht Salatdressings, Pestos und Dips ein besonderes Aroma. Ein Schuss kaltgepresstes Olivenöl darf in keinem Pastagericht fehlen. Und eingelegte Kalamata-Oliven sind unwiderstehlich: Ihr weiches Fruchtfleisch schmeckt hoch aromatisch und süßlich-bitter. Kein Wunder, dass die auf dem südlichen Peloponnes angebaute Sorte zu den besten und teuersten Olivensorten zählt. Wer zum ersten Mal rohe Oliven kauft, wird sich allerdings wundern, denn sie schmecken ungenießbar. Bevor man sie essen kann, müssen sie zunächst »entbittert« werden. Dafür ritzt oder sticht man ihr Fruchtfleisch rundherum ein und legt sie über Tage in Salzlake ein, die man regelmäßig wechselt. So werden ihnen die meisten Bitterstoffe entzogen.

Geschmacklich reicht das Spektrum von Oliven und Olivenölen von fruchtig, mild und leicht süßlich, mit Apfel und Mandelaromen über würzig-pfeffrig bis zu zartbitter und pikant, mit grünen Noten von Gras und Kräutern. Dabei sind schwarze Oliven fruchtig-aromatischer als die unreif geernteten grünen. Sie enthalten zudem mehr Vitamine und Inhaltsstoffe. Auch bei den Olivenölen aus schwarzen Oliven dominieren die fruchtigen, reiferen Komponenten, und Carotine sorgen für eine goldene Farbe. Grünes Öl dagegen enthält mehr Chlorophyll. Es schmeckt grasig-herb, pflanzlich, mit deutlichen Bitternoten.

Oliven und Olivenöl gelten als gesund und heilkräftig. Schon in der Antike wurde das Öl zur Schönheitspflege und bei Hauterkrankungen oder Entzündungen eingesetzt. Tatsächlich hat es durch den Wirkstoff Oleocanthal eine entzündungshemmende Wirkung. Darüber hinaus ist es reich an einfach ungesättigten Fettsäuren, die sich positiv auf das Herz-Kreislauf-System und den Fettstoffwechsel auswirken sollen. Oliven sind gute Energielieferanten und enthalten viel Natrium, aber auch Calcium, Phosphor und Eisen. Außerdem sind sie reich an Vitamin A, Folsäure und Polyphenolen, also sekundären Pflanzenstoffen, die für den bitteren Geschmack verantwortlich sind.

Schwierig ist es, angesichts der vielen Oliven- und Olivenölsorten den Überblick zu behalten. So manche schwarze Oliven sind mit Eisengluconat (E 579) oder Eisenlactat (E 585) gefärbte grüne Oliven. Und besonders Olivenöle stehen immer wieder in der Kritik. Unter den kaltgepressten Ölen der besten Kategorie »nativ extra« schnitten 2016 in einem Vergleich der Stiftung Warentest 13 von 26 Ölen mit der Bewertung »mangelhaft« ab. In einigen wurden Mineralöle, in anderen Pestizide nachgewiesen. Doch wie kann ein so hochwertiges Naturprodukt so tief sinken? Und wie kann man solch schlechte Lebensmittel vermeiden? Das Wichtigste ist, sich gut zu informieren. Der Olivenölmarkt teilt sich in große, international agierende Konzerne, die viel Öl für möglichst wenig Geld produzieren. Um den Preis stabil zu halten, mischen sie nicht selten Olivenöle aus unterschiedlichen Regionen, EU-Ländern, aber auch aus Drittländern wie Tunesien. Auf der anderen Seite stehen kleinere landwirtschaftliche Betriebe, die sich durch aufwendig handwerklich hergestellte und dadurch teurere Olivenöle auszeichnen.

*Mirabellen*

*Süßholz*

Natürlich ist ein kleiner Betrieb noch kein Garant für ein außerordentlich gutes Öl. Die Qualität des Öls wird durch den Erntezeitpunkt, die Güte der Oliven, Zeitpunkt und Art der Pressung sowie durch ihre weitere Verarbeitung bestimmt. Traditionell werden zur Ernte Netze unter die Bäume gespannt und die Oliven von Hand oder mithilfe von Stöcken oder Kämmen von den Bäumen geholt. Im ursprünglichen Verfahren werden die Oliven dann zwischen zwei Mühlsteinen gemahlen, sodass ein Öl-Wasser-Gemisch austritt. Heute werden schonendere Pressverfahren unter Vakuum angewendet, darauf wird das Öl zentrifugiert und umgehend filtriert. Dabei kann besser kontrolliert werden, dass die Temperatur bei der Kaltpressung nicht über 27 Grad steigt und dass Pressgut sowie der Saft möglichst wenig Sauerstoffkontakt haben.

## SPARGEL

Diese fein aromatischen Sprossen gelten als besonders edel, doch ihre Zubereitung ist einfach und vor allem sehr vielfältig. Längst vorbei sind die Zeiten, in denen Spargeln nur weich gekocht mit einer schweren Hollandaise serviert wurden. Sie schmecken auch roh mariniert, gedünstet, gedämpft, gebacken und gebraten. Wichtig ist nur, ihre zarten, leicht bitteren Aromen nicht unnötig mit Gewürzen zu überdecken. Etwas Säure, etwas Süße und Butter oder Olivenöl reichen aus.

Roh oder nur kurz gebraten, steckt der Spargel voller gesunder Inhaltsstoffe. Er ist reich an Vitamin C, Vitaminen der B-Gruppe und Vitamin E. Zudem enthält er relativ viel Kalium, Calcium, Magnesium und Phosphor. Die Wurzel des wilden Spargels wurde in China schon vor über fünftausend Jahren gegen Husten, Blasenprobleme und Geschwüre eingesetzt. Die alten Ägypter, Griechen und Römer empfahlen Spargel ebenfalls als harntreibend, abführend und gegen Gelbsucht. In der modernen Naturheilkunde werden Spargelpräparate zum Durchspülen bei Harnwegsinfekten und zur Vorbeugung von Nierengrieß empfohlen.

Aufgrund der kurzen Saison von März bis Juni und der arbeitsintensiven Ernte ist Spargel ein relativ teures Gemüse. Die weißen Spargelsprossen werden, kurz bevor sie aus der Erde kommen, von Hand gestochen. Schon als der Spargelanbau im 16. Jahrhundert aufkam, galten die Stangen daher als Delikatesse der Aristokratie. Gegessen wurden sie allerdings ganz einfach mit den Fingern, da das Silberbesteck durch die schwefelhaltigen Verbindungen angelaufen wäre.

Frische Spargelstangen sind leicht zu erkennen: Sie quietschen beim Aneinanderreiben und brechen, wenn sie herunterfallen. Ihre Enden sind weiß und saftig. Ungeschälter Spargel lässt sich im Gemüsefach des Kühlschranks einige Tage lagern. Man schlägt ihn am besten in ein feuchtes Küchentuch ein und befeuchtet dieses immer wieder. Die Schalen kann man gut verwerten, indem man sie im Kochwasser des Spargels oder in leicht gesalzenem Wasser nochmals aufkocht. So gewinnt man eine aromatische Grundlage für Spargelsuppen und Saucen.

## SPROSSEN

Eigentlich handelt es sich bei diesen gerade aus den Samenkörnern gekeimten Pflanzen um Sämlinge. Im Unterschied zu den sogenannten »Micro Leaves« oder »Microgreens« wachsen sie auf Vlies und werden samt ihrer Wurzel gegessen. Sprossen kann man einfach zu Hause selber ziehen. Ihre nussigen bis pikantscharfen Aromen eignen sich als grüne Würze für Salate und Dips, Vorspeisen und Suppen. Sprossen lassen sich unter anderem aus Getreide, Pseudogetreide und Hülsenfrüchten ziehen, außerdem aus Bockshornklee-, Sesam-, Dill- und Fenchelsamen sowie aus Kreuzblütlern wie Brokkoli, Kohlrabi, Rettich, Radieschen, Rucola und Senf. Besonders die Kreuzblütler schmecken würzig scharf und leicht bitter. Sprossen gelten als besonders gesund, da sie mehr Inhaltsstoffe enthalten als die ausgewachsene Pflanze. Sie sind vitamin- und proteinreich, zudem liefern sie Ballaststoffe und vitalisierende Bitterstoffe.

## TAHINI (SESAMPASTE)

Diese Paste aus fein gemahlenen Sesamkörnern stammt aus der orientalischen Küche. Weißes Tahini wird aus geschältem Sesam zubereitet und hat einen milden Geschmack. Dunkles Tahini besteht aus ungeschältem Sesam und schmeckt wesentlich bitterer. Es gilt als gesünder, da es mehr Vitamine und Mineralstoffe – vor allem B-Vitamine und Calcium – sowie Nährstoffe und Bitterstoffe enthält. In der arabischen Küche ist Tahini eine Grundzutat des Hummus und von Baba Ghanoush. Es wird aber auch, mit Zitronensaft und Knoblauch abgeschmeckt, als Dip gereicht. Man kann Tahini, wie Erdnussbutter, als Brotaufstrich essen. Dressings und Joghurtcremes verleiht die Paste eine bittere Note. In der japanischen Küche ist Sesampaste als Nerigoma bekannt, in der chinesischen Küche als Zhimajiang.

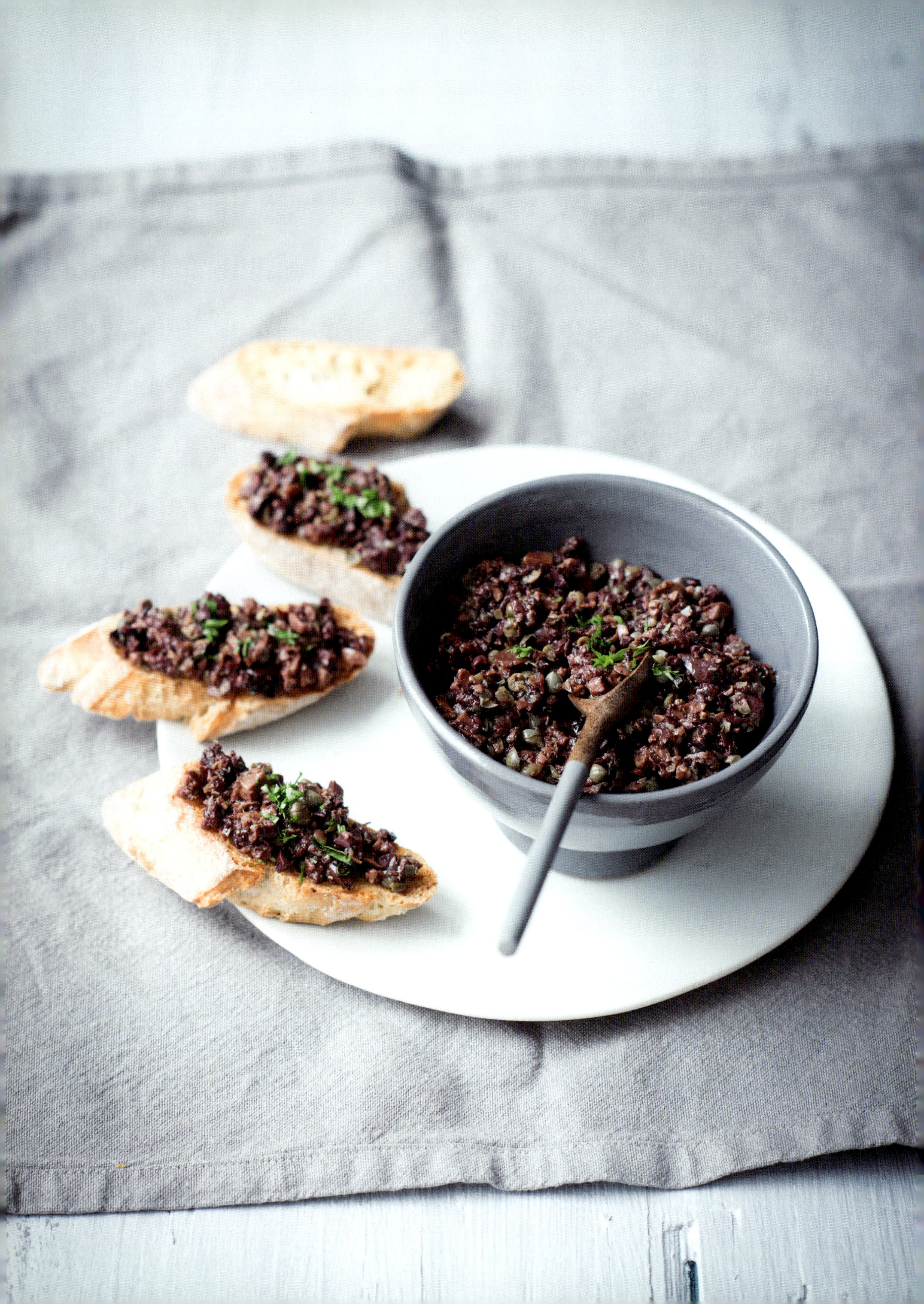

# OLIVEN-TAPENADE MIT ZITRONENTHYMIAN

Ein einfaches Grundrezept und ein sehr schönes Beispiel für eine Verbindung der angenehmen Bitternoten von Oliven und Olivenöl.

Für 4 Portionen als Amuse-Bouche

½ Weißbrot
Meersalz
90 ml herbes Olivenöl
300 g Kalamata-Oliven, ohne Stein
1 Knoblauchzehe
3 Zweige Zitronenthymian
schwarzer Pfeffer aus der Mühle

Den Backofen auf 180 Grad vorheizen. Das Weißbrot in dünne Scheiben schneiden und diese nebeneinander auf ein Backblech legen. Mit Meersalz bestreuen und mit 2 Esslöffeln Olivenöl beträufeln. Im Backofen 10–15 Minuten knusprig backen.

Die Oliven fein hacken oder im Blitzhacker zerkleinern. Den Knoblauch mit etwas Salz fein reiben. Die Zitronenthymianblättchen abzupfen und fein hacken. Knoblauch und Thymian zu den Oliven geben. Das restliche Olivenöl dazugießen und alles gründlich verrühren. Mit frisch gemahlenem schwarzem Pfeffer abschmecken.

Die Crostini mit der Tapenade bestreichen. Dazu schmeckt eisgekühlter Pastis.

### Tipp
In diesem bewusst reduzierten Rezept sind die feinen Bitternoten der Oliven und des Olivenöls die Hauptdarsteller. Das Aroma wird weder durch Sardellen noch durch Kapern, Petersilie oder getrocknete Tomaten verfälscht. Wenngleich das alles Zutaten sind, die ebenfalls sehr gut passen und nach Lust und Laune untergemischt werden können.

### Bitterfaktor
Die Wahl des Olivenöls und der Oliven entscheidet über die Bitterkeit. Wer es bitterer mag, kann einige fein gehackte Löwenzahnblätter oder etwas Löwenzahnwurzel untermischen.

# GEBRATENER SPARGEL MIT ERDBEEREN UND RUCOLA

*Der Spargel wird hier gebraten statt gekocht.*
*Seine feinen Aromen kommen so viel besser zur Geltung.*

Für 4 Portionen als Vorspeise

2 Bund weißer Spargel
150 g Erdbeeren
2 EL weißer Balsamicoessig
1 TL Senf
2 EL grasiges Olivenöl
Salz, Pfeffer aus der Mühle
2–3 TL brauner Zucker
Olivenöl zum Braten
3–4 TL frisch gepresster Zitronensaft
2 Bund Rucola
50 g Pistazien, gehackt

Den Spargel schälen und die unteren Enden abschneiden, anschließend die Stangen längs halbieren und in mundgerechte Stücke schneiden. Von den Erdbeeren die Stielansätze entfernen und die Früchte halbieren oder vierteln.

Für die Vinaigrette den weißen Balsamico mit Senf und Olivenöl verrühren. Mit Salz, Pfeffer und etwas Zucker würzen.

Wenig Olivenöl in einer großen Pfanne erhitzen und die Spargelstangen darin so lange kräftig anbraten, bis sie Farbe genommen haben. Sollte nicht der ganze Spargel in die Pfanne passen, in zwei Portionen oder in zwei Pfannen braten.

Die Hitze reduzieren, etwas Salz und Zucker über den Spargel streuen und kurz weiterbraten. Dabei immer wieder schwenken und aufpassen, dass der Zucker nicht verbrennt. Den Zitronensaft und 5 Esslöffel Wasser dazugeben. So lange schwenken, bis die Flüssigkeit verkocht und der Spargel bissfest ist. Den Spargel abschmecken, in eine flache Form geben und mit der Vinaigrette beträufeln.

Den Spargel kurz vor dem Servieren mit dem Rucola und den Erdbeeren vermischen und mit den Pistazien bestreuen. Nochmals mit Salz, Zucker, Pfeffer und Zitronensaft abschmecken.

### Tipp

Statt mit Rucola kann man das Gericht auch mit »echten« Bittersalaten probieren. Zu bitter sollten sie jedoch nicht sein, da sonst das feine Spargelaroma nicht zur Geltung kommt. Frisée, Endivie oder gelber Löwenzahn sind einen Versuch wert. Ebenso spannend sind Jungsalat-Mischungen (Baby Leaves), die man bei gut sortierten Gemüsehändlern oder auf dem Markt bekommt.

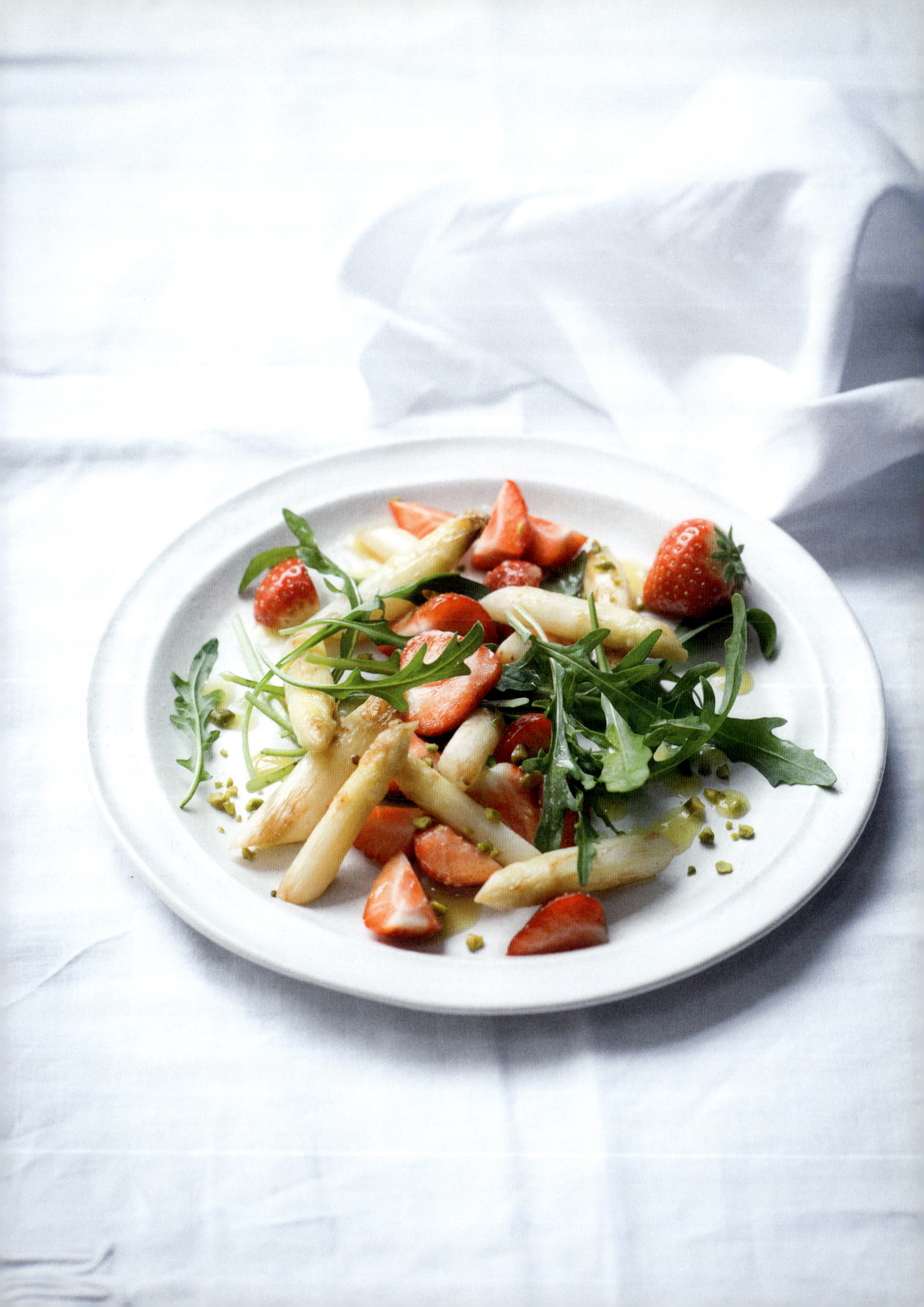

# SPARGELROHKOST MIT LIMETTENJOGHURT UND WALNÜSSEN

*Spargel als Rohkost ist ungewohnt. Doch gerade roh schmeckt er herrlich frisch, knackig und dezent bitter.*

Für 4 Portionen als Vorspeise

*Für den Limettenjoghurt*
1 unbehandelte Limette
150 g griechischer Joghurt
Zucker, Salz, schwarzer Pfeffer aus der Mühle

2 Bund weißer Spargel
1 EL frisch gepresster Zitronensaft
1 EL Olivenöl
½ Bund glatte Petersilie
60 g Walnusskerne

Die Limette heiß waschen, trocknen und die Hälfte der Schale fein abreiben, den Saft der ganzen Limette auspressen. Beides zum Joghurt geben, glatt rühren und mit 1 Prise Zucker sowie Salz und Pfeffer abschmecken.

Den Spargel schälen und die unteren Enden abschneiden. Die Stangen in sehr dünne Scheiben schneiden, die Spargelspitzen etwas länger lassen und längs halbieren. Den Spargel in eine Schüssel geben und mit 1 Teelöffel Zucker sowie Salz und Pfeffer würzen. Mit Zitronensaft und Olivenöl vermischen.

Die Petersilienblättchen abzupfen, fein schneiden und unter den Salat mischen. Die Walnusskerne in einer Pfanne ohne Fett rösten und grob hacken. Den Salat anrichten, mit den gerösteten Walnüssen bestreuen und zusammen mit dem Limettenjoghurt servieren.

**Tipp**
Den Salat immer erst kurz vor dem Servieren zubereiten, da der Spargel nach dem Marinieren viel Flüssigkeit abgibt und weich wird. Die Joghurtsauce separat dazu reichen, da sie durch den Spargelsaft schnell wässrig wird.

**Bitterfaktor**
Die zarten Bitternoten des weißen Spargels kommen roh bestens zur Geltung. Geröstete Walnüsse bringen eine weitere leicht bittere Komponente. Durch das Olivenöl kommen entweder grasig-bittere oder fruchtige Aromen hinzu – das ist Geschmackssache und hängt von der Wahl des Öls ab.

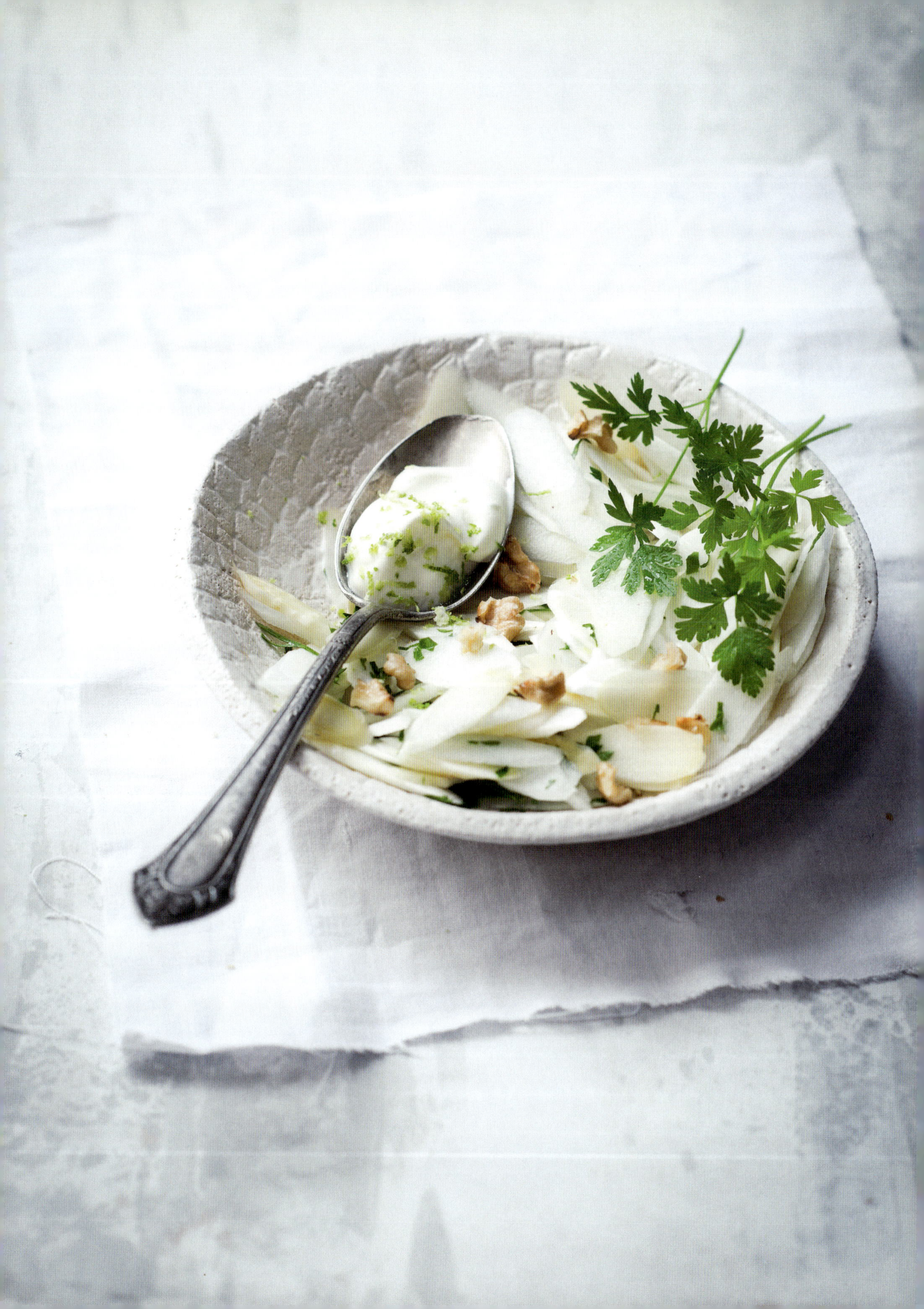

*Schafskäse und Wildkräuter im Strudelteig*

*Auberginencreme mit Tahini und Sprossen*

# SCHAFSKÄSE UND WILDKRÄUTER IM STRUDELTEIG

Die knusprigen Röllchen schmecken dank des cremigen Schafskäses sehr mild. Das Chutney setzt den bitter-sauren Akzent.

Für 10 kleine Strudel

*Für das Orangen-Chutney*
2 Schalotten
5 Saftorangen (1 davon unbehandelt), je nach Geschmack und Saison Bitterorangen
1 EL Olivenöl
2 Zweige Thymian
2–3 EL Agavendicksaft
Salz, Pfeffer aus der Mühle

*Für die Strudel*
2–3 Handvoll vorwiegend bittere Wildkräuter (z. B. Löwenzahnblätter, Schafgarbe, Gänseblümchen, Gundermann- und Wegwartenblätter, dazu einige Blätter Knoblauchrauke und Spitzwegerich), ersatzweise Wildkräuter-Salatmischung
200 g Feta
200 g Filoteig
50 g Butter, geschmolzen

Für das Chutney die Schalotten fein würfeln. Die unbehandelte Orange heiß waschen, trocknen und die Schale abschälen; dabei etwas von der weißen Schicht mit abschälen. Die Schale in sehr feine Streifen schneiden. Den Saft auspressen. Die übrigen Früchte schälen und filetieren. Aus den verbleibenden Häutchen den Saft ausdrücken und zum bereits ausgepressten Orangensaft geben.

Das Olivenöl in einer Pfanne erhitzen, die Schalotten mit den Thymianzweigen darin bei mittlerer Hitze anbraten. Mit dem Agavendicksaft beträufeln, mit dem Orangensaft ablöschen und aufkochen. Die Orangenschale hinzugeben und die Flüssigkeit sirupartig einkochen. Nun die Orangenfilets hinzugeben und alles unter Rühren so lange kochen, bis ein sämiges Chutney entstanden ist. Die Thymianzweige herausnehmen und das Chutney mit Salz und Pfeffer abschmecken.

Für die Strudel die Wildkräuter sehr fein schneiden. Den Feta mit einer Gabel zerdrücken und mit den Kräutern vermischen.

Ein Backblech mit Backpapier belegen. Den Ofen auf 180 Grad vorheizen. Den Filoteig ausbreiten, dabei die Blätter aufeinander liegen lassen, damit sie nicht austrocknen. Jeweils die oberste Teigplatte dünn mit Butter bestreichen. In die Mitte 1–2 Esslöffel Feta geben. Zunächst die Seiten, dann den unteren Rand des Teigs über die Füllung klappen und zu einem Strudel aufrollen.

Die Strudel nebeneinander auf das Backblech legen, mit Butter bestreichen und im Ofen 20–25 Minuten goldbraun und knusprig backen. Heiß oder kalt mit dem Chutney servieren.

Tipp

Statt Wildkräuter selbst zu sammeln, kann man auf eine Wildkräuter-Salatmischung zurückgreifen. Die gibt es mit etwas Glück auf dem Markt oder auch in gut sortierten Lebensmittelgeschäften zu kaufen.

Bitterfaktor

Für bittere Noten sorgen die Kräuter, vor allem aber das Chutney. Dieses kann – je nach Geschmack – mehr oder weniger bitter zubereitet werden. Ich mag Bitterorangen sehr, verwende auch die Schale samt der weißen Schicht mit. Das bringt extra Bitterkeit. Leider gibt es Bitterorangen nur im Januar und Februar. Ersatzweise kann man einen Teil des Orangensafts durch Grapefruitsaft ersetzen.

# AUBERGINENCREME MIT TAHINI UND SPROSSEN

Als Baba Ganoush ist die Auberginencreme in den arabischen Küchen bekannt. Dort wird sie, mit gehackter Petersilie verfeinert, zu Schawarma und Falafeln serviert.

Für 4–6 Portionen als Vorspeise

2 große Auberginen (insgesamt 600–700 g)
Salz
3–4 Knoblauchzehen
½ Chilischote
½ unbehandelte Zitrone
4 EL Olivenöl
2 EL Tahini (Sesampaste, aus ungeschältem Sesam)
2 EL griechischer Joghurt
1 TL Honig nach Belieben
1–2 Handvoll Sprossen (z. B. Radieschen-, Alfalfa- oder Rote-Bete-Sprossen), zum Servieren

Die Auberginen halbieren und das gesamte Fruchtfleisch rautenförmig einschneiden. Mit Salz bestreuen, dieses gut einmassieren und die Auberginenhälften 10 Minuten ziehen lassen.

Den Backofen auf 220 Grad vorheizen.

Den Knoblauch hacken, mit etwas Salz bestreuen und fein reiben. Die Chilischote entkernen und fein schneiden. Die Zitrone heiß waschen, trocknen und etwas Zitronenschale abreiben, die Frucht auspressen. Knoblauch, Chilischote, Zitronenschale und 1 Esslöffel Zitronensaft mit dem Olivenöl verrühren.

Die Auberginenhälften mit der Schnittseite nach oben auf ein mit Backpapier belegtes Blech legen. Das Chili-Knoblauch-Zitronenöl gleichmäßig darauf verteilen. Dabei die festen Bestandteile in die Ritzen der Auberginen drücken, damit sie beim Backen nicht verbrennen und das Aroma gut ins Fruchtfleisch einzieht. Den Backofen auf 200 Grad zurückschalten und die Auberginen 25–35 Minuten backen. Das Fruchtfleisch soll dabei schön weich werden. Abkühlen lassen.

Das Fruchtfleisch aus den Schalen kratzen und entweder mit einem Messer fein hacken oder mit dem Pürierstab pürieren. Tahini und Joghurt darunterrühren. Das Püree abschmecken und nach Belieben mit Honig, Salz und Zitronensaft nachwürzen. Mit den Sprossen garniert servieren. Dazu passt geröstetes Fladenbrot.

### Tipp
Wenn man es eilig hat, kann man die Auberginen direkt aus dem Ofen servieren. Mit Piment d'Espelette bestreuen und Weißbrot dazu reichen.

### Bitterfaktor
Für eine stärkere Bitternote und ein rauchiges Aroma die halbierten Auberginen in einer Grillpfanne ohne Fett so lange von allen Seiten rösten, bis sie schöne Grillstreifen aufweisen. Dabei die Auberginen mit einem Pfannenwender herunterdrücken oder mit einem großen Topf beschweren, damit sie satt auf dem Pfannenboden aufliegen. Dann weiter verfahren wie im Rezept beschrieben.

Auch durch das Tahini lässt sich der Bitterfaktor steuern. Sogenanntes weißes Tahini aus geschältem Sesam ist milder. Noch milder wird die Creme mit mehr Joghurt.

# SCAMPI MIT SENF UND SELLERIE

Staudensellerie, Olivenöl, Senf und Kresse sorgen für feine Bitternoten, die das Aroma des Gerichts abrunden, aber nicht dominieren.

Für 4 Gläser à 150 ml

200 g kleinere Stangen Staudensellerie mit Blättern (4–8 Stangen)
1 Orange
1 Schalotte
2 EL grasiges Olivenöl
1 Limette, Saft
1–2 TL Agavendicksaft
½ TL feiner Senf
Meersalz und schwarzer Pfeffer aus der Mühle

80 g Ricotta
120 g Joghurt
1 TL Feigensenf
2 EL körniger oder feiner Dijonsenf

1 Kästchen Kresse (Sorte nach Wahl)
4 Scampi
Olivenöl zum Braten
Piment d'Espelette

Den Staudensellerie in feine Scheibchen schneiden. Die Orange schälen und filetieren. Den Saft aus den Häutchen auspressen, auffangen und beiseitestellen. Die Schalotte sehr fein würfeln. Sellerie, Orangenfilets und Schalotte in einer Schüssel mischen.

Das Olivenöl mit dem aufgefangenen Orangensaft, der Hälfte des Limettensafts, Agavendicksaft und Senf verrühren. Mit Meersalz und Pfeffer abschmecken und den Salleriesalat damit vermengen.

Ricotta, Joghurt sowie Feigen- und Dijonsenf verrühren, mit Salz und Pfeffer würzen. Die Creme auf vier Gläser verteilen.

Die Kresse vom Beet schneiden und kurz vor dem Servieren mit dem Selleriesalat vermischen. Den Salat auf der Senfcreme anrichten.

Die Scampi leicht einritzen und den Darm entfernen, dann kalt waschen und trocken tupfen. Etwas Olivenöl in einer Pfanne erhitzen und die Scampi darin von beiden Seiten je 1 Minute kräftig anbraten. Die Scampi aus der Pfanne nehmen, mit etwas Limettensaft beträufeln und mit Salz und Piment d'Espelette würzen. Auf Holzspieße stecken und zusammen mit dem Salat und frischem Baguette servieren.

### Tipp
Alle Komponenten lassen sich gut vorbereiten. Allerdings sollten sie erst kurz vor dem Servieren in Gläsern angerichtet werden. Die Scampi sollten ebenfalls frisch gebraten werden, sodass sie beim Essen noch lauwarm sind.

### Bitterfaktor
Senfölglykoside sind für den bitter-scharfen, leicht senfigen Geschmack der Kresse verantwortlich. Neben Gartenkresse eignen sich weitere Sorten wie Shiso-, Daikon- oder Senfkresse. Sie schmecken unterschiedlich intensiv, zeichnen sich aber alle durch einen hohen Gehalt an Vitamin C, Eisen, Kalzium und Folsäure aus.

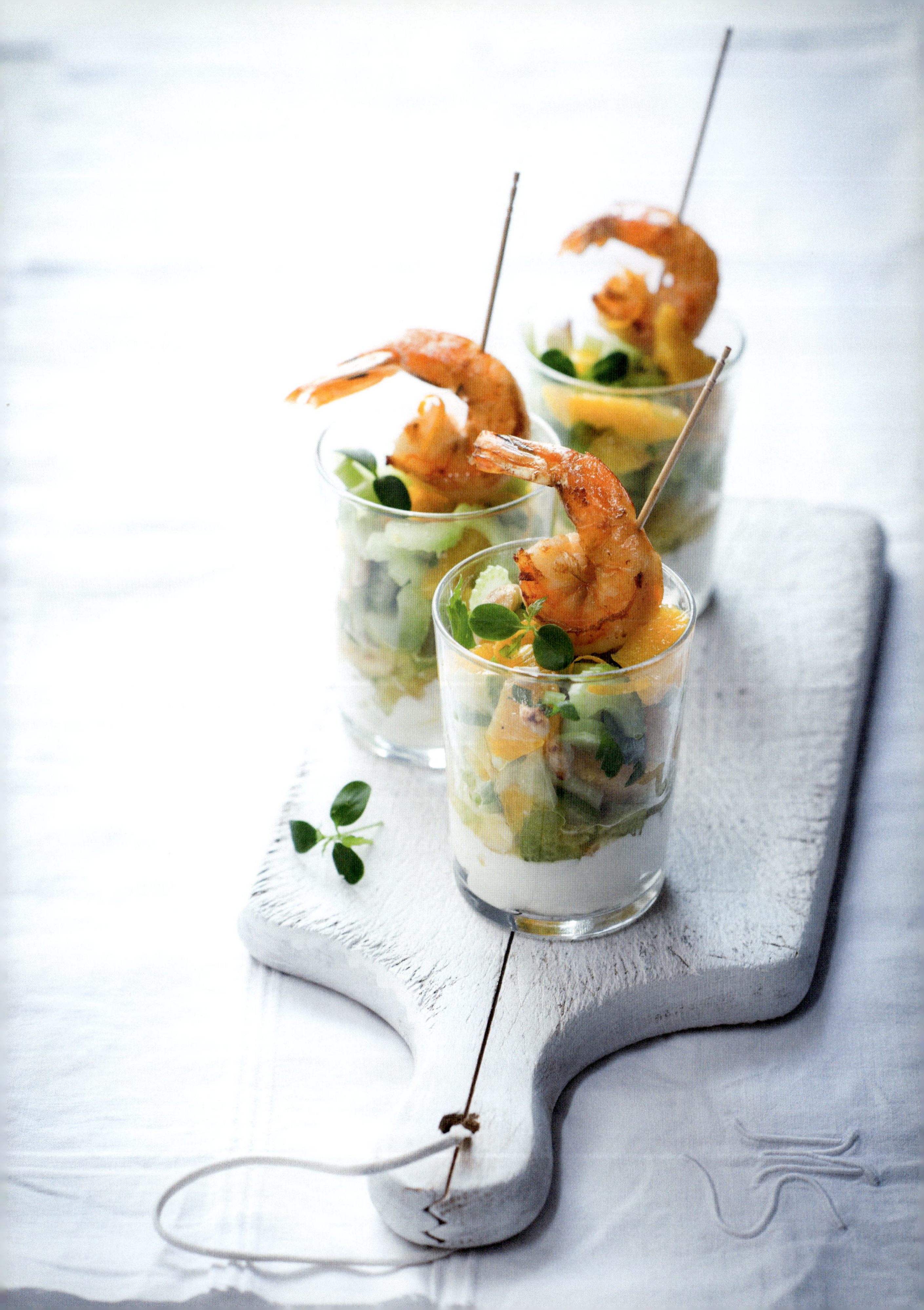

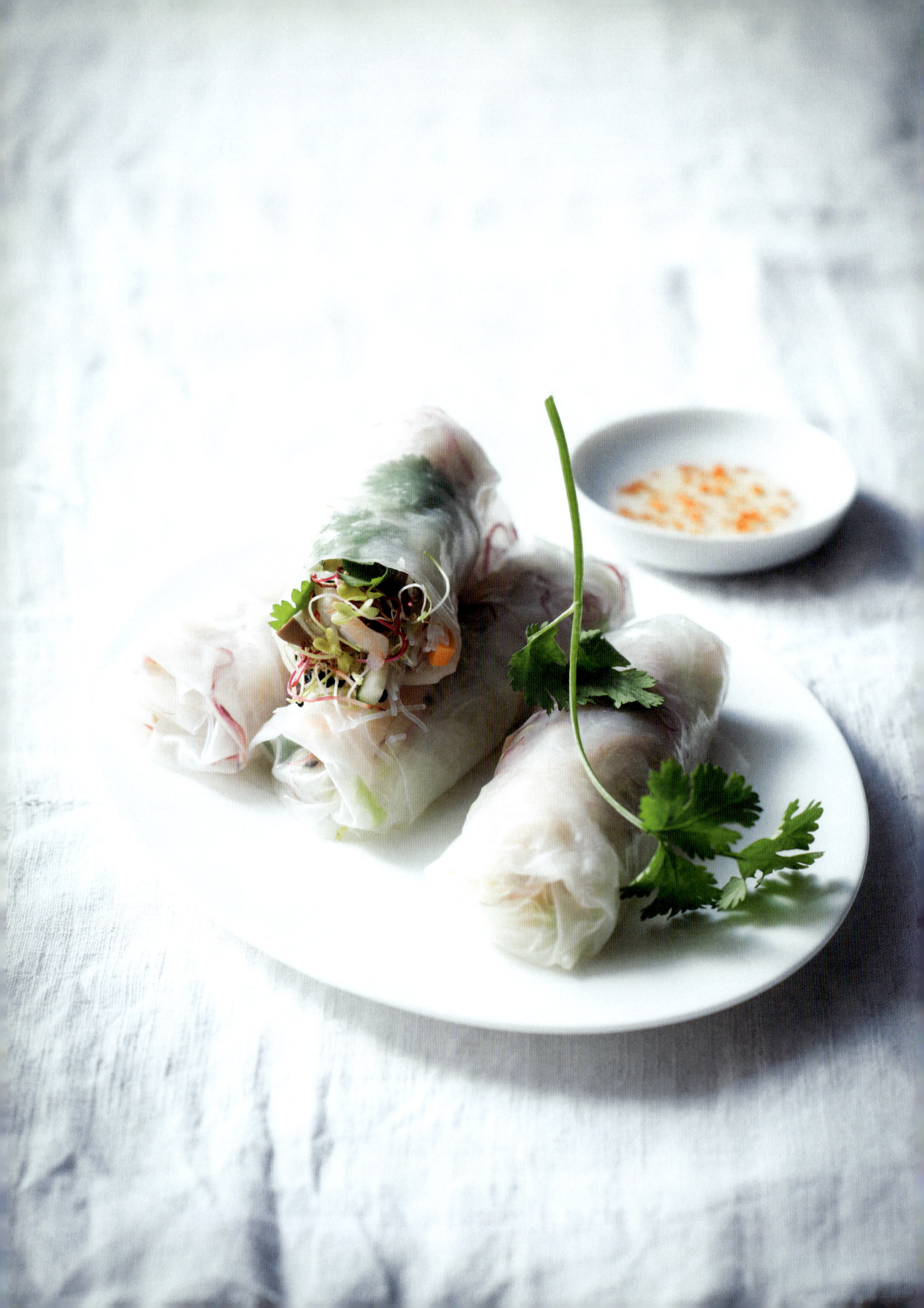

# SOMMERROLLE MIT EISBERGSALAT, SPROSSEN UND CASHEWKERNEN

Am einfachsten und schönsten ist es, alle Zutaten auf den Tisch zu stellen, sodass jeder selbst rollen kann. Eisbergsalat und Sprossen sorgen für leichte Bitternoten, asiatische Kräuter und der Dip bringen die typische Würze.

Für 4 Portionen

8 Garnelen
Sesamöl
je 1 TL süße und salzige Sojasauce
½ Limette, Saft

*Für den Dip*
1 scharfe rote Chilischote
1 Knoblauchzehe
1 EL Fischsauce
1 TL Agavendicksaft

80 g Cashewkerne
100 g Glasnudeln
1 Karotte
½ Eisbergsalat
5 Zweige Koriander
je 4 Zweige Thai-Basilikum und Minze

8–10 Blätter Reispapier (22 cm Durchmesser)
2–3 Handvoll gemischte Sprossen (z. B. Rote-Bete-, Brokkoli- und Radieschensprossen)

Die Garnelen schälen und den Darm entfernen. 1 Esslöffel Sesamöl in einer beschichteten Pfanne erhitzen und die Garnelen darin rundherum scharf anbraten. Vom Herd nehmen und mit süßer und salziger Sojasauce und einem Schuss Limettensaft würzen. Die Garnelen erkalten lassen und dann längs halbieren.

Für den Dip die Chilischote entkernen und fein hacken. Die Knoblauchzehe ebenfalls fein hacken. Beides mit Fischsauce, Agavendicksaft und dem restlichen Limettensaft verrühren.

Die Cashewkerne in einer Pfanne ohne Fett rösten und hacken. Die Glasnudeln nach Packungsanleitung garen und mit etwas Sesamöl vermischen. Die Karotte und den Eisbergsalat in feine Streifen schneiden. Die Kräuter klein zupfen.

Alle Zutaten bereitstellen. Die Reispapierblätter nacheinander kurz in lauwarmes Wasser tauchen. In die Mitte einen Streifen Glasnudeln, Karotten, Salat und Sprossen legen. Cashewkerne, Garnelen und Kräuter darauf verteilen. Zuerst die Seiten, dann den unteren Rand des Blatts über die Füllung klappen und zu einer Rolle aufrollen. Die Rollen mit dem Dip servieren.

Tipp
Wichtig für den typischen Geschmack der Sommerrollen sind die frischen Kräuter, an denen es nicht mangeln darf. Ansonsten sind der Kreativität keine Grenzen gesetzt. Soja-, Erdnuss- und Tamarindensauce schmecken ebenfalls als Dip. Die Füllung kann auch mit würzig mariniertem und gebratenem Fleisch, mit Fisch oder vegetarisch zubereitet werden. Für die vegetarische Variante 100 g Räuchertofu in Sojasauce marinieren, dann in Sesamöl anbraten. Mit Honig, Limettensaft und etwas Sojasauce würzen.

Bitterfaktor
Bitterer schmecken die Rollen, wenn man statt des Eisbergsalats Bittersalate oder würzige Jungsalat-(Baby-Leaf-)Mischungen verwendet.

# WURZELGEMÜSE IN BIER

Eine überraschende Kombination, die aber sehr gut funktioniert. Die süßen Wurzelgemüse harmonieren bestens mit den Bitternoten des Biers. Mein neues Lieblingsgemüse!

Für 4 Portionen als Vorspeise oder Beilage

900 g Wurzelgemüse
(z. B. rote oder bunte Karotten, Pastinaken, Petersilienwurzeln, Topinambur)
3 EL Olivenöl
einige Zweige Thymian
Meersalz
2–3 TL Honig
330 ml Bier
1 EL frisch gepresster Zitronensaft
schwarzer Pfeffer aus der Mühle

Die Wurzelgemüse je nach Größe halbieren und längs vierteln oder achteln. 2 Esslöffel Olivenöl und den Thymian in einem großen Bräter erhitzen und die Gemüse darin einige Minuten von allen Seiten kräftig anbraten. Dann salzen, mit dem Honig beträufeln und unter Rühren kurz karamellisieren. Mit dem Bier und etwas Zitronensaft ablöschen und aufkochen. Den Deckel auflegen und das Gemüse 10–15 Minuten auf kleinster Stufe schmoren lassen. Den Deckel abnehmen und den Sud bei größerer Hitze fast vollständig einkochen. Dabei ab und zu umrühren. Das Gemüse soll schön glänzen und noch etwas bissfest sein.

Das restliche Olivenöl darunterrühren. Nach Wunsch nochmals mit wenig Honig, Salz und Zitronensaft abschmecken. Mit frisch gemahlenem Pfeffer bestreuen. Dazu passen Graupenrisotto oder Couscous.

### Tipp
Welche Wurzelgemüse man für dieses Gericht nimmt, hängt vom eigenen Geschmack und vom Angebot ab. Außer den oben genannten eignen sich auch Rüben und Beten sehr gut. Rote, gelbe und bunte Beten haben jedoch eine etwas längere Garzeit. Sie sollten daher etwas kleiner geschnitten werden.

### Bitterfaktor
Goldrübe, Teltower Rübchen und Steckrübe bringen durch ihre Senföle weitere Bitternoten in das Gericht. Die Wahl des Bieres bestimmt ebenfalls die Bitterkeit des Gerichts. Wählen Sie aus der inzwischen unglaublich großen Auswahl an »Craft Beer« Ihr persönliches Lieblingsbier. Mir schmeckt ein eher blumiges Wildkräuterbier. Experimentieren kann man auch mit »Rauchbier«, das dem Gericht eine zusätzliche Note verleiht.

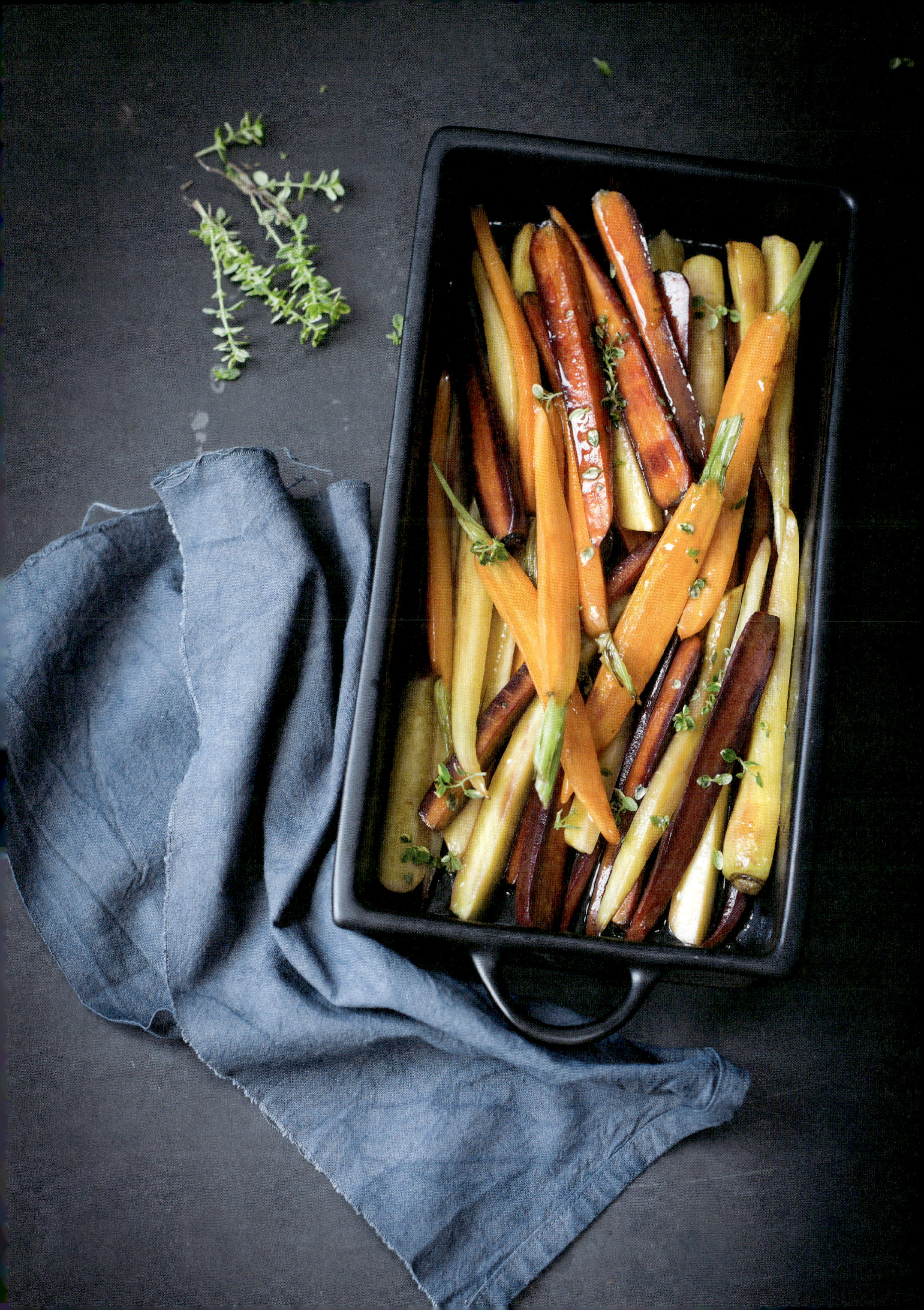

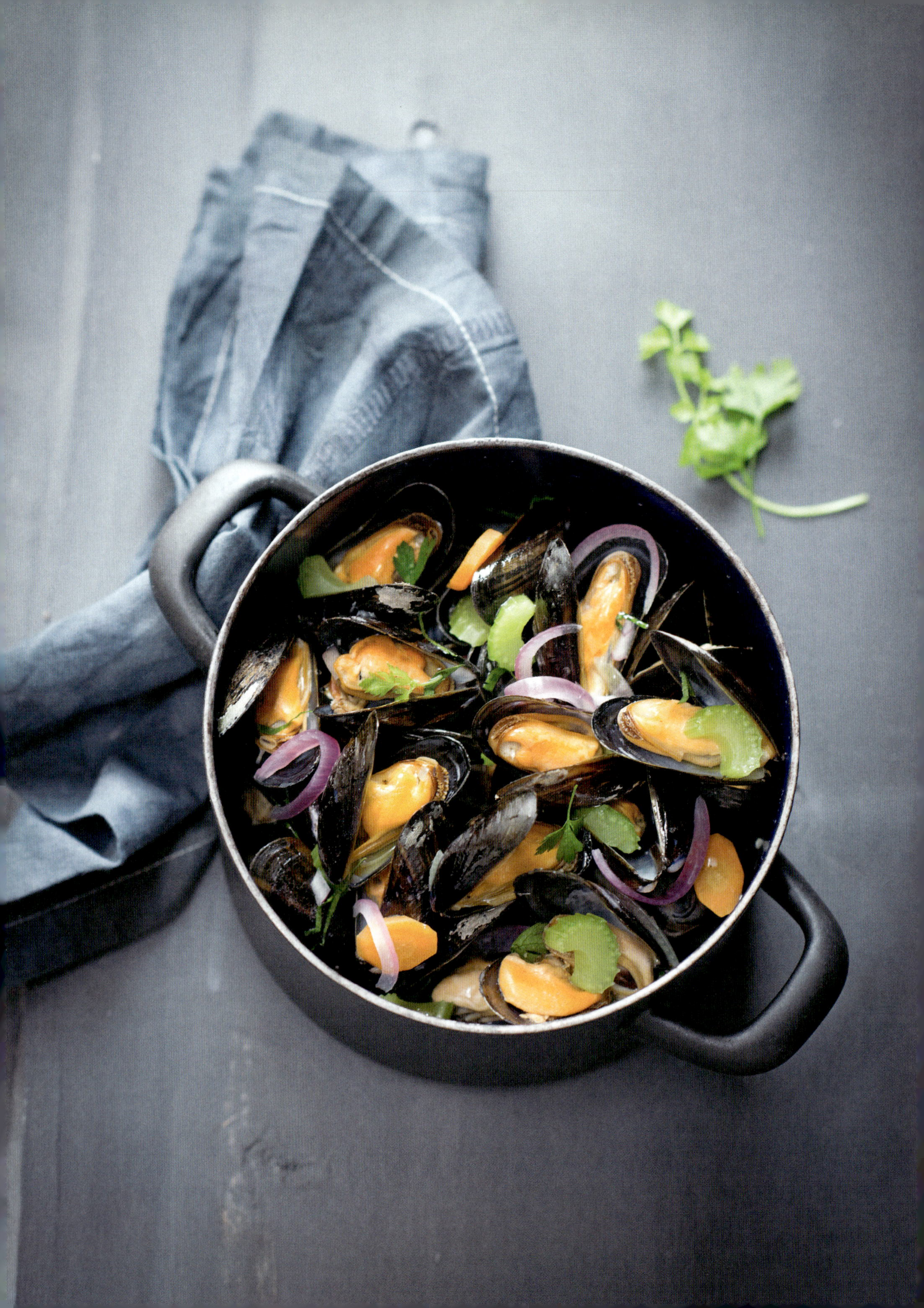

# MUSCHELN MIT SELLERIE UND BIER

*Hopfen statt Riesling! So schmeckt der Klassiker würzig-herb.*

Für 4 Portionen

2 rote Zwiebeln
2 Knoblauchzehen
3 Karotten
6 Stangen Staudensellerie
2 kg Miesmuscheln
Olivenöl zum Braten
Salz
1 TL Rübensirup oder Honig
½ Zitrone, Saft
500 ml herbes Bier
2 Lorbeerblätter
1 Bund Petersilie
schwarzer Pfeffer aus der Mühle

Zwiebeln, Knoblauch, Karotten und Sellerie in Scheiben schneiden. Die Muscheln mit kaltem Wasser abbrausen und putzen. Beschädigte oder geöffnete Muscheln aussortieren.

In einem ausreichend großen Topf Olivenöl erhitzen und das Gemüse darin bei mittlerer Hitze 2–3 Minuten andünsten. Salz und Rübensirup oder Honig dazugeben, dann mit Zitronensaft und Bier ablöschen. Die Lorbeerblätter in den Sud geben, diesen aufkochen und 5 Minuten köcheln lassen.

Die Muscheln in den Sud geben und zugedeckt 8–10 Minuten bei kleiner Hitze garen. Dabei immer wieder am Topf rütteln. Nach der Garzeit die noch geschlossenen Muscheln aussortieren und wegwerfen. Die Petersilienblättchen abzupfen und fein schneiden. Die Muscheln mit reichlich Petersilie und frisch gemahlenem Pfeffer bestreut anrichten.

### Bitterfaktor

Je nach Bier schmecken die Muscheln mehr oder weniger herb. Gemüsearomen runden den Geschmack ab, der Zitronensaft sorgt für eine feine Säure.

# IN CRAFT BEER GESCHMORTES HUHN

Ein Coq à la bière, bitte!

Für 4–6 Portionen

1 Poularde von 2 kg
5 Karotten
2 Petersilienwurzeln
1 TL schwarze Pfefferkörner
2 Lorbeerblätter
einige Zweige Thymian
200 ml Rotwein
500 ml Craft Beer
Meersalz, schwarzer Pfeffer aus der Mühle
4–5 Schalotten
3 Knoblauchzehen
Olivenöl zum Braten
2 EL Mehl
500 ml Gemüse- oder Hühnerbrühe

60 g geräucherter, durchwachsener Speck
3 Stangen Staudensellerie
200 g Champignons
1–2 TL frisch gepresster Zitronensaft
Rübensirup zum Abschmecken
40 g Butter

Am Vortag das Huhn in acht Teile zerlegen. Dazu die Keulen abtrennen und im Gelenk in Ober- und Unterschenkel trennen. Die Flügel abtrennen. Die Brüste auslösen und jeweils halbieren.

Für die Marinade die Karotten und die Petersilienwurzeln würfeln, die Pfefferkörner zerstoßen. Die Geflügelteile und das Gemüse mit Pfefferkörnern, Lorbeerblättern und Thymianzweigen in einen großen Gefrierbeutel (mindestens 6 Liter Inhalt) oder in einen Gefrierbehälter mit Deckel geben. Den Rotwein und das Craft Beer darübergießen. Beutel oder Behälter fest verschließen und das Fleisch mindestens 24 Stunden im Kühlschrank marinieren.

Am nächsten Tag das Fleisch und das Gemüse in ein Sieb geben und gut abtropfen lassen; die Marinade dabei auffangen. Die Geflügelteile trocken tupfen, von allen Seiten salzen und pfeffern. Die Schalotten und Knoblauchzehen schälen und würfeln.

2 Esslöffel Öl in einem Schmortopf erhitzen. Zuerst die Brustteile darin von beiden Seiten bei mittlerer Hitze goldbraun braten. Das Fleisch herausnehmen und beiseitestellen. Nochmals 2 Esslöffel Öl in den Topf geben und die übrigen Geflügelteile darin rundherum goldbraun braten. Karotten, Petersilienwurzeln, Thymian, Lorbeerblätter, Schalotten und Knoblauch dazugeben und einige Minuten mitbraten. Das Mehl darüberstäuben, einmal umrühren, dann die Marinade und die Brühe angießen. Aufkochen und zugedeckt bei kleiner Hitze 50–60 Minuten schmoren. Während der letzten 20 Minuten den Deckel abnehmen, sodass die Sauce etwas einkochen kann. Dabei öfter umrühren.

In der Zwischenzeit den Speck würfeln. Den Staudensellerie in Scheiben schneiden. Die Champignons nach Bedarf halbieren oder vierteln. Etwas Öl in einer Pfanne erhitzen und den Speck bei milder Hitze darin auslassen. Die Temperatur erhöhen, die Champignons dazugeben und goldbraun braten. Den Sellerie dazugeben, kurz mitbraten und alles mit Salz, Pfeffer und Zitronensaft abschmecken. Warm halten.

Den Thymian und die Lorbeerblätter aus dem Kochsud entfernen und die Sauce mit Salz, Pfeffer und Rübensirup abschmecken. Die Brustteile wieder dazugeben und 7–10 Minuten bei kleiner Hitze gar ziehen lassen. Die Butter, den Speck, die Champignons und den Sellerie dazugeben, umrühren und den Coq à la bière im Schmortopf servieren.

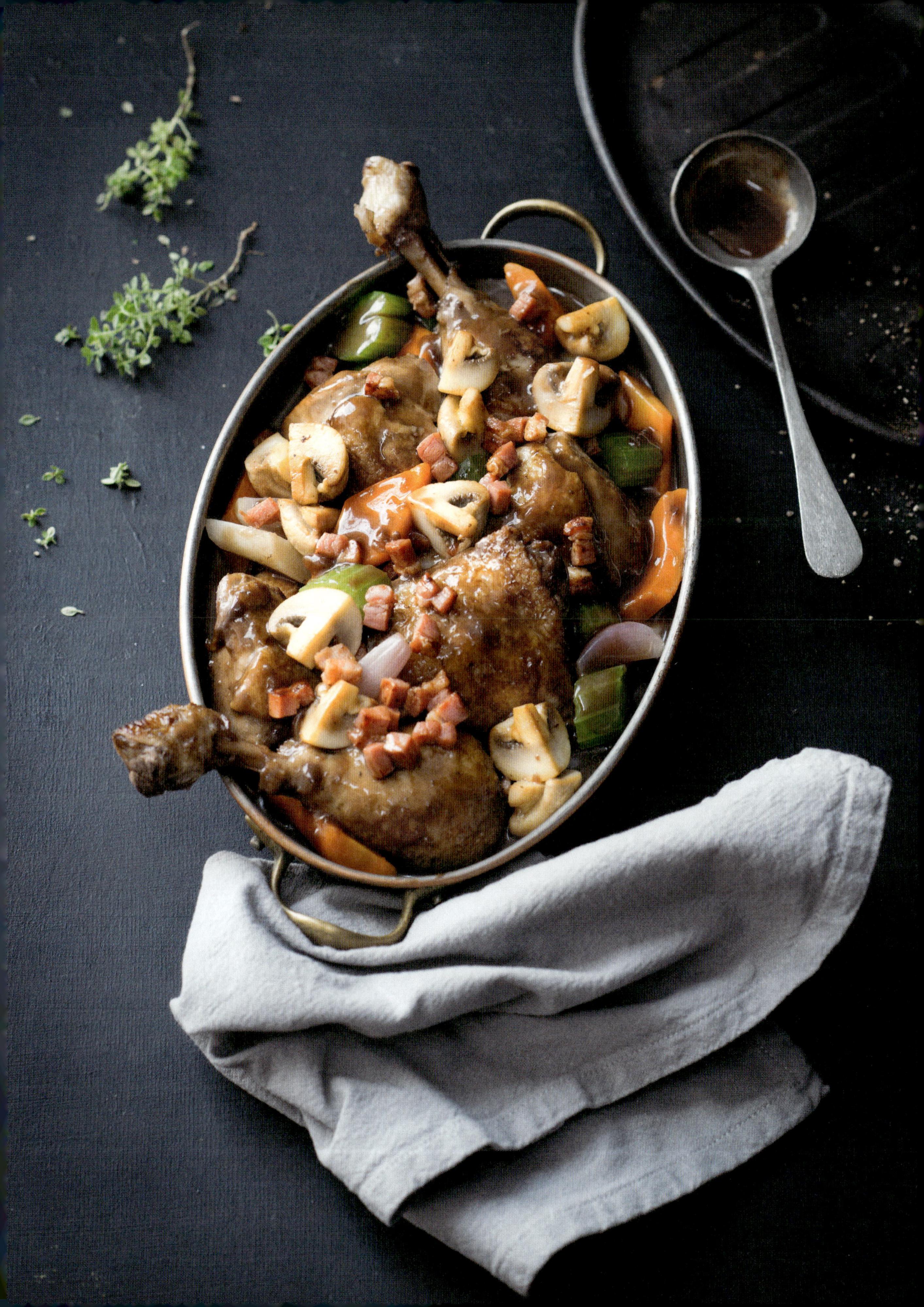

# OFENAPRIKOSEN, ZITRONE UND RICOTTA

In meinem handgeschriebenen Rezeptbüchlein gibt es einen »Ofenpfirsich mit Basilikum«. Herrlich duftende, süße Pfirsiche, im eignen Sud gegart und mit leichtem Kräuteraroma. Zeit für eine Variante mit dezenter Bitternote!

Für 4 Portionen als Antipasto

400 g kleine Aprikosen
einige Zweige Basilikum
1 unbehandelte Zitrone
1 Limette, Saft
2–3 EL Olivenöl
2 EL Agavendicksaft
oder 1 EL Honig
Fleur de Sel
100 g Ricotta
Salz, schwarzer Pfeffer
aus der Mühle

Den Backofen auf 220 Grad vorheizen.

Die Aprikosen halbieren, entsteinen und nebeneinander auf ein Backblech oder in eine ausreichend große, ofenfeste Form legen. Das Basilikum grob zupfen und zwischen die Aprikosen legen. Die Zitrone heiß waschen, trocknen, in dünne Scheiben schneiden und diese auf den Früchten verteilen. Limettensaft, Olivenöl und Agavendicksaft oder Honig gleichmäßig darüberträufeln. Vorsichtig vermischen und mit Fleur de Sel bestreuen.

Im oberen Drittel des vorgeheizten Ofens 10–15 Minuten backen. Die Aprikosen sollen etwas Farbe annehmen, aber nicht zerfallen. Den Ricotta mit Salz und Pfeffer cremig rühren und zusammen mit den Aprikosen servieren. Die Früchte schmecken warm oder kalt.

### Bitterfaktor

Die Zitronenschale verleiht dem Gericht eine dezente Bitternote. Mutige würzen mit etwas geriebenem, nach Bittermandel schmeckendem Aprikosensamen. Der versteckt sich im Aprikosenkern. Doch Vorsicht: Man sollte keinesfalls mehr als 1–2 Aprikosensamen am Tag zu sich nehmen. Sie enthalten etwa 8 Prozent blausäureabspaltendes Amygdalin und sind damit in größeren Mengen giftig!

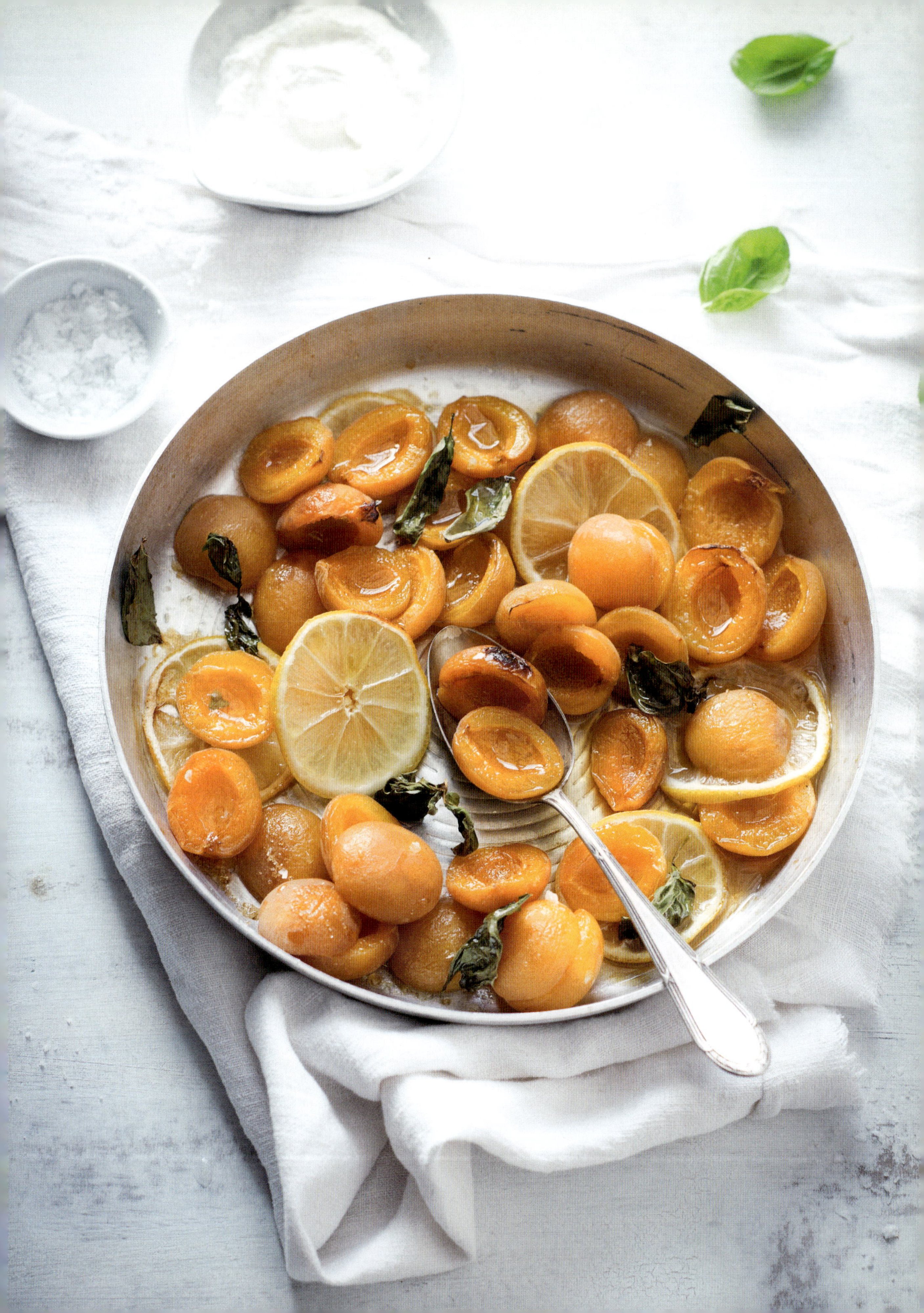

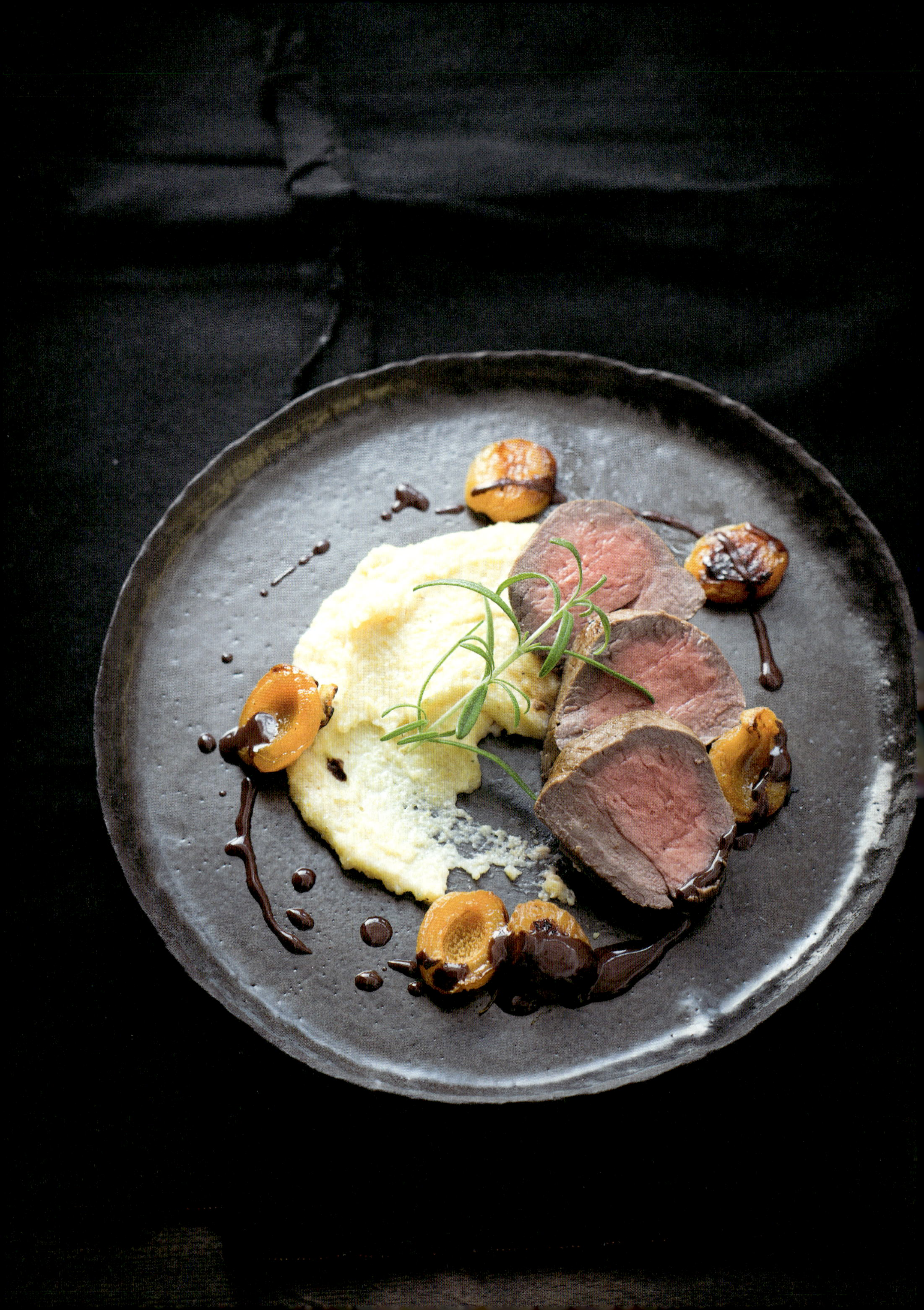

# RINDERFILET MIT SÜSSHOLZ UND BITTERSCHOKOLADE

*Schokolade, Aprikosen und Süßholz sorgen für bittere »Sidekicks«.*

Für 4 Portionen

*Für das Rinderfilet*
600 g Rinderfilet (aus der Mitte), küchenfertig
Meersalz und schwarzer Pfeffer aus der Mühle
Olivenöl zum Braten
einige Zweige Rosmarin

*Für die Sauce*
2 Schalotten
Olivenöl zum Braten, nach Belieben
1–2 TL Rübensirup (je nach Geschmack und Bitterkeit der Schokolade auch mehr)
200 ml Rotwein
200 ml Portwein
einige Stiele Salbei und Thymian
200 ml Kalbsfond
Salz, Pfeffer aus der Mühle
50 g hochwertige Bitterschokolade (mindestens 70 %, nach Belieben bis 99 % Kakaogehalt)
1–2 TL Balsamicoessig
30–40 g kalte Butter

*Für die Aprikosen*
100 g Aprikosen
Olivenöl zum Braten
½ Stange Süßholz
Meersalz
Zitronensaft

Den Backofen auf 80 Grad vorheizen. Das Rinderfilet trocken tupfen, mit Meersalz und Pfeffer würzen. Etwas Olivenöl mit dem Rosmarin in einer großen Pfanne oder einem Bräter erhitzen und das Filet darin von allen Seiten kräftig anbraten. Das Fleisch samt Rosmarin auf ein Backblech legen und im vorgeheizten Ofen 1½–2 Stunden rosa braten. Die Kerntemperatur sollte für medium rare (à point) knapp über 50 Grad, für medium 55–59 Grad betragen.

Für die Sauce die Schalotten würfeln und im Bratensatz des Rinderfilets bei mittlerer Hitze andünsten (bei Bedarf noch Olivenöl dazugeben). Etwas Rübensirup unter Rühren darüberträufeln, mit Rotwein und Portwein ablöschen und die Kräuterzweige dazugeben. Die Sauce aufkochen und so lange köcheln lassen, bis sie auf etwas weniger als die Hälfte reduziert ist. Das dauert 5–7 Minuten.

Die Sauce durch ein Sieb passieren und mit dem Kalbsfond in einen kleineren Topf geben. Aufkochen und wiederum um die Hälfte einkochen. Die Schokolade fein hacken, zum Schluss in die Sauce geben und unter Rühren auflösen. Die Sauce mit Salz und Pfeffer, dem restlichen Rübensirup und dem Balsamicoessig abschmecken. Vor dem Servieren unter Rühren erwärmen und die kalte Butter einrühren.

Die Aprikosen halbieren und den Stein entfernen. Etwas Olivenöl in einer Pfanne erhitzen und die Aprikosen darin kräftig 30 Sekunden anbraten. Mit Süßholz, Meersalz und etwas Zitronensaft würzen.

Das Rinderfilet in Scheiben schneiden und mit einigen Aprikosenhälften und der Schokoladensauce auf vier Tellern anrichten. Mit Meersalz und Pfeffer würzen. Nach Belieben noch etwas frisch geraspeltes Süßholz über die Aprikosen streuen. Dazu passt Polenta.

### Bitterfaktor

Die Dosis des Süßholzes ist Geschmackssache und kann nach Belieben variiert werden. Mit der Schokolade verhält es sich ebenso. Ihre Bitterkeit hängt vom Kakaogehalt ab. Ich nehme zum Kochen und Backen oft Schokolade mit 80- oder 90-prozentigem Kakaogehalt, da sie bei vollem Kakaoaroma kaum süß, aber dennoch schokoladig schmeckt. Besonders bei den extrabitteren Schokoladen über 70 Prozent auf hochwertige Qualität achten. Nur wenige Schokoladen sehr guter Hersteller schaffen den Spagat zwischen Bitterkeit, Säure und Adstringenz.

# AROMATISCH
# BITTER

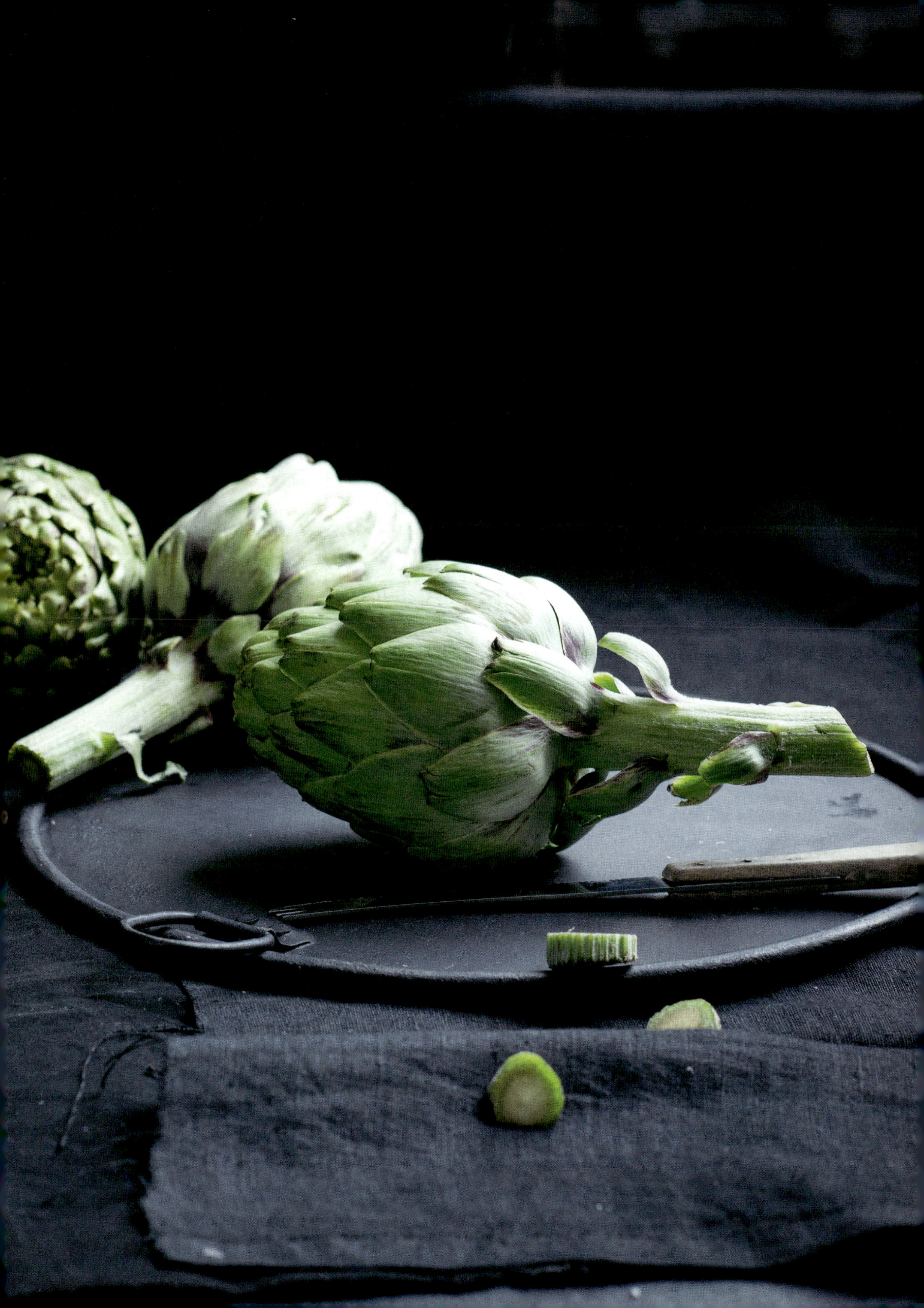

## ZARTBITTER BIS SCHARF-BITTER – GESUNDE SENFÖLE IN KRESSE, RETTICH, MEERRETTICH UND KOHL

In diesem Kapitel sind all die Produkte zu finden, die unverkennbare Bitternoten aufweisen, deren Geschmack jedoch durch weitere Aromen abgerundet wird. Das heißt, sie schmecken nicht ausschließlich bitter, sondern aromatisch-bitter oder scharf-bitter. Es ist vor allem die große Familie der Kreuzblütler, auf die das zutrifft. Aber auch die überaus aromatischen und sehr gesunden Artischocken mit ihren großen und kleinen Sorten und das Blattgemüse Kardy sind hier zu finden. Zu ihnen später mehr.

Zunächst einige Worte zu den leckeren, gesunden Kreuzblütengewächsen, zu denen viele bekannte Kulturpflanzen gehören: Rettich und Radieschen, Wasabi und Meerrettich, Garten-, Brunnen- und Kapuzinerkresse, Senfrauke (Rucola) und die wild wachsende Knoblauchsrauke. Außerdem zählt die große Gattung des Kohls, botanisch *Brassica* genannt, zu den Kreuzblütlern. Zu ihr gehört der Gemüsekohl, inklusive Blumenkohl, Brokkoli und all der anderen bekannten Kohlsorten. Auch der Rübsen oder Rübsamen mit seinen Unterarten Mairübchen, Teltower Rübchen, Bayerische Rübe, Pak Choi, Mizuna, Chinakohl, Stängelkohl (Cima di Rapa) und Rübstiel gehört zur Gattung des Kohls, genauso wie die Steckrübe, eine Unterart des Rapses, oder schwarzer und weißer Senf.

Doch was haben all diese Kreuzblütler gemeinsam – außer, dass sie einen wesentlichen Teil unseres einheimischen Gemüseangebots ausmachen? Und dass sie kreuzförmige Blüten haben? Sie enthalten allesamt gesunde Senfölglykoside. Das sind sekundäre Pflanzenstoffe, die den Kreuzblütlern zur Abwehr von Fraßfeinden dienen. Sobald die Pflanzenzellen durch Schneiden oder Kauen verletzt werden, hydrolisieren diese Senfölglykoside – von denen es übrigens über 120 verschiedene gibt – zu scharf-bitteren, teilweise stechenden Senfölen. Würzigsenfig und leicht bitter schmecken Rauke, Rüben und Rübstiel. Rettich und Kresse sind im ersten Moment scharf-bitter, werden aber schon nach kurzer Zeit wesentlich milder. Dieses Phänomen ist auch bei den besonders scharfen Kreuzblütlern Meerrettich und Wasabi (japanischer Meerrettich) zu beobachten. Die ätherischen Senföle sind beim Reiben so dominant, dass sie zu Tränen reizen. Sie sind allerdings extrem flüchtig und schon nach einigen Minuten größtenteils verflogen. Darum sollte man Meerrettich immer so frisch wie möglich über das Essen reiben oder ihn sofort nach dem Reiben weiterverarbeiten. Durch Kochen oder Trocknen verliert er seine flüchtigen Senföle. Kocht man Kreuzblütler wie Kohl, Speiserüben oder Steckrüben, entfalten sich die typischen, kohligschweren Duftstoffe.

Viele Kreuzblütler wie Meerrettich, Rettich und Kresse gelten seit Jahrhunderten als Heilpflanzen. Heute stehen Senföle auch im Interesse der medizinischen und pflanzenheilkundlichen Forschung. Besonders die Senföle aus Kapuzinerkressekraut und Meerrettich werden zur Behandlung und Prophylaxe von Atemwegs- und Harnwegserkrankungen eingesetzt. Sie helfen bei der Krebsprävention und können die Vermehrung von Grippeviren hemmen. Senföl wird mit Tonerde, Cayennepfeffer und Wasser gemischt und in Form von sogenannten Munari-Packungen bei Schmerzen und Verspannungen als Wärmetherapie eingesetzt.

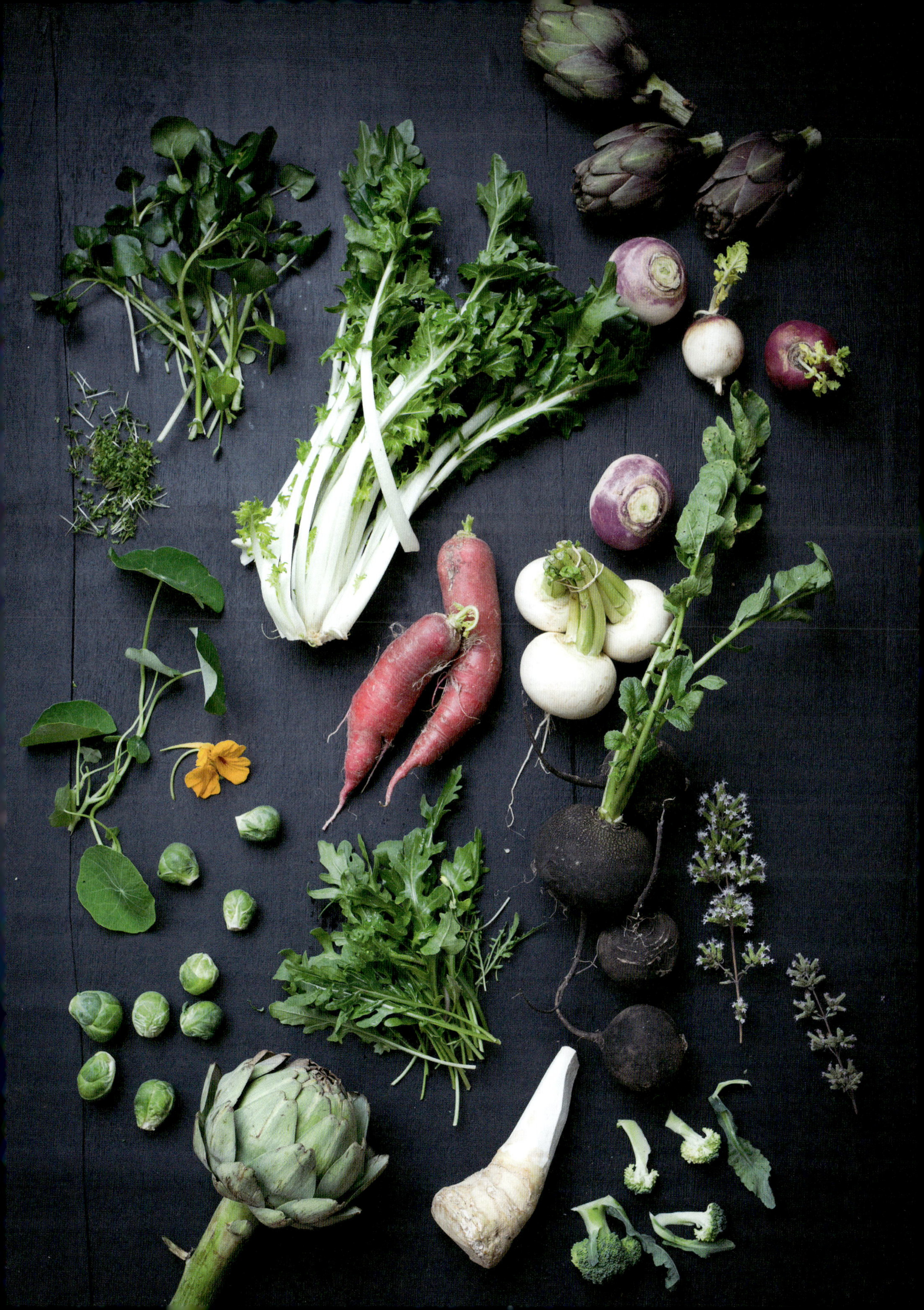

## ARTISCHOCKE UND KARDY

Artischocken haben etwas Majestätisches. Die Form ihrer Knospen, aber auch der bläulich dunkelgrünen Blätter ist elegant. Ihre Farben variieren je nach Sorte zwischen sattem Violett, Purpur und Olivgrün. Ihr Geschmack ist kaum mit dem eines anderen Gemüses vergleichbar und lässt sich als fein-herb bis aromatisch-bitter mit grünen, leicht nussigen und vegetabilen Noten beschreiben. Artischocken gibt es in verschiedenen Größen. Bei den kleinen Sorten muss man lediglich den Stängel schälen und kann die Knospen im Ganzen braten, frittieren oder backen. Die Zubereitung und das Essen großer Artischocken erfordern etwas mehr Aufwand (mehr dazu auf Seite 78).

Das Blattgemüse Kardy (oder Cardy), auch Kardone oder Spanische Artischocke genannt, zählt ebenfalls zu den Artischocken. Es wird nicht wegen seiner Knospen, sondern wegen der fleischigen, aber auch sehr stacheligen Blattstiele angebaut, die vor der Ernte gebleicht werden. Die Sorte 'Cardon argenté épineux de Plainpalais' wird im Kanton Genf angebaut und traditionell in der Weihnachtszeit zubereitet.

Der etwas größere Aufwand, den Artischocke oder Kardy erfordern, lohnt sich, denn die Gemüse sind appetitanregend und verdauungsfördernd. Der Bitterstoff Cynarin sowie Flavonoide und Caffeoylchinasäure-Abkömmlinge regen den Stoffwechsel von Leber und Galle sowie den Zucker- und Fettstoffwechsel an. Bitterstoffe wie das Cynaropikrin bewirken, dass sich mehr Magensäure bildet und der Appetit angeregt wird. In den äußeren Blättern der Artischocke, die man normalerweise nicht isst, verstecken sich besonders viele dieser wichtigen Inhaltsstoffe, sodass es sich lohnt, diese zu trocknen und als Tee aufzugießen.

Artischocken und Kardy sind frostempfindlich; sie stammen aus dem Mittelmeerraum und werden dort auch heute noch angebaut. Erste Erwähnungen der Artischocke finden sich schon bei den römischen Geschichtsschreibern Plinius und Columella, kultiviert wurde sie ab dem 1. Jahrhundert nach Christus. Nach Mitteleuropa gelangten die Artischocken durch den florentinischen Händler Filippo Strozzi, der sie Anfang des 15. Jahrhunderts aus Sizilien importierte. Bis zur Französischen Revolution galten Artischocken in den Gärten des französischen Landadels als Zeichen von Reichtum und vornehmer Lebensart. Die Hauptanbaugebiete sind heute Italien, USA, Spanien, Ägypten, Argentinien und Frankreich.

## BRUNNENKRESSE

Die zur Familie der Kreuzblütengewächse gehörende Brunnenkresse wird auch Wasser- oder Bachkresse genannt. Sie ist kräftig aromatisch und hat einen frischen, leicht säuerlichen, bitterscharfen Geschmack, der durch das Senfölglykosid Gluconasturtiin verursacht wird. Brunnenkresse ist mit Bitterkresse (Löffelkraut), Kapuzinerkresse und Gartenkresse verwandt. Auch wenn sich alle Kressen durch ihre bittere Schärfe auszeichnen, schmecken sie doch sehr unterschiedlich. Die fast in Vergessenheit geratene Bitterkresse macht ihrem Namen alle Ehre und schmeckt in erster Linie vor allem bitter. Kapuzinerkresse zeichnet sich durch pfeffrige Noten aus, während die Gartenkresse fein-bittere Akzente setzt. Allen Kressesorten gemeinsam ist die Herkunft ihres Namens: *cresso* ist das althochdeutsche Wort für scharf.

Die ursprünglich aus Europa stammende Brunnenkresse ist mittlerweile weltweit verbreitet.

Mit etwas Glück findet man im Wald in sonniger bis halbschattiger Lage an Bächen, Quellen und Teichen wilde Brunnenkresse. Kultiviert wird sie bereits seit dem 17. Jahrhundert in England, Frankreich, den Benelux-Staaten, Deutschland und der Schweiz. Die Pflanzen wachsen dabei in Gräben, sogenannten Klingen, heran, in denen sie mit ständig fließendem, kühlem Quellwasser umspült werden. Die druckempfindliche Brunnenkresse wird zwischen September und Mai meist von Hand geerntet. Sobald die Pflanzen blühen, sind sie nicht mehr genießbar.

Brunnenkresse ist eine alte Heilpflanze und war in ihrer Wildform schon bei den alten Römern und Griechen beliebt. Früher war sie gerade im Winter ein wichtiger Vitamin-C-Lieferant, von dem sie pro 100 Gramm mit ganzen 79 Milligramm auftrumpfen kann. Zudem enthält sie Vitamine der B-Gruppe, Vitamin A und E und ist reich an Mineral- und Bitterstoffen. In der Pflanzenheilkunde gilt Brunnenkresse als appetitanregend, entschlackend, stoffwechselfördernd, harntreibend und wehenfördernd. Zudem soll sie eine blutreinigende und blutaufbauende Wirkung haben und entzündungshemmend auf die Mundschleimhaut wirken.

Brunnenkresse ist sehr empfindlich und nach dem Kauf nicht lange haltbar. Am besten wickelt man sie in feuchtes Küchenpapier und legt das Bündel in eine ausreichend große, verschließbare Plastikdose. So hält sie sich im Kühlschrank bis zu drei Tagen.

## GRÜNKOHL, FEDERKOHL

Was früher Grünkohl war, ist heute »Kale«. Und was früher ein winterliches Eintopfgemüse war, gilt heute als sommerliches Superfood. Überholte Klischees können wir also endlich über Bord werfen und neue Sorten und Zubereitungsmethoden entdecken. Grünkohlliebhaber müssen keinesfalls auf den ersten Frost warten, denn die krausen Blätter schmecken schon als Sprossen, Micro- oder Baby Leaves. Die zarten Blätter der jungen Pflanzen eignen sich bestens für Smoothies und Rohkost. Tatsächlich enthält roher Grünkohl sehr viel Vitamin C, ganze 105–150 Milligramm pro 100 Gramm. Zudem glänzt er durch Senfölglykoside wie Glucoiberin und Glucobrassicin. Letzteres soll Giftstoffe im Körper neutralisieren können.

Junger Grünkohl schmeckt leicht herb bis bitter und nussig-würzig. Grünkohl, der länger auf dem Feld stehen bleibt und später geerntet wird, verliert das bitter-herbe Aroma und schmeckt eher süßlich-kohlig. Der Grund dafür ist, dass die Pflanze fortlaufend Photosynthese betreibt und der Traubenzuckergehalt steigt, während sich ihr gesamter Stoffwechsel verlangsamt.

Der Grünkohl stammt vom wilden Kohl ab, der an den Küsten Spaniens, Frankreichs, Großbritanniens und Deutschlands (Helgoland) heimisch ist. Er ist eine Unterart des Gemüsekohls und wird schon seit dem 3. Jahrhundert vor Christus kultiviert. Bekannt ist Grünkohl je nach Region auch als Krauskohl, Winter- oder Federkohl. Die Vielfalt teils alter Sorten reicht von der 'Ostfriesischen Palme' über 'Thousand Heads', 'Russian Red' bis zu 'Black Magic'. Ihre unterschiedlich stark gekräuselten Blätter strahlen in zarten Grün- bis satten Violetttönen. Im großen Stil wird heutzutage fast nur noch die Sorte 'Grüner Krauser' angebaut. Wer andere Sorten probieren möchte, wird am ehesten auf Öko-Wochenmärkten, bei ambitionierten Gemüsebauern, Sortenerhaltungsorganisationen oder Hobbygärtnern fündig.

## MEERRETTICH

Vor der Einführung des Pfeffers waren bei uns Meerrettich und Senf die einzigen Gewürze, die für Schärfe sorgten. Meerrettichwurzeln gehören zur Familie der Kreuzblütler, sind aber nicht näher mit dem Gartenrettich verwandt. Unverarbeitet sind sie geruchlos, erst beim Schälen, Schneiden oder Reiben verströmen sie ihren charakteristischen stechenden Geruch, der in Rachen und Nase zieht, jedoch schnell wieder verfliegt. Verantwortlich dafür ist das Senfölglykosid Sinigrin, aus dem sich bei bei Verletzung der Zellen enzymatisch das flüchtige Allylisothiocyanat oder Allylsenföl bildet. Dieses ätherische Öl sorgt auch bei Senf und beim japanischen Meerrettich Wasabi für den scharfen Geschmack. Beim Trocknen oder Kochen verschwinden die ätherischen Öle und damit auch der stechende Geruch und der scharf-würzige Geschmack.

Roher Meerrettich ist ein überaus gesundes Wintergemüse. Er gibt Dips und gekochtem Fleisch eine scharfe Note, schmeckt mit Apfelkompott oder Preiselbeeren vermischt oder im Rote-Bete-Salat. Neben den Senfölglykosiden Sinigrin und Gluconasturtiin, die bei entsprechender Dosierung bakterienhemmend wirken, wurde eine Reihe weiterer Senföle nachgewiesen. Meerrettich enthält mit 177 Milligramm pro 100 Gramm viel Vitamin C. Zudem liefert er Vitamine der B-Gruppe und die Mineralstoffe Kalium, Calcium, Magnesium, Eisen und Phosphor. Kein Wunder, dass die Wurzel schon seit der Antike als Heilpflanze geschätzt wird. Im Mittelalter wurde die Pflanze gegen Skorbut, Gelbsucht und Atemwegserkrankungen eingesetzt. Meerrettich wirkt anregend, hustenlösend und entspannend. Zudem soll er den Gallenfluss fördern und so die Verdauung unterstützen, außerdem bei Harnwegsinfekten helfen. Äußerlich kann Meerrettich Insektenstiche lindern. Und als Breiumschlag wird er bei Rheuma, Gicht und Nervenschmerzen angewendet.

Ursprünglich stammt Meerrettich aus Ost- und Südeuropa, wo er noch heute in seiner Wildform zu finden ist. Von dort wurde er durch die slawischen Völker nach Mitteleuropa gebracht und dort seit dem Mittelalter angebaut. Größere Anbaugebiete gibt es in Deutschland, Österreich, Polen und Ungarn. Im späten 19. Jahrhundert gelangte die Wurzel vermutlich mit deutschen Einwanderern nach Nordamerika. In der selbsternannten Meerrettich-Hauptstadt Collinsville in Illinois wird noch heute über die Hälfte des weltweiten Marktvolumens geerntet. Darüber hinaus wird die Pflanze in China und Südafrika angebaut. Meerrettich ist ein gesundes Wintergemüse; geerntet werden die gut lagerfähigen Wurzeln ab Ende Oktober bis in das Frühjahr hinein.

## RETTICH

Rettiche gibt es in den verschiedensten Farben und Formen: Radieschen und Eiszapfenrettich haben eine etwas mildere Note. Schwarzer Winterrettich, weißer Bierrettich, roter Rettich und asiatischer Daikon schmecken schärfer. Sie alle enthalten flüchtige Senföle, die für ihren stechenden Geruch und den scharfwürzigen und leicht senfigen Geschmack verantwortlich sind. Da sie schnell verfliegen, sollte man Rettiche erst kurz vor dem Essen schneiden und salzen. So behalten sie ihre knackige Konsistenz und das pfeffrige, leicht bittere Aroma.

Rettiche gehören zur Gattung *Raphanus* und zur Familie der Kreuzblütler. Neben verschiedenen Senfölglykosiden enthalten sie Bitterstoffe und das schwefelhaltige Öl Raphanol, zudem reich-

*Kresse*

*Grünkohl, Federkohl*

*Wilder Brokkoli*

*Verschiedene Kressesorten*

lich Vitamin C, außerdem Eisen, Selen, Kupfer, Magnesium und vor allem Kalium.

Die heilende Wirkung des Rettichs ist seit dem Altertum bekannt. Ägypter, Griechen und Römer schätzten den Rettich, und auch in China war er verbreitet. Seit dem Altertum ist Rettich in der Volksmedizin wegen seiner positiven Wirkung auf die Verdauungsorgane beliebt. Seine Inhaltsstoffe wirken entzündungshemmend, schleimlösend und entspannen die Muskulatur der Atemwege. Eingesetzt wird er bei Verdauungsproblemen, gegen Husten, Heiserkeit und Harnwegsinfekte sowie bei Gicht und Rheuma. Der schwarze Winterrettich gilt als besonders heilkräftig.

## RÜBSTIEL

Nicht jeder kennt die feinen Stiele und Blätter der Speiserübe als eigenständiges Gemüse. Eine lange Tradition haben sie vor allem in den Niederlanden, in Westfalen und im Rheinland. Dort kennt man das typische Frühjahrsgemüse unter den Namen Stielmus, Stängelmus, Stängelripsen, Köhlstille und Runkelstielchen. Die weißen Stiele und die zarten Blätter zeichnen sich vor allem durch ihre Zartheit und ihr fein nussiges und leicht bitteres bis würziges Aroma aus, das sich roh und kurz gebraten am besten entfaltet. Traditionell wird aus dem Gemüse allerdings gern ein deftiger Eintopf oder sogenanntes Stielmus gekocht, eine Mischung aus Kartoffelpüree und Rübstiel.

Rübstiel ist wie die Speiserübe eine Unterart des wilden Rübsens und gehört zur Familie der Kreuzblütengewächse. Er zeichnet sich durch einen hohen Gehalt an Vitamin C aus, der bei immerhin 93 Milligramm pro 100 Gramm liegt. Zudem enthält er viele weitere Vitamine, Mineralstoffe, vor allem Calcium und Kalium, und natürlich Senfölglykoside. Interessanterweise sind die Rübenstiele und Blätter nährstoffreicher als die Rüben selbst.

Um das Gemüse anzubauen, werden entweder Speiserüben sehr dicht gesät, sodass sich statt der unterirdischen Rüben die Blätter stärker ausbilden. Es gibt aber auch eine aus dem Rübsen gezüchtete Rübstielsorte namens 'Namenia'. Zu finden ist Rübstiel im Frühling und im Herbst auf Wochenmärkten, in gut sortierten Supermärkten oder im eigenen Garten. Er sollte möglichst frisch verarbeitet werden, da die Blätter schnell welk werden. Wickelt man das Gemüse in feuchte Küchentücher, hält es sich etwa drei Tage im Gemüsefach des Kühlschranks.

## STÄNGELKOHL UND SPROSSENBROKKOLI

Stängelkohl und Sprossenbrokkoli gehören zur Gruppe der Brokkoliartigen und können in Rezepten gegeneinander ausgetauscht werden. In Nordeuropa sind sie noch nicht sehr verbreitet. In Italien, Portugal und Spanien (Galizien) kommt Stängelkohl als typisches Wintergemüse auf den Tisch, während der Sprossenbrokkoli ab Frühling Saison hat.

Stängelkohl, auch Cima di Rapa oder wilder Brokkoli genannt, gehört zur Gattung des Kohls, ist aber eine Varietät des Rübsens und daher näher mit Rübstiel oder Speiserübe verwandt. Der Sprossenbrokkoli dagegen ist eine Varietät des Gemüsekohls und daher näher mit dem Brokkoli verwandt. Stängelkohl und Sprossenbrokkoli lassen sich am ehesten an ihren Blättern unterscheiden: Die des Stängelkohls ähneln Rübenblättern, sie sind etwas heller grün und gekräuselt. Die Blätter des Sprossenbrokkolis dagegen sind dunkler grün, eher ledrig und mit einem wachsartigen Glanz.

Von Stängelkohl und Sprossenbrokkoli isst man Blütenknospen, Blätter und Stiele. Dabei sollte man darauf achten, dass die Stängel frisch, die Blätter knackig und die Blüten geschlossen sind. Verglichen mit dem Kulturgemüse Brokkoli schmecken Stängelkohl und Sprossenbrokkoli intensiver, leicht bitter und kohlig-scharf. Sie haben insgesamt eine zähere Konsistenz. Stängelkohl und Sprossenbrokkoli sind reich an Mineralstoffen und Vitaminen, besonders hoch ist ihr Gehalt an Vitamin C und Provitamin A. Sie enthalten viele sekundäre Pflanzenstoffe wie Flavonoide und Senfölglykoside. Angebaut werden Stängelkohl und Sprossenbrokkoli in den westlichen Mittelmeerländern, traditionell vor allem in Italien. Nördlich der Alpen findet man sie am ehesten auf Wochenmärkten, in italienischen und türkischen Gemüseläden, in gut sortierten Feinkostgeschäften oder im Online-Handel.

Übrigens, das deutsche Wort Kohl wurde von den Germanen dem lateinischen Wort *caulis* (Stängelkohl) entlehnt, was wiederum vom altgriechischen Wort *kaulós* abstammt und mit Stängel oder Strunk übersetzt werden kann.

## STECKRÜBEN UND SPEISERÜBEN

Steckrüben und Speiserüben haftete lange der Ruf des Arme-Leute-Essens und der letzten Notnahrung in Kriegs- und Hungerzeiten an. Dank der Rückbesinnung auf alte Gemüsesorten erleben sie eine Renaissance. Zu Recht, denn gerade die Speiserüben zeichnen sich durch eine bunte Sortenvielfalt aus: Die weißen Mai- und Herbstrüben gehören genauso dazu wie die violett-weißen 'Teltower Rübchen', 'Gatower Kugel', 'Pfatterer Rübe' und 'Bayerische Rübe'.

Speiserüben und Steckrüben schmecken fein bis deftig-würzig und leicht bitter. Sie lassen sich vielfältig zubereiten: Roh kommen die scharf-bitteren Nuancen besonders gut zur Geltung. Kurz gebraten und mit etwas Zucker und Zitronensaft abgeschmeckt, gesellt sich eine süße Komponente hinzu. Beim Kochen, Dünsten und Dämpfen entfaltet sich eher das kohlig-deftige Aroma. Da Steckrüben zwischen Oktober und Januar und Rübchen ab Ende März geerntet werden, sind sie eine gesunde Bereicherung für die Herbst-, Winter- und Frühjahrsküche. Neben einem hohen Wasseranteil glänzen sie durch Vitamin C und Vitamine der B-Gruppe sowie Mineralstoffe und Senfölglykoside. Steckrüben enthalten außerdem Traubenzucker und Beta-Carotin.

Übrigens, Rübe ist nicht gleich Rübe. Während die Steckrübe auch Kohl- oder Runkelrübe genannt wird und eine Unterart des Rapses ist, sind die Speiserüben eine Varietät des wilden Rübsens. Beide gehören zur Gattung des Kohls und zur Familie der Kreuzblütler. Während die Herkunft der Steckrübe im Dunkeln liegt, war die Speiserübe schon in vorchristlicher Zeit bekannt. Sie wird in griechischen und römischen Texten sowie in Schriften des Mittelalters und der Renaissance erwähnt. Auch in Indien und China wurde sie früh kultiviert. Vor der Einführung der Kartoffel war die Speiserübe im europäischen Raum ein wichtiges Gemüse.

# VOLLKORN-CROSTINI MIT RETTICHDIP

*Sobald man den Rettich reibt, duftet die ganze Küche. Sein Geschmack ist leicht bitter und würzig scharf. Überdies ist der »Radi« dank seiner Senföle und Bitterstoffe sehr gesund.*

Für 2–4 Portionen

*Für den Dip*
100 g weißer, schwarzer oder roter Rettich
250 g Rahmquark (Sahnequark)
Salz
1 TL frisch gepresster Zitronensaft
1 Prise Zucker

½ Vollkornbaguette vom Vortag
Olivenöl zum Beträufeln
Fleur de Sel
1 Handvoll Rettichsprossen

Den Rettich fein reiben. Das Rettichgrün, wenn vorhanden, abschneiden, verlesen und 1 Handvoll Blätter fein schneiden. Den Rettich und die Blätter mit dem Quark verrühren und mit Salz, Zitronensaft und Zucker abschmecken.

Für die Crostini den Backofen auf 180 Grad vorheizen. Das Baguette in zwei gleich große Stücke und jedes Stück der Länge nach in sehr dünne Scheiben schneiden. Das funktioniert am besten mit einer Aufschnittmaschine oder einem Sägemesser.

Die Scheiben nebeneinander auf ein Backblech legen. Mit Olivenöl beträufeln, mit Fleur de Sel bestreuen und im vorgeheizten Ofen 10–15 Minuten knusprig backen. Zusammen mit dem Rettichdip und den Sprossen servieren.

### Bitterfaktor

Der Dip schmeckt mit allen möglichen Rettichsorten. Radieschen verleihen ihm eine mildere Note. Knollen- und Eiszapfenrettich, schwarzer Winterettich, weißer Bierrettich, roter Rettich und asiatischer Daikon schmecken etwas schärfer. Sie alle enthalten Senfölglykoside, die für den bitterscharfen und leicht senfigen Geschmack und den dominanten Geruch sorgen.

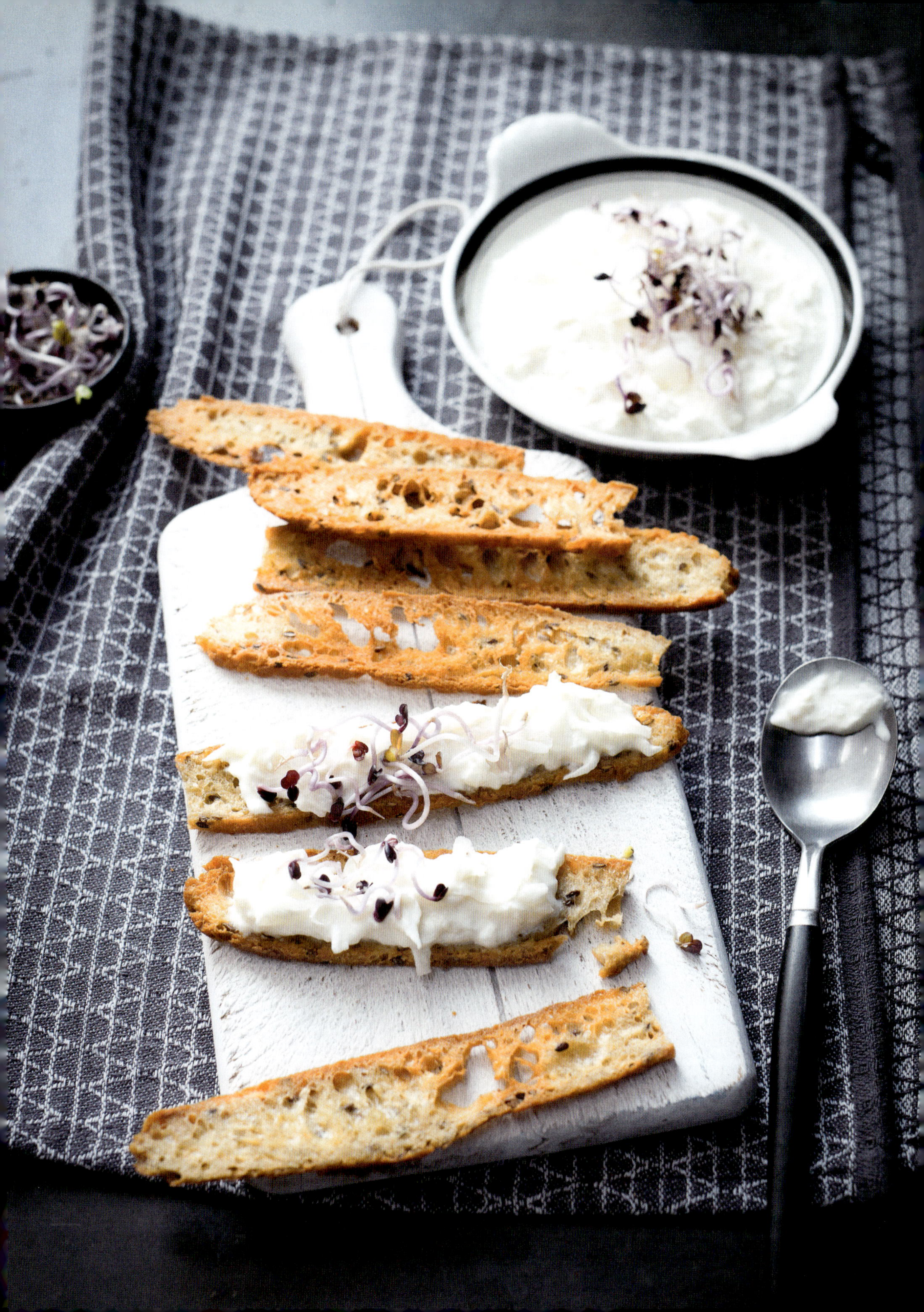

# BRUNNENKRESSESUPPE

Was für ein einzigartiger Duft! Sobald Brunnenkresse im Topf brät, denke ich an meine schöne Zeit in einem Berliner Restaurant. Dort roch es eigentlich immer nach Brunnenkresse, und der »Brunnenkressefond« war Bestandteil vieler Gerichte. Auch in diesem Rezept versteckt er sich.

Für 4 Portionen

2 Bund Brunnenkresse à 250 g
2 Zwiebeln
3 Knoblauchzehen
½ unbehandelte Zitrone
Olivenöl zum Braten
Salz, schwarzer Pfeffer aus der Mühle, Zucker
100 ml Weißwein
500 ml Gemüse- oder Geflügelbrühe
1 große Kartoffel
3 EL Crème fraîche
60 g kalte Butter in Würfeln

Die Brunnenkressestiele am unteren Ende etwa 1 cm abschneiden. Die Blätter abzupfen und beiseitelegen, die Stängel halbieren. Zwiebeln und Knoblauch in dünne Scheiben schneiden. Die Zitrone heiß waschen, trocknen und ein etwa 5 cm langes Stück Schale abschälen; den Saft auspressen.

Etwas Olivenöl in einem Topf erhitzen. Die Hälfte der Zwiebeln und des Knoblauchs mit den Brunnenkressestielen und der Zitronenschale bei mittlerer Hitze einige Minuten andünsten, dabei ab und zu umrühren. Mit Salz und Pfeffer würzen, 1 Teelöffel Zucker darüberstreuen und kurz weiterbraten. Dann mit Weißwein und etwas Zitronensaft ablöschen. 2 Minuten köcheln lassen, anschließend die Brühe und 1 Liter Wasser dazugießen. Aufkochen und den Brunnenkressefond 5 Minuten leise köcheln lassen. Durch ein Sieb gießen und die Rückstände gut ausdrücken.

Die Kartoffel schälen und fein würfeln. Wiederum etwas Olivenöl in einem Topf erhitze, die restlichen Zwiebeln und den Knoblauch darin einige Minuten andünsten. Die Kartoffelwürfel und den Brunnenkressefond dazugeben, aufkochen und 5 Minuten köcheln lassen. Zuletzt die Blätter der Brunnenkresse sowie die Crème fraîche in die Suppe geben und 1 Minute mitkochen. Die Suppe pürieren und mit Salz, Pfeffer, Zucker und Zitronensaft abschmecken. Die Butterwürfel mit dem Mixstab unter die Suppe rühren. Sofort servieren.

### Tipp
Mit etwas Glück findet man im Wald wilde Brunnenkresse. Die Sumpf- und Wasserpflanze wächst bevorzugt in sonniger bis halbschattiger Lage an Bächen, Quellen und Teichen.

### Bitterfaktor
Brunnenkresse hat einen frischen, leicht bitter-scharfen und insgesamt sehr eigenen Geschmack, der durch das Senfölglykosid Gluconasturtiin verursacht wird. Verwandt ist sie mit der Gartenkresse, geschmacklich aber damit kaum zu vergleichen.

### Schon gewusst?
Der Name Kresse stammt vom althochdeutschen Wort *cresso* für »scharf«.

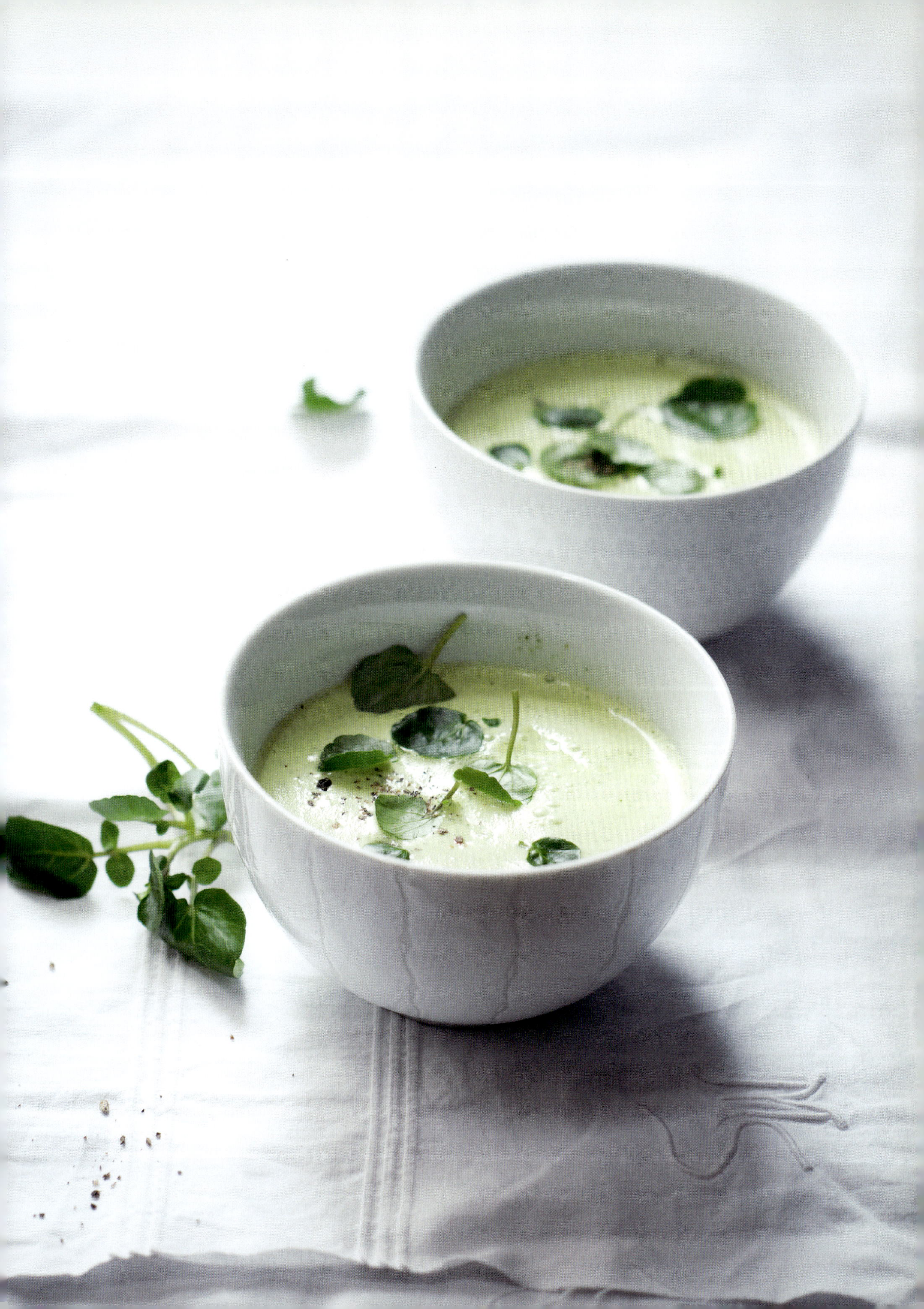

# SALAT MIT LÖFFELKRAUT, ROTEM RETTICH UND KEFIRDRESSING

*Das scharf-bitter schmeckende Löffelkraut ist auch unter den Namen Bitterkresse oder Skorbutkraut bekannt – oder besser unbekannt. Früher war es ein gern genutztes und durch seinen hohen Vitamin-C-Gehalt überaus gesundes Küchenkraut.*

Für 4 Portionen

2 Handvoll Löffelkraut, ersatzweise Brunnenkresse
150 g Wildkräuter-Salatmischung
1 kleiner Kopf Friséesalat
60 g Haselnusskerne
5 rote Rettiche

*Für das Dressing*
100 ml Kefir
2 EL Olivenöl
1 EL weißer Balsamicoessig
1 TL Agavendicksaft
Meersalz und Pfeffer aus der Mühle

Das Löffelkraut und die Wildkräuter klein zupfen. Den Friséesalat in mundgerechte Stücke zupfen. Die Haselnüsse in einer Pfanne ohne Fett rösten und grob hacken.

Für das Dressing den Kefir mit Olivenöl, Balsamicoessig, Agavendicksaft, Meersalz und Pfeffer in ein Schraubglas geben und kräftig schütteln. Abschmecken.

Das Löffelkraut, die Wildkräuter und den Friséesalat in einer Schüssel mit etwas Dressing vermischen und auf einer großen Platte oder auf Tellern anrichten. Den Rettich dünn darüberhobeln und den Salat mit den gerösteten Haselnüssen bestreuen. Mit Salz und Pfeffer würzen. Das restliche Dressing dazu servieren.

### Bitterfaktor
Ein durch und durch gesunder Salat voller Bitterstoffe und Senföle. Das cremige Kefirdressing und die gerösteten Nüsse erden die scharf-bittere Würze. Löffelkraut schmeckt sehr intensiv und erscheint im ersten Moment ungewohnt, fast betäubend bitter. Wie viel man davon im Salat verwendet, ist Geschmackssache. Ersatzweise nimmt man Brunnenkresse oder Kressesorten nach Wahl.

### Schon gewusst?
Das Löffelkraut gehört zur Familie der Kreuzblütengewächse und enthält, ähnlich wie Brunnenkresse, viel Vitamin C. Der Legende nach diente es schon den Seefahrern im 17. Jahrhundert als Mittel gegen Skorbut. Da es sich schlecht trocknen lässt, sollen sie es eingesalzen mit auf Reisen genommen haben.

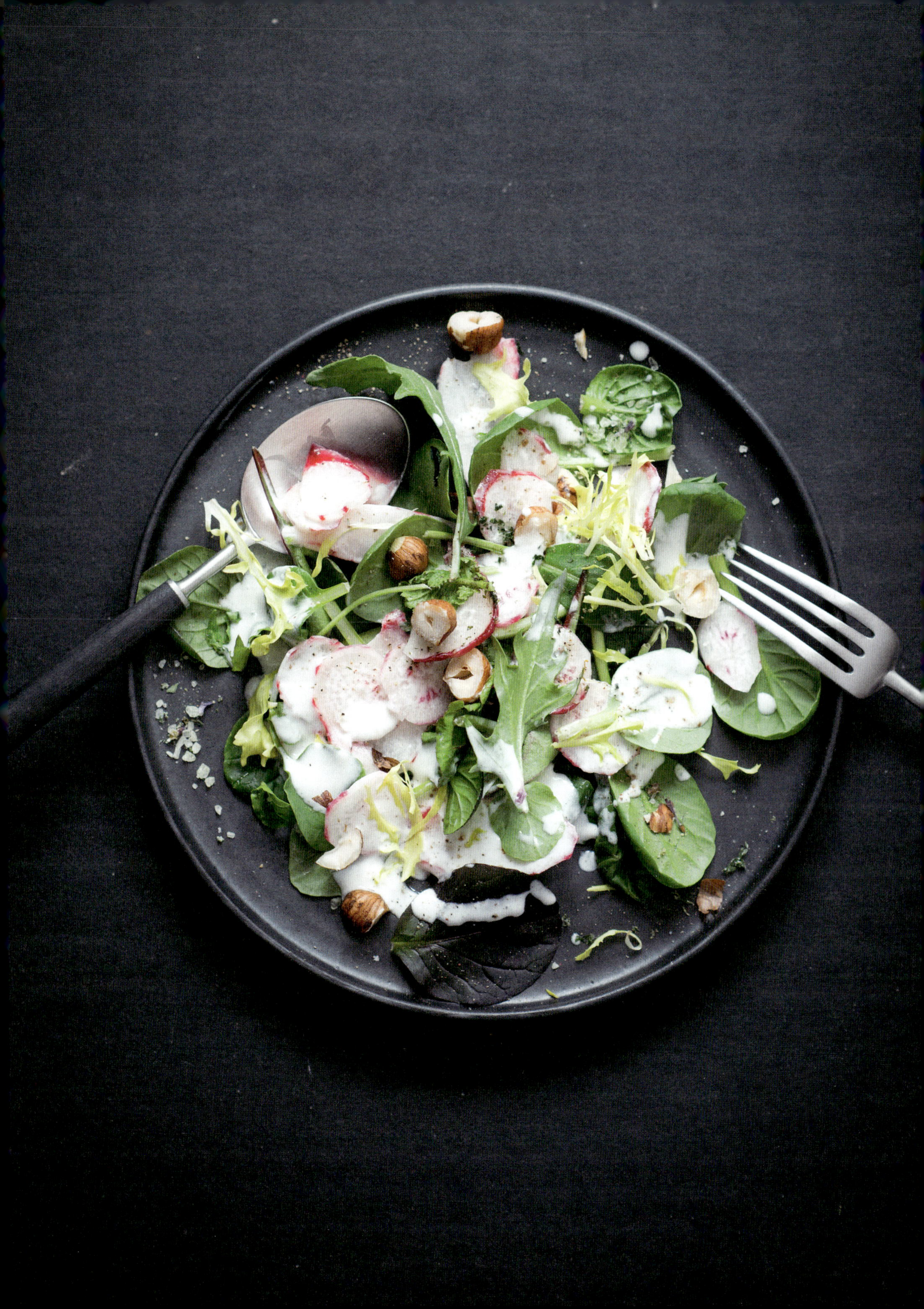

# RÜBSTIEL-MINESTRONE

Rübstiel ist ein traditionelles Eintopfgemüse. Durch sein feinsäuerliches und leicht bitter-scharfes Aroma eignet er sich aber auch hervorragend für eine mediterrane Gemüsesuppe. Und aus den Blattspitzen lässt sich gleich noch ein Pesto zaubern.

Für 6 Portionen

*Für das Pesto*
30 g Pinienkerne
60 g Rübstielspitzen (siehe unten)
3 Knoblauchzehen
100 ml Olivenöl
30 g Parmesan oder Pecorino
Salz, schwarzer Pfeffer aus der Mühle

*Für die Minestrone*
800 g Rübstiel
2 rote Zwiebeln
2 Knoblauchzehen
2 Karotten oder Petersilienwurzeln
400 g Kartoffeln
4 aromatische Fleischtomaten
Olivenöl zum Braten
Zucker
150 ml Weißwein
700 ml Gemüsebrühe

Für das Pesto die Pinienkerne in einer Pfanne ohne Fett goldbraun rösten. Vom Rübstiel nur die zarten Spitzen abzupfen. 60 g abwiegen, den Rest beiseitelegen. Die Knoblauchzehen hacken. Die Pinienkerne, die Rübstielspitzen und den gehackten Knoblauch mit dem Olivenöl im Mixer oder Blitzhacker zu einer Paste zerkleinern. Den Parmesan oder Pecorino fein reiben und unterrühren. Mit Salz und Pfeffer abschmecken.

Für die Minestrone den beiseitegelegten Rübstiel schneiden: die weißen Teile der Stiele in feine Streifen, die grünen Blätter etwas gröber lassen. Zwiebeln und Knoblauchzehen fein würfeln. Die Karotten oder Petersilienwurzeln und die Kartoffeln fein würfeln. Die Tomaten vierteln, die Kerne auskratzen und den Saft durch ein Sieb abtropfen lassen, das Fruchtfleisch würfeln.

Etwas Olivenöl in einem großen Topf erhitzen, die weißen Rübstielstücke mit Zwiebel und Knoblauch kräftig anbraten. Die Karotten- und Kartoffelwürfel hinzufügen und unter Rühren kurz mitbraten. Mit Salz, Pfeffer und etwas Zucker bestreuen und 1 Minute umrühren. Mit dem Weißwein ablöschen und diesen fast vollständig einkochen lassen. Dann mit der Gemüsebrühe, dem abgetropften Tomatensaft und 800 ml Wasser auffüllen. Die Suppe aufkochen und 10–15 Minuten köcheln lassen.

Zuletzt die Rübstielblätter und die Tomatenstücke hinzufügen und die Minestrone 5 Minuten fertig garen. Abschmecken und zusammen mit dem Pesto servieren. Dazu passen geröstete Speckscheiben und frisches Ruchbrot.

### Tipp
Die Suppe schmeckt auch ohne Pesto. Dann einfach mit einem Löffel Crème fraîche servieren.

### Bitterfaktor
Wer keinen Rübstiel bekommt, kann Mangold verwenden. Der schmeckt weniger bitter-scharf, sondern eher nussig. Da die Mangoldblätter fleischiger sind, eignen sie sich allerdings weniger gut für Pesto. Verwenden Sie stattdessen Basilikum. Statt der Pinienkerne schmecken auch geröstete Walnüsse. Sie verleihen dem Gericht noch eine extra Bitternote.

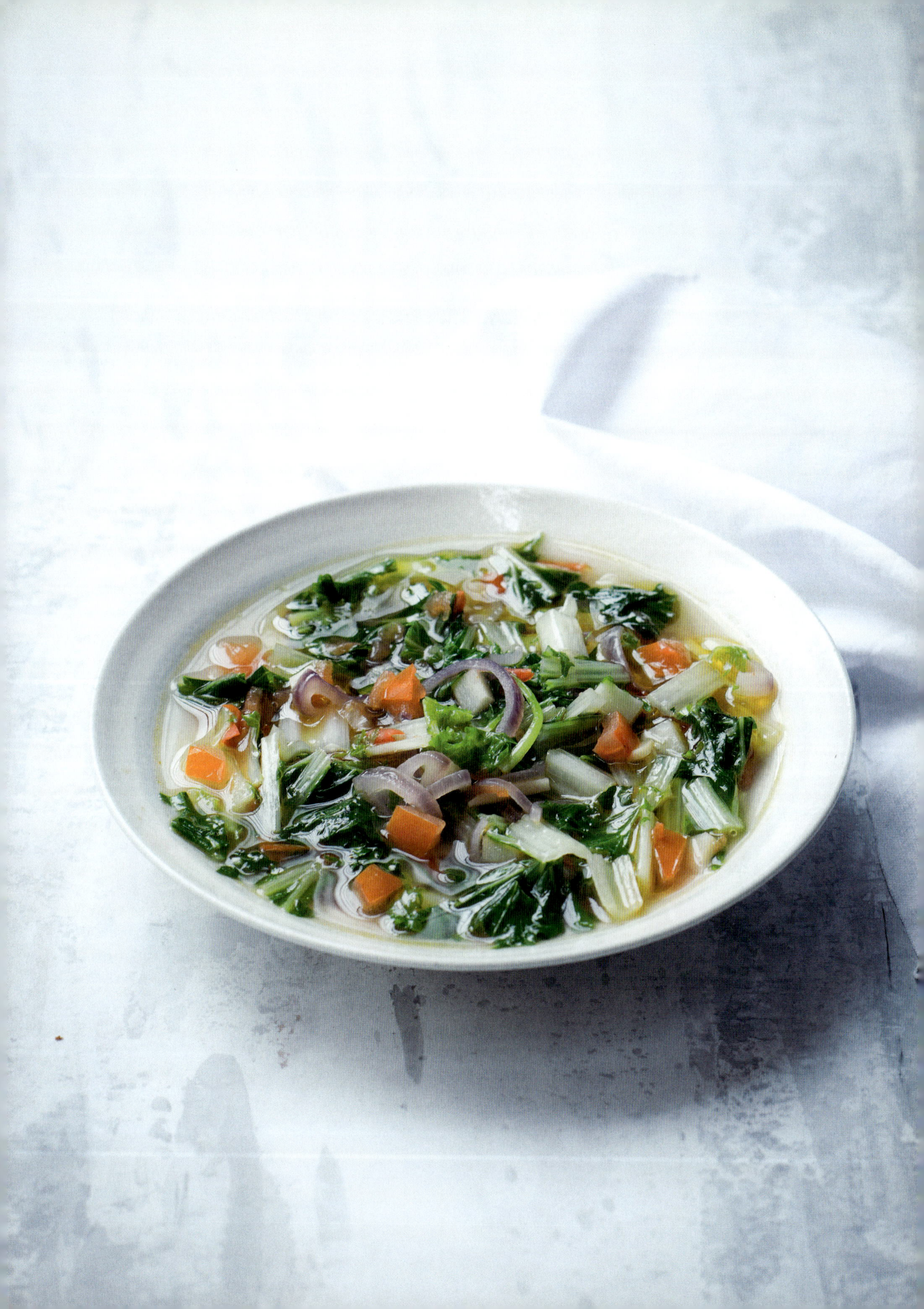

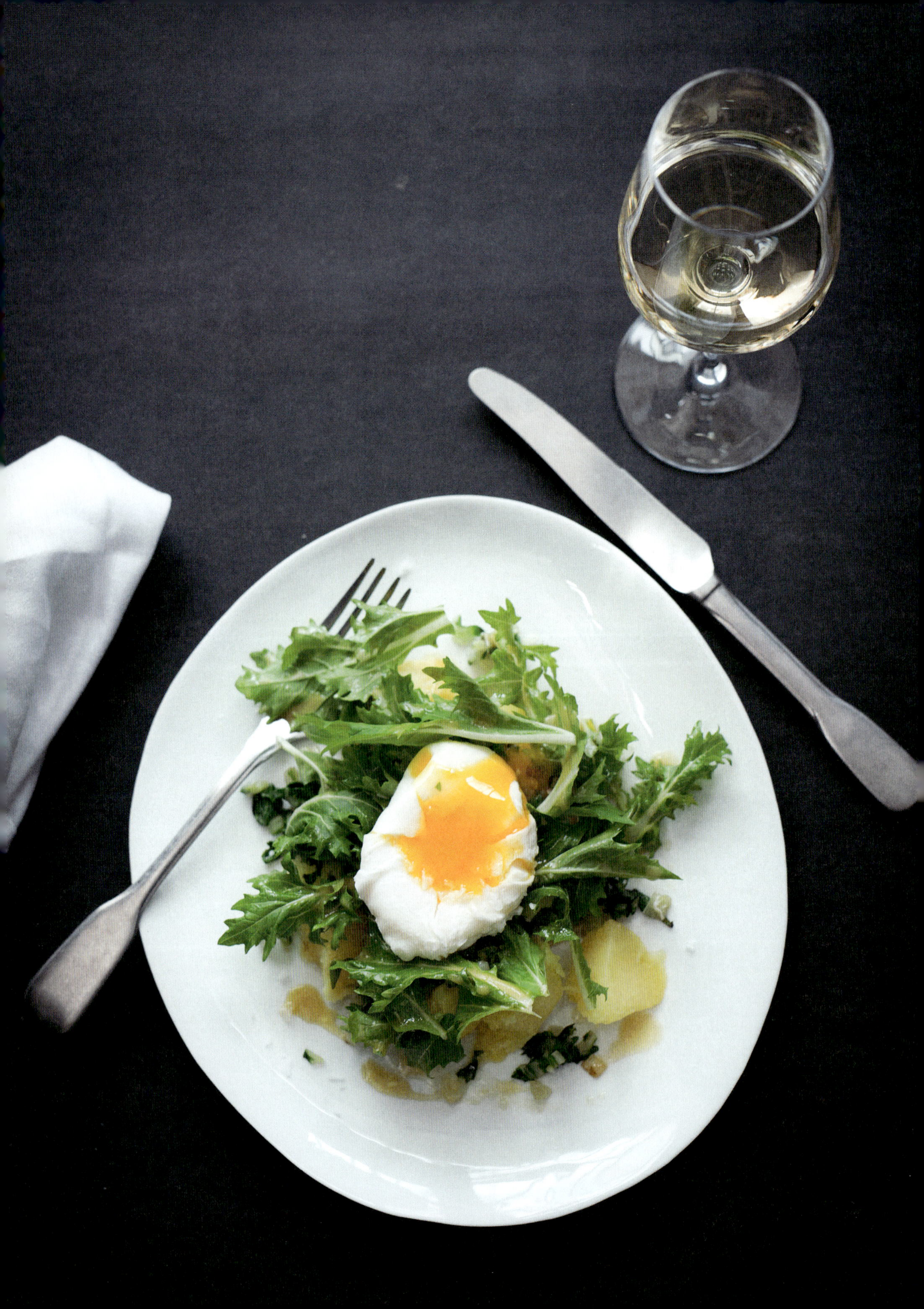

# RÜBSTIEL MIT KARTOFFELSTAMPF UND EI

*Rübstiel kannte ich lange nicht – bis zu meiner Abschlussprüfung als Köchin im Rheinland ... Dort wie auch in den benachbarten Niederlanden haben die jungen Rübenblätter eine lange Tradition. Heute ist das zarte »Rübstielchen« eines meiner Lieblingsgemüse.*

Für 4 Portionen

*Für das Dressing*
2 EL Apfelessig
2 EL Olivenöl
1 TL Senf
Zucker, Salz, schwarzer Pfeffer aus der Mühle

2–3 Bund Rübstiel
1½ kg mehligkochende Kartoffeln
Olivenöl zum Braten
Salz, Zucker
1 TL frisch gepresster Zitronensaft
4 Eier
1 Schuss Essig
150 g Butter
Fleur de Sel

Für das Dressing den Apfelessig mit Olivenöl und Senf verrühren. Mit Zucker, Salz und Pfeffer abschmecken.

Den Rübstiel verlesen. Die Spitzen als Salat in eine Schüssel zupfen. Die weißen Stiele fein schneiden. Die grünen Blätter etwas gröber lassen.

Die Kartoffeln schälen und 20–30 Minuten in Salzwasser weich kochen. Kurz bevor die Kartoffeln fertig gekocht sind, etwas Olivenöl in einer großen Pfanne erhitzen und die weißen Stiele des Rübstiels darin kräftig anbraten. Mit Salz, Zucker und Zitronensaft abschmecken. Die Rübstielblätter unterrühren, 1 Minute weiterrühren und das Gemüse vom Herd nehmen.

Die gezupften Rübstielspitzen mit dem Dressing vermischen.

Die Eier in Salzwasser mit einem Schuss Essig 2–3 Minuten pochieren.

Die Kartoffeln abgießen und ausdampfen lassen. Die Butter in Stückchen dazugeben und die Kartoffeln stampfen.

Den Kartoffelstampf mit dem gebratenen Rübstiel anrichten. Die pochierten Eier daraufgeben. Die marinierten Rübstielspitzen darumherum verteilen. Mit Fleur de Sel und etwas Pfeffer bestreuen.

### Tipp
Rübstiel ist auch unter den Namen Stielmus, Stängelmus, Stängelripsen, Köhlstille und Runkelstielchen bekannt. Obwohl er als typisches Frühlingsgemüse gilt, bekommt man ihn auch im frühen Herbst, in manchen Regionen findet man ihn jedoch auch gar nicht. Als Ersatz kann man auf junge Mangoldblätter (Krautstiel) zurückgreifen. Für den Salat empfiehlt sich Mangold nicht; stattdessen empfehle ich fein geschnittene Radieschen mit Brunnenkresse.

### Bitterfaktor
Rübstiel sind die jungen gestielten Blätter der Speiserübe. Typisch sind ihre leicht bittere Schärfe und der kohlige Geruch beim Kochen, für den Senfölglykoside verantwortlich sind. In diesem Gericht werden die Rübstielspitzen roh mariniert und schmecken so angenehm frisch. Durch das Braten der Stiele treten statt der leicht bitteren Kohlaromen süßlich-würzige Röstaromen in den Vordergrund. Cremiger Kartoffelstampf und sämiges Eigelb runden den Geschmack ab.

*Fermentierte Radieschen*

*Brot mit Wildkräuterbutter und Radieschen*

# FERMENTIERTE RADIESCHEN

Letztes Jahr hat mich das Fermentierfieber gepackt. Und nicht mehr losgelassen! Neben Salzgurken und Sauerkraut in allen möglichen Varianten ergeben Radieschen ein lecker-knackiges Fermentierprodukt mit feiner Bitternote.

Für 1 Bügelglas von 1 Liter

17 g feines Meersalz ohne Zusätze
2 Bund Radieschen
1 EL Senfkörner
1 TL schwarze Pfefferkörner
2 Lorbeerblätter

Das Glas einige Minuten in kochendem Wasser auskochen. Das Salz mit ½ Liter Leitungswasser verrühren. Das Grün der Radieschen wegschneiden. Die Radieschen zusammen mit Senf- und Pfefferkörnern sowie Lorbeerblättern in das Glas schichten. Etwas festdrücken, damit die Radieschen schön dicht aneinander liegen. Die Salzlake zugießen. Die Radieschen mit einem kleinen Teller oder einem Gewicht aus Ton beschweren, sodass sie nicht aus der Lake herausragen; sonst bildet sich daran leicht Schimmel. Das Glas verschließen, in einen tiefen Teller stellen und mit einem Tuch bedecken. Bei Raumtemperatur mindestens 10 Tage fermentieren lassen. Während dieser Zeit den Deckel nicht öffnen. Danach sind die Radieschen essfertig. Den Deckel vorsichtig öffnen, da das Glas unter Druck steht.

Lässt man die Radieschen länger bei Raumtemperatur stehen, setzt sich der Fermentationsprozess fort, und der Geschmack wird intensiver. Lagert man sie im Kühlschrank, stoppt die Fermentation nahezu vollständig.

Wichtig: Die Radieschen sollten auch nach dem Öffnen immer mit einem Gewicht beschwert werden, damit sie nicht außerhalb der Lake schwimmen.

Schon gewusst?
Fermentation heißt, etwas mithilfe von Milchsäuregärung haltbar zu machen. Das Verfahren ist nicht besonders schwierig, aber es gibt einige Zusammenhänge, die zu verstehen sich lohnt (siehe Buchhinweise und Websites im Anhang).

Bei unsauberem Arbeiten und wenn Gemüse oder Würzzutaten oberhalb der Lake schwimmen, können sich an der Oberfläche des Ferments Kahmhefen oder gar Schimmel bilden. Bei Schimmelbefall muss das ganze Fermentierprodukt entsorgt werden. Kahmhefe dagegen ist nicht gesundheitsschädlich. Auch kann es passieren, dass das Ferment eine matschige oder schleimige Textur bekommt. Auch dies ist nicht gesundheitsschädlich.

# BROT MIT WILDKRÄUTERBUTTER UND RADIESCHEN

*Es gibt kaum eine bessere Art, den scharf-bitteren Radieschengeschmack zu genießen!*

Für 4 Portionen

*Für die Wildkräuterbutter*
3–4 Handvoll vorwiegend bittere Wildkräuter (z. B. Blätter von Löwenzahn, Schafgarbe, Gänseblümchen, Gundermann und Wegwarte, aber auch Knoblauchrauke, Giersch und Spitzwegerich), ersatzweise 100 g Wildkräuter-Salatmischung
1 Knoblauchzehe
Salz
1 Msp. abgeriebene unbehandelte Zitronenschale
2 TL frisch gepresster Zitronensaft
250 g weiche Butter

Außerdem
1 Bund Radieschen mit schönen Blättern
8 Scheiben saftiges Sauerteigbrot
Salz, schwarzer Pfeffer aus der Mühle

Die Blätter von den Radieschen abschneiden und fein schneiden. Sämtliche Wildkräuter zupfen und sehr fein schneiden. Die Knoblauchzehe hacken und mit etwas Salz fein verreiben. Knoblauch, abgeriebene Zitronenschale und etwas Zitronensaft zur weichen Butter geben und alles mit dem Handrührgerät cremig rühren. Von den Wildkräutern einige zum Bestreuen beiseitelegen, die übrigen zusammen mit den Radieschenblättern unter die Butter rühren. Mit Salz und Zitronensaft abschmecken.

Die Brotscheiben großzügig mit der Wildkräuterbutter bestreichen. Die Radieschen in dünne Scheiben schneiden und die Brotscheiben damit belegen. Mit Salz und Pfeffer würzen und mit den restlichen Kräutern bestreuen.

### Tipps

Beim Kauf der Radieschen darauf achten, dass ihre Blätter noch unversehrt und frisch sind. Sie schmecken roh, fein geschnitten, können aber auch als Gemüse zubereitet werden. Radieschen, wie alle Rettichsorten, erst kurz vor dem Essen aufschneiden und salzen. So behalten sie ihre knackige Konsistenz und das pfeffrigscharfe, leicht bittere Aroma.

Das Rezept ergibt mehr Kräuterbutter, als für 8 Scheiben Brot benötigt, die Butter lässt sich aber bestens aufbewahren. Buttermischungen sind immer eine gute Möglichkeit, gesammelte oder übrig gebliebene Kräuter zu konservieren. Falls nicht selbst gesammelt, bekommen Sie Wildkräuter vielleicht auf dem Wochenmarkt, direkt beim Bauern oder über Online-Direktvermarktungsplattformen.

### Bitterfaktor

Wer es kräftiger mag, nimmt statt Radieschen Rettich. Die Bitterkeit der Kräuterbutter lässt sich nach persönlichem Geschmack steuern, indem mehr oder weniger bittere Kräuter verwendet werden. Übrigens: Wildkräuter enthalten erheblich mehr Vitamine, Mineralstoffe und Bitterstoffe als Kulturpflanzen.

# BUNTER KALE-SALAT

In den USA haben sich sämtliche Grünkohlsorten unter dem Sammelbegriff »Kale« zum angesagten Superfood gemausert. Zu Recht, ist der krause Kohl doch eines der Vitamin-C-reichsten Gemüse überhaupt. Angeboten wird »Kale« in den USA längst ganzjährig und nicht erst nach dem ersten Frost.

Für 4 Portionen

200 g junge, zarte Grünkohlblätter (Federkohl)
2 Avocados
1 Bund Radieschen
150 g Feta
80 g Haselnusskerne
150 g gemischte Beeren

*Für das Dressing*
1 Schalotte
3 EL frisch gepresster Orangensaft
1 EL frisch gepresster Zitronensaft
1 TL süßer Senf
2 TL Dijonsenf
½ TL brauner Zucker
Meersalz, schwarzer Pfeffer aus der Mühle
6 EL Olivenöl

Einige schöne Grünkohlblätter für die Garnitur beiseitelegen. Die restlichen Blätter von den Rispen lösen und in feine Streifen schneiden. Die Avocados halbieren, die Kerne entfernen, das Fruchtfleisch aus der Schale herauslösen und in Spalten oder Würfel schneiden. Die Radieschen in feine Scheiben schneiden. Den Feta würfeln. Die Haselnüsse in einer Pfanne trocken rösten und grob hacken. Die Beeren verlesen.

Für das Dressing die Schalotte sehr fein hacken. Mit Orangen- und Zitronensaft, Senf und Dijonsenf sowie Zucker, Salz und Pfeffer verrühren. Das Olivenöl dazugeben und zu einem homogenen Dressing rühren. Abschmecken.

Die Grünkohlblätter mit dem Dressing mischen und in einer flachen Schüssel oder auf einer Platte anrichten. Avocados, Radieschen, Feta, Haselnüsse und die Beeren darauf verteilen, mit dem restlichen Dressing beträufeln, mit Meersalz und Pfeffer würzen und mit Grünkohlblättern garniert servieren.

### Bitterfaktor
Grünkohl und Radieschen sorgen für bitter-scharfe Noten, Beeren und Dressing bringen frische Säure. Avocado, Fetakäse und Haselnüsse verbinden die Aromen durch ihre Cremigkeit und ergeben einen angenehm weichen Kontrast zum recht festen Grünkohl.

Wer es milder mag, verwendet statt der Vinaigrette das Joghurtdressing von Seite 64. Geschmacklich ganz anders wird der Salat, wenn man Radieschen und Beeren gegen Tomaten, Gurken und Schalotte austauscht.

### Schon gewusst?
Roh ist Grünkohl eines der vitaminreichsten Lebensmittel überhaupt. Die fertig gehackt angebotenen Grünkohlblätter aus der Plastiktüte sind für Smoothies und Rohkostsalate allerdings nicht geeignet. Besser die ganze Pflanze kaufen, die zarten Blätter aus der Mitte roh essen und die größeren Blätter für Suppen, Eintöpfe oder als gebratenes Gemüse verwenden.

Je später der Grünkohl geerntet wird, desto milder schmeckt er. Dafür ist allerdings nicht, wie man oft hört, die Frosteinwirkung verantwortlich, sondern der bei anhaltender Photosynthese vermehrt in den Blättern gebildete Traubenzucker. In der industriellen Landwirtschaft werden aber ohnehin eher Sorten mit hohem Zuckeranteil und wenig Bitterstoffen angebaut.

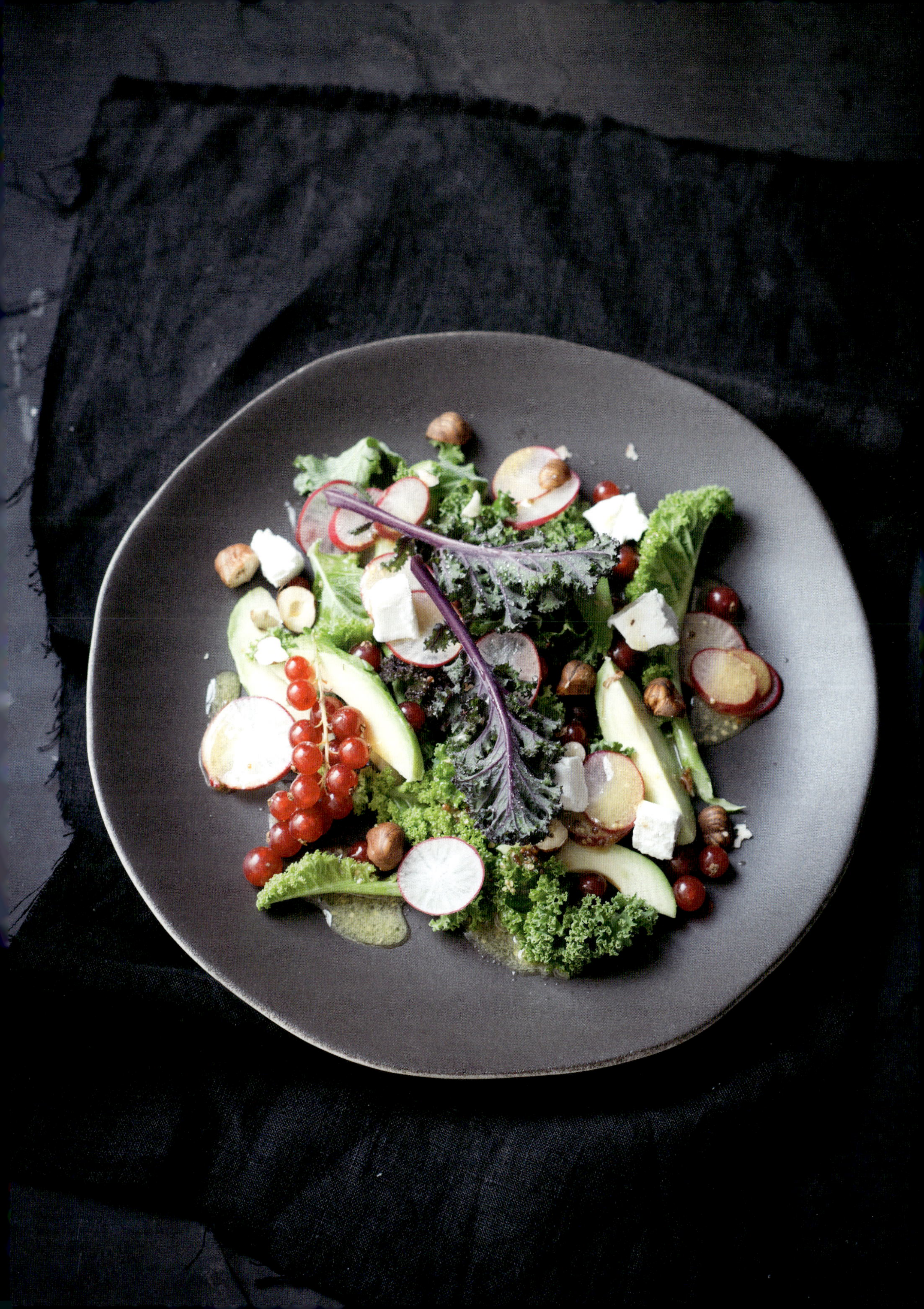

# GERÖSTETE ROSENKOHLBLÄTTER MIT KURKUMA UND WALNÜSSEN

Wer sich die Mühe macht, die kleinen Kohlköpfchen zu entblättern und die knackigen Blätter zu rösten, wird mit einer ungeahnten Aromenfülle belohnt.

Für 4 Portionen

800 g Rosenkohl
60 g Walnusskerne
½ TL Koriandersamen
Olivenöl zum Braten
Meersalz, schwarzer Pfeffer aus der Mühle
1 TL Kurkuma
1–2 TL Honig
2–3 TL frisch gepresster Zitronensaft
60 g Rosinen

Den Rosenkohl putzen, den Strunk abschneiden und die Rosenkohlblätter mithilfe eines kleinen Messers von unten ablösen. Die Walnüsse in einer Pfanne ohne Fett goldbraun rösten und grob hacken. Den Koriander ohne Fett rösten, bis er duftet, dann im Mörser zerstoßen.

In einer Pfanne Olivenöl erhitzen und die Rosenkohlblätter darin kräftig anbraten, bis sie Farbe bekommen. Die Pfanne dabei regelmäßig schwenken. Mit Meersalz, Pfeffer, Koriander und Kurkuma würzen und 1 Minute weiterbraten. Die Hitze reduzieren, den Rosenkohl mit Honig beträufeln und unter Rühren kurz karamellisieren. Etwas Zitronensaft und 50 ml Wasser dazugeben und so lange weiterrühren, bis die Flüssigkeit verkocht ist. Den Vorgang ein- bis zweimal wiederholen, bis die Rosenkohlblätter bissfest geschmort sind.

Das Gemüse mit Salz, Pfeffer sowie nach Belieben etwas zusätzlichem Honig und Zitronensaft abschmecken, die Rosinen und die gerösteten Nüsse untermischen und sofort servieren.

### Tipps
Reste des Gerichts schmecken auch kalt als Salat. Dann das Gemüse nochmals mit Salz, Pfeffer, Zitronensaft, Honig und Olivenöl abschmecken. Mit Couscous, Bulgur oder Hirse vermischt, wird aus dem Gemüse ein gesundes Hauptgericht.

Wenn es schnell gehen muss, kann man auf das Rösten und Mörsern des Korianders verzichten und gemahlenen verwenden.

### Bitterfaktor
Der typische Kohlgeschmack und die recht dominante Bitterkeit des Rosenkohls verwandelt sich durch das Rösten in ein süßlich-würziges Aroma. Die Kohl- und Bitternoten werden durch die Süße des Honigs und die Säure der Zitrone harmonisch ausbalanciert. Frisch gerösteter Koriander und Kurkuma sorgen für eine leicht bittere Würze.

### Schon gewusst?
Bevor die »Brüsseler Sprossen« oder »Choux de Bruxelles« sich Anfang des 19. Jahrhunderts in ganz Europa ausbreiteten, waren sie eine regionale Spezialität der spanischen Niederlande, zu denen auch das heutige Belgien gehörte.

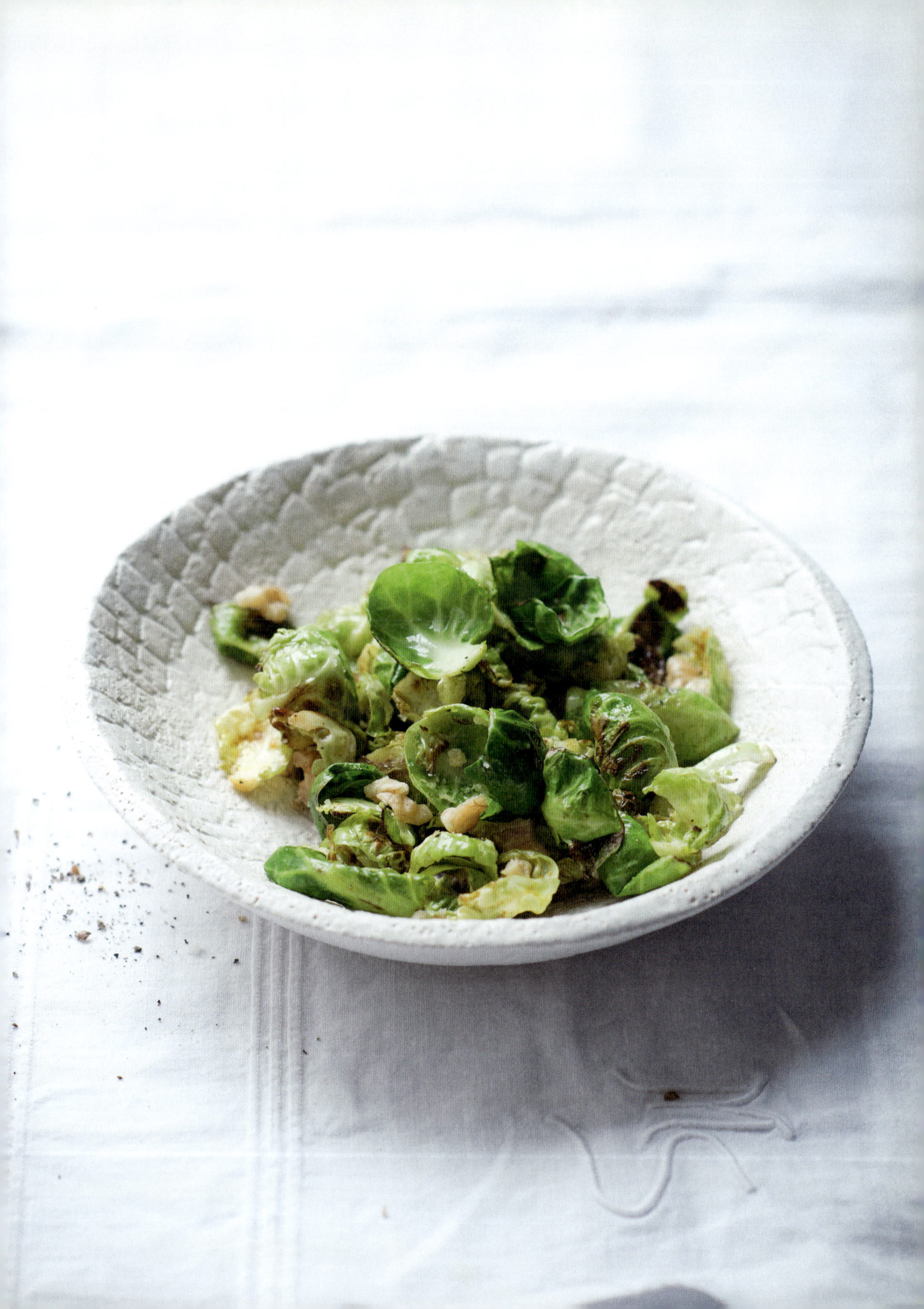

# ARTISCHOCKEN MIT ERBSEN, PILZEN, SPECK UND VINAIGRETTE

*Die gesunden Distelblüten eignen sich zu sehr viel mehr als nur zum Abzupfen und Dippen der Blätter.*

Für 4 Portionen

4 mittelgroße Artischocken
Salz
1 Zitrone, Saft
1 TL Zucker

*Für die Füllung*
8 dünne Scheiben durchwachsener Speck
100 g ausgelöste grüne Bohnenkerne, von den Häutchen befreit
150 g ausgelöste frische Erbsen
1 Handvoll Zuckerschoten (50 g)
4 kleine weiße Zwiebeln
6 Zweige Zitronenthymian oder Thymian
100 g Pilze nach Belieben (z. B. Pfifferlinge, Seitlinge, Shiitake, Austernpilze)
Olivenöl zum Braten
2 TL Honig
Meersalz, schwarzer Pfeffer aus der Mühle
2 Zweige Salbei

*Für die Vinaigrette*
2 EL weißer Balsamicoessig
1 TL Senf
1 TL Honig
4 EL Olivenöl

Die Artischocken vorbereiten: Die Artischockenböden gerade schneiden. Die äußeren, unschönen Blätter abtrennen. Das obere Drittel der Artischocken mit einem Sägemesser abschneiden.

3 Liter gesalzenes Wasser in einem Topf aufkochen. Die Hälfte des Zitronensafts und den Zucker zugeben und die Artischocken darin 20–30 Minuten bissfest kochen. Dabei die Artischocken mit einem Teller beschweren, damit sie vollständig unter Wasser bleiben. Sie sind gar, wenn sich die Blätter leicht herauslösen lassen.

Inzwischen für die Füllung den Speck in einer Pfanne ohne Fett rösten und auf Küchenpapier abtropfen lassen. Bohnen und Erbsen in kochendem Salzwasser 3 Minuten blanchieren. Abkühlen lassen. Die Zuckerschoten in Streifen schneiden. Die Zwiebeln schälen und achteln. Vom Zitronenthymian die Blätter abzupfen. Die Pilze nach Bedarf vierteln oder achteln.

Etwas Olivenöl in einer Pfanne erhitzen, darin Pilze und Zwiebeln 2 Minuten kräftig anbraten. Die Thymianblättchen dazugeben. Die Hitze reduzieren, 2 Teelöffel Honig darüberträufeln, alles durchschwenken und mit Zitronensaft beträufeln. Mit Meersalz und Pfeffer würzen und abkühlen lassen.

Für die Vinaigrette alle Zutaten in ein Schraubglas füllen und kräftig schütteln.

Erbsen, Bohnen und Zuckerschoten in einer Schüssel mit der Pilzmischung und dem Dressing vermengen. Die Salbeiblättchen fein schneiden und dazugeben.

Die Artischocken mit einer Schaumkelle aus dem Kochwasser heben und auf Küchenpapier abtropfen lassen. Das Heu aus der Mitte vorsichtig herausschaben. Die Artischocken auf vier vorgewärmte Teller oder auf eine große Platte geben. Den Salat in die Artischocken füllen, restlichen Salat rundherum verteilen. Die Speckscheiben in grobe Stücke brechen und darauflegen. Sofort servieren.

### Tipp
Die Artischocken schmecken auch kalt. Dann aber erst kurz vor dem Servieren füllen. Weißbrot und ein cremiger Dip schmecken gut dazu. Statt mit Speck mit gerösteten, gesalzenen Pinienkernen bestreuen.

### Bitterfaktor
Artischocken zeichnen sich durch ein fein-herbes und leicht bitteres Aroma aus, das perfekt mit dem säuerlichen Dressing, der Cremigkeit der Hülsenfrüchte und den salzigen Röstaromen von Speck und Pilzen harmoniert.

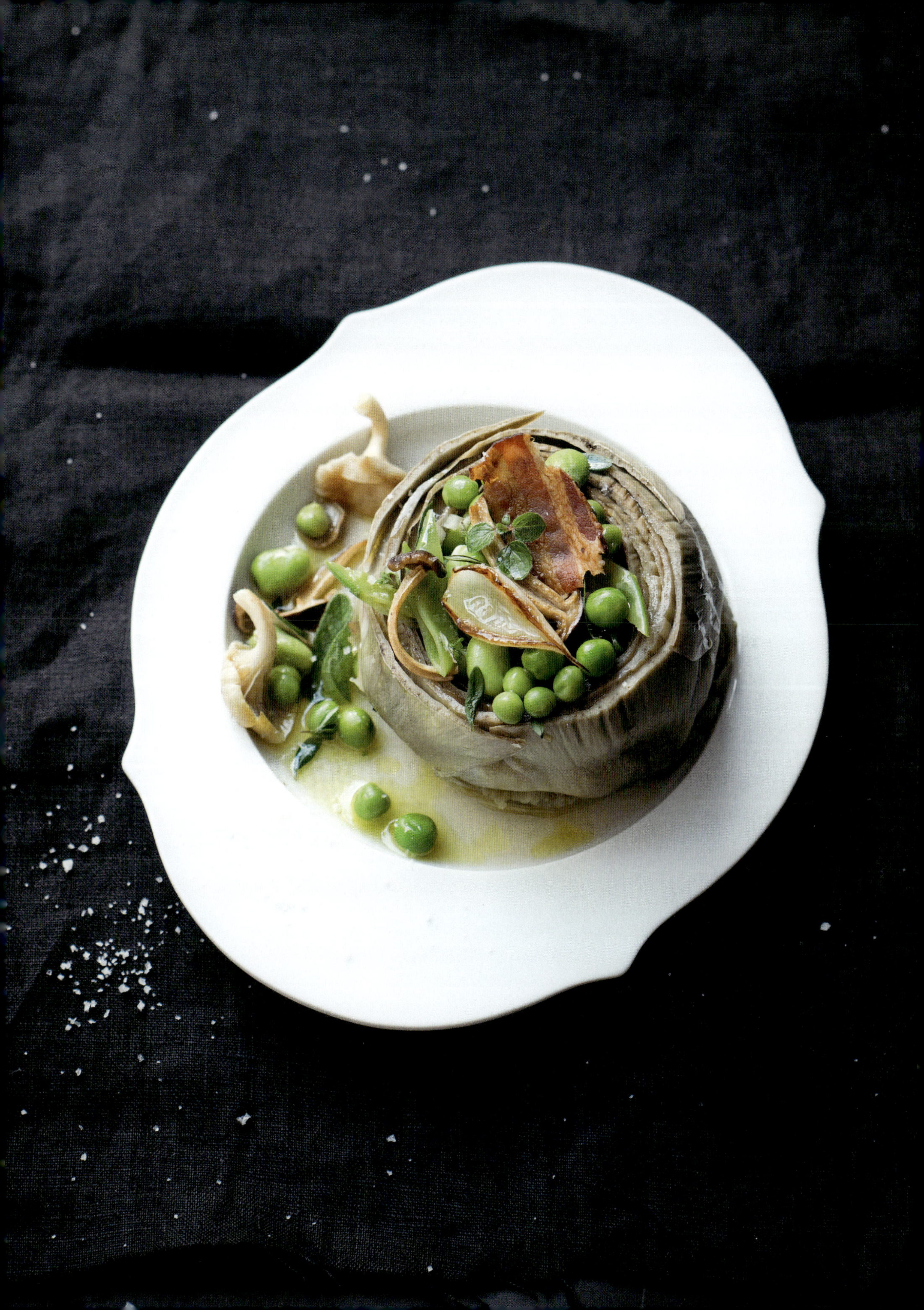

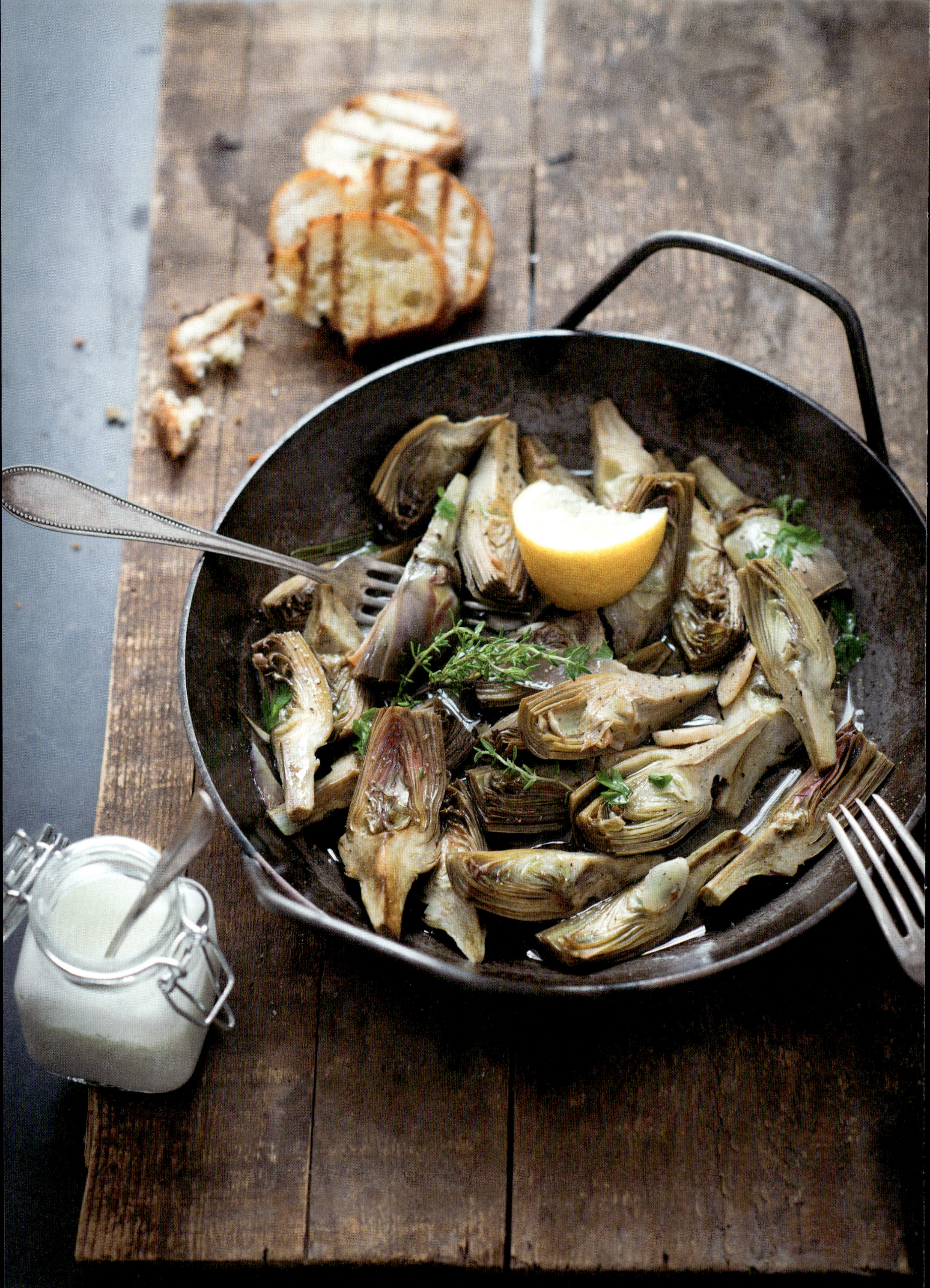

# GEBRATENE MINI-ARTISCHOCKEN MIT JOGHURT

Diese kleinen aromatischen Artischocken sind ein Hochgenuss. Und sie machen – anders als die größeren Exemplare – kaum Arbeit.

Für 4 Portionen als Vorspeise oder Beilage

250 g Joghurt
2 EL herbes Olivenöl
Meersalz
Zucker
½ Zitrone, Saft
12 kleine Artischocken
einige Zweige Zitronenthymian
3 Knoblauchzehen
Olivenöl zum Braten
schwarzer Pfeffer aus der Mühle

Den Joghurt mit Olivenöl, etwas Meersalz, 1 Prise Zucker und 1 Teelöffel Zitronensaft verrühren. Abschmecken.

Die äußeren, holzigen Blätter der Artischocken entfernen, die Stiele schälen. Die Artischocken vierteln. Die Hälfte der Zitronenthymianblättchen abzupfen. Die Knoblauchzehen vierteln.

Etwas Olivenöl und die ganzen Kräuterzweige in einer großen Pfanne erhitzen und die Artischocken darin einige Minuten von allen Seiten kräftig anbraten. Die Hitze reduzieren, den Knoblauch, die abgezupften Thymianblättchen, Salz und 2 Teelöffel Zucker hinzugeben und kurz weiterbraten. 1 Esslöffel Zitronensaft und 50 ml Wasser zugießen und das Gemüse so lange schmoren, bis die Flüssigkeit verkocht ist. Dabei immer wieder wenden. Den Vorgang ein- bis zweimal wiederholen, dann sollten die Artischocken bissfest sein. Das Gemüse mit Salz, Pfeffer, Zucker und Zitronensaft abschmecken. Mit dem Joghurt und geröstetem Baguette servieren.

Bitterfaktor
Artischocken gelten als sehr gesund. Dies verdanken sie unter anderen dem Bitterstoff Cynarin. Er regt besonders den Stoffwechsel von Leber und Galle, aber auch den Appetit und die Verdauung an. Außerdem soll der regelmäßige Genuss von Artischocken cholesterinsenkend wirken.

Schon gewusst?
Der leicht bittere, süßlich-herbe italienische Aperitiflikör »Cynar« wird aus Artischocken und Kräutern hergestellt.

# MAIRÜBCHEN IN SENFDRESSING MIT SCHOLLENFILETS

*Ein zartes, aber hoch aromatisches Gericht, das den Frühling feiert: Mairübchen trifft Maischolle.*

Für 4 Portionen

*Für das Dressing*
2–3 EL Apfelessig
3 EL Traubenkernöl
2 TL körniger Dijonsenf
1 TL feiner Dijonsenf
½ TL Agavendicksaft
Salz, schwarzer Pfeffer aus der Mühle

6–8 Mairübchen
Salz, Pfeffer aus der Mühle
8 Schollenfilets
1–2 EL Olivenöl
einige Zweige Salbei und Thymian
1 EL Butter

Alle Zutaten für das Dressing in ein Schraubglas geben und so lange kräftig schütteln, bis ein homogenes Dressing entstanden ist.

Die Rübchen fein hobeln. In einer Schüssel mit Salz, Pfeffer und so viel von dem Dressing marinieren wie nötig. Die Schollenfilets vorsichtig waschen, trocken tupfen und mit Salz und Pfeffer würzen.

Das Olivenöl mit den Kräuterzweigen in einer beschichteten Pfanne erhitzen und die Fischfilets darin auf der Hautseite kräftig anbraten. Die Hitze reduzieren und die Butter dazugeben. Die Fischfilets umdrehen und in der Butter bei sehr geringer Hitze nur noch gar ziehen lassen.

Den Salat und die Schollenfilets auf vier Tellern anrichten und mit frischem Baguette, Salzkartoffeln oder Kartoffelpüree sofort servieren.

### Bitterfaktor
Die feinen Mairübchen heißen auch Navetten und werden von Mai bis Juni geerntet. Die Rübe selbst, aber auch die Rübstiele (Stiele und Blätter) schmecken roh und gedünstet. Neben Vitaminen, Mineralstoffen und Eiweiß enthalten die Rübchen Senföle, die für ihre fein-bittere Schärfe sorgen. Statt mit Mairübchen kann das Gericht auch mit Teltower Rübchen zubereitet werden; davon ein paar mehr nehmen, da sie kleiner sind.

### Schon gewusst?
Die Mairübe ist eine alte Kulturpflanze. Sie war schon in der Antike bekannt und war vor der Einführung der Kartoffel bei uns ein wichtiges Grundnahrungsmittel.

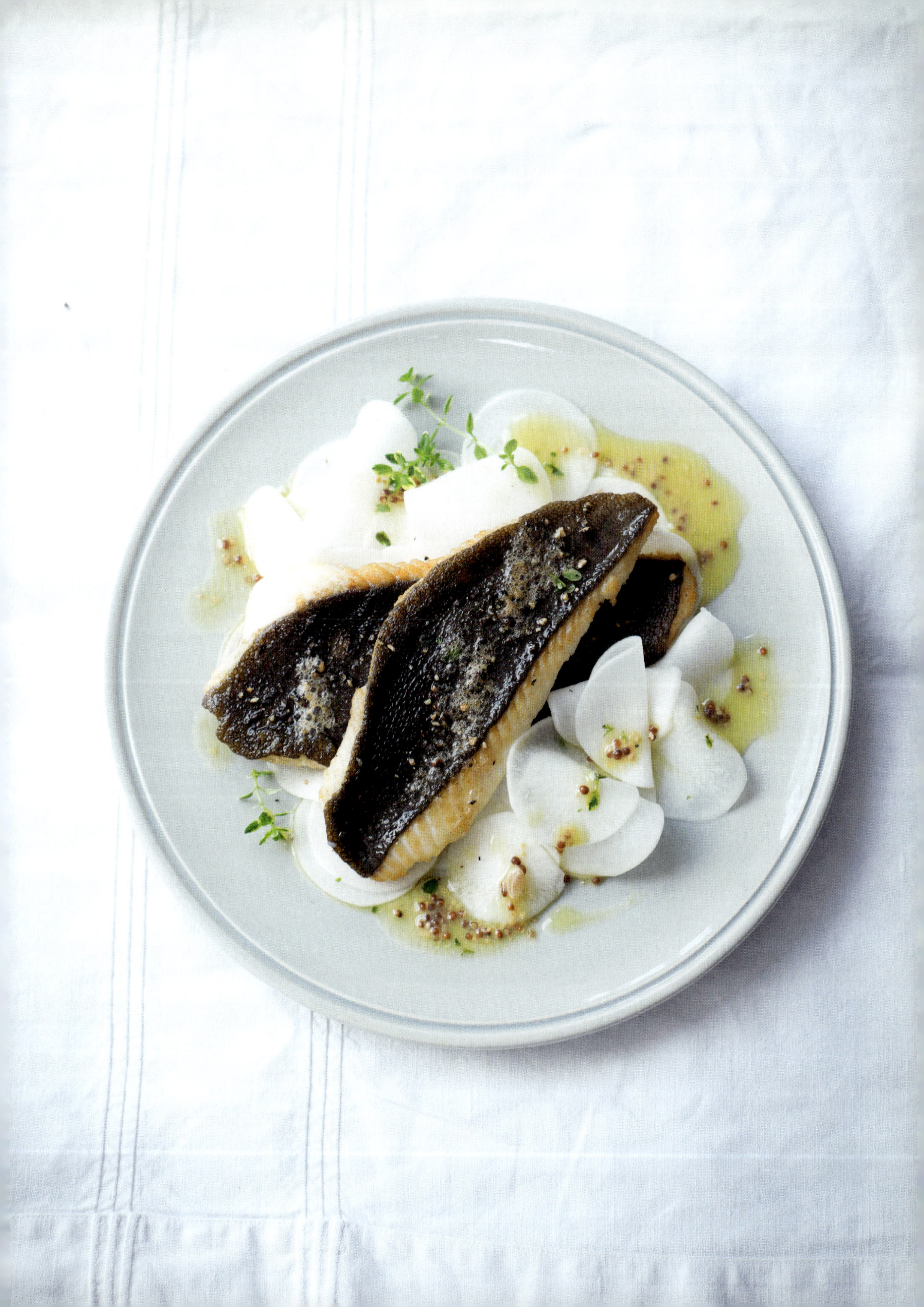

# ROSA GEBRATENER KALBSTAFELSPITZ MIT MEERRETTICH UND KRESSE

Tafelspitz vom Rind mit frisch geriebenem Meerrettich oder Apfelkren ist ein Klassiker der Wiener Küche. Edler ist der rosa gebratene Kalbstafelspitz. Mit Meerrettich und Kresse wird ein hoch aromatisches Gericht daraus.

Für 6 Portionen als Vorspeise oder für 4 Portionen als Hauptgericht

1 kg Kalbstafelspitz
Meersalz und Pfeffer aus der Mühle
2 EL Olivenöl
einige Zweige Thymian, Rosmarin und Salbei
Fleur de Sel

*Für Dressing und Dip*
2 EL Apfelessig
1 TL Senf
3 EL Rapsöl
Meersalz und Pfeffer aus der Mühle
1 Schalotte
½ Apfel
2 Kästchen Kresse (Sorte nach Wahl)
1 Stück frischer Meerrettich (etwa 80 g)
150 g Sauerrahm (saure Sahne)

Den Backofen auf 80 Grad vorheizen. Das Fleisch trocken tupfen, mit Salz und Pfeffer einreiben. Das Olivenöl in einer Pfanne erhitzen und den Tafelspitz von allen Seiten darin kräftig anbraten. Die Kräuterzweige dazugeben, kurz mitbraten und alles in eine ofenfeste Form geben. Den Tafelspitz im vorgeheizten Ofen 2–3 Stunden garen; zwischendurch öfter wenden. Nach 2 Stunden die Kerntemperatur messen: Beträgt sie 65 Grad, ist das Fleisch im Inneren gerade rosa.

Inzwischen für das Dressing den Apfelessig mit Senf, Rapsöl, Salz und Pfeffer glatt rühren. Die Schalotte fein hacken. Den Apfel entkernen und sehr fein würfeln. Beides zusammen mit den Kressespitzen von 1 Kästchen zum Dressing geben.

Für den Meerrettichdip den Meerrettich schälen, 40 g davon sehr fein reiben, mit 1 Prise Salz würzen und sofort mit dem Sauerrahm verrühren. Mit Pfeffer abschmecken.

Das Fleisch aus dem Ofen nehmen, abkühlen lassen und quer zur Faser in dünne Scheiben schneiden. Das Fleisch auf einer Platte oder auf Tellern anrichten, mit etwas Dressing beträufeln und mit der restlichen Kresse bestreuen. Etwas Meerrettich über das Fleisch reiben, mit Fleur de Sel und Pfeffer würzen. Zusammen mit dem restlichen Dressing, dem Meerrettichdip und dem restlichen frischen Meerrettich servieren. Dazu schmeckt ein frischer Blattsalat und Salzkartoffeln.

### Tipp
Den Meerrettich erst kurz vor dem Servieren reiben, da sein scharfbitteres Aroma schnell verfliegt.

### Bitterfaktor
Meerrettich und Kresse sind die Bitterstofflieferanten in diesem Gericht. Beim Essen kann jeder selbst entscheiden, wie viel ihm davon schmeckt. Für eine noch stärkere Bitternote kann man Bittersalate dazu reichen.

### Schon gewusst?
Bevor der Pfeffer über die Gewürzstraßen nach Europa gelangte, waren Meerrettich und Senf bei uns die einzigen scharfen Gewürze. Roher Meerrettich ist sehr gesund: Er enthält neben reichlich Vitamin C weitere Vitamine und Mineralstoffe, zudem Senföle, die antibakteriell wirken. Und um den Meerrettich rankt sich auch so mancher Aberglaube. Wenn man sich eine Scheibe davon ins Portemonnaie legt, soll dieses niemals leer werden.

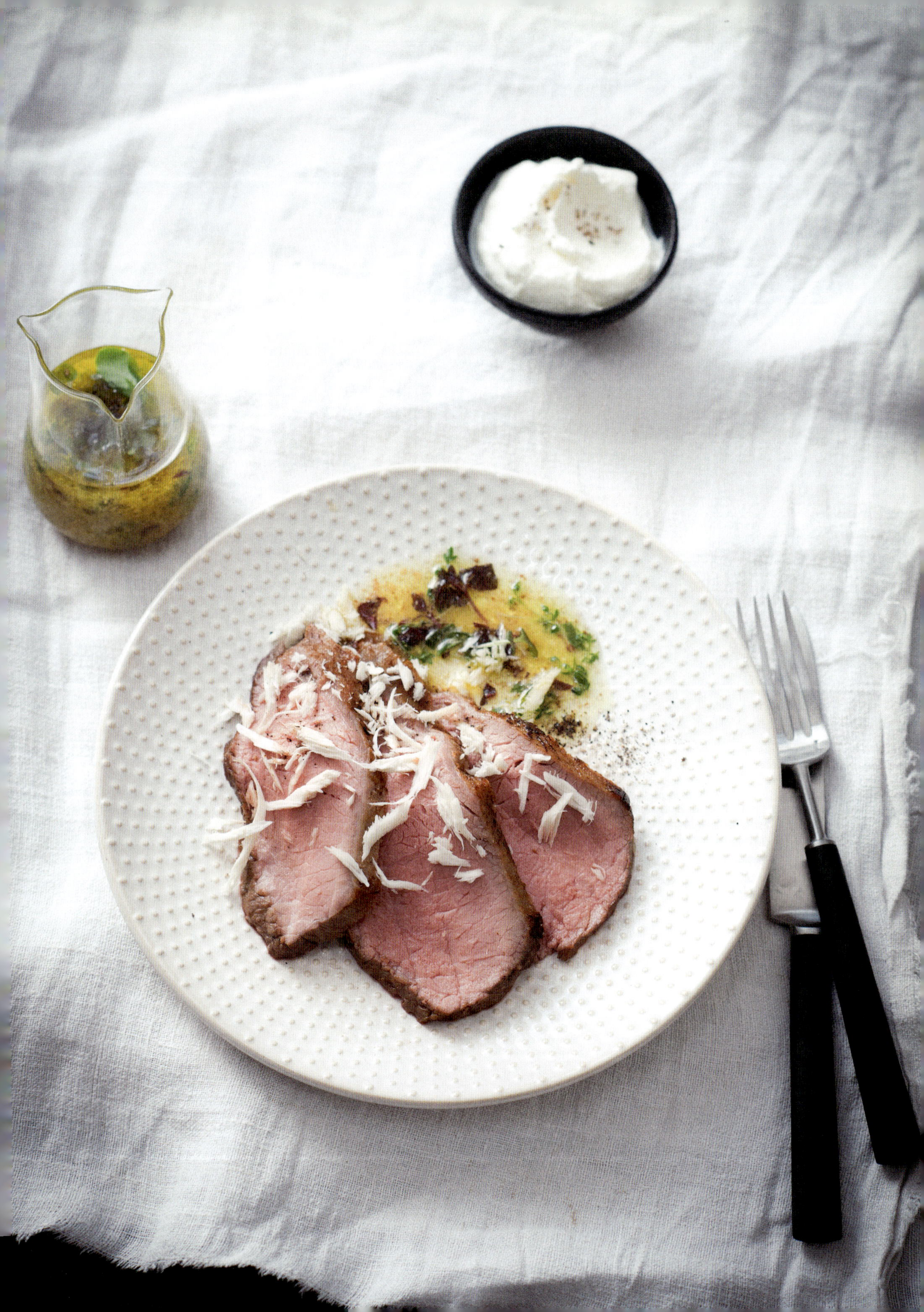

*Bunter Lammburger mit Sesamjoghurt*

*Lammkarree mit Kapuzinerkressekruste*

# BUNTER LAMMBURGER MIT SESAMJOGHURT

Dieses Gericht ist das perfekte Beispiel dafür, wie wunderbar subtil man bittere Aromen einsetzen kann.

Für 4 Burger

*Für die Burger*
2 Knoblauchzehen
einige Zweige Petersilie
650 g Lammhackfleisch
1 Ei
Salz, schwarzer Pfeffer aus der Mühle
1–2 Msp. scharfes Paprikapulver
1–2 Msp. gemahlener Koriander

½ Bund Radieschen mit Grün
2–3 Schalotten
1–2 in Salz eingelegte Cedri (siehe Seite 169) oder fertig gekaufte Salzzitrone
einige Zweige Minze
Olivenöl zum Braten
2 Handvoll Wildkräuter- oder Baby-Leaf-Salatmischung, nach Belieben weitere Bittersalate

*Für den Sesamjoghurt*
250 g griechischer Joghurt
40–50 g Tahini (Sesampaste, aus ungeschältem Sesam)

1 rustikales Baguette oder Ciabatta

Für die Burger die Knoblauchzehen fein hacken, die Petersilienblättchen fein schneiden. Beides mit dem Hackfleisch und dem Ei vermengen, mit Salz, Pfeffer, Paprika und Koriander würzen. Daraus vier gleich große, längliche Burger formen und in die Mitte jeweils eine Vertiefung drücken, damit sie beim Braten schön flach bleiben. Bis zum Braten kalt stellen.

Das Radieschengrün abschneiden, einige schöne Blätter fein schneiden. Die Radieschen in feine Scheiben schneiden. Die Schalotten in feine Ringe schneiden. Die Salzzitrone sehr fein würfeln. Die Minzblättchen abzupfen.

Für den Sesamjoghurt den Joghurt mit dem Tahini verrühren.

Das Brot längs halbieren und in vier gleich große Stücke schneiden. Nach Belieben unter dem Grill oder im Toaster knusprig rösten.

Etwas Olivenöl in einer Grillpfanne oder Pfanne erhitzen und die Burger darin von beiden Seiten kräftig anbraten. Die Hitze reduzieren und das Fleisch 3–4 Minuten fertig garen.

Auf die unteren Brothälften jeweils etwas Sesamjoghurt geben. Mit einigen Kräuter- oder Salatblättern, Radieschenscheiben und Radieschengrün sowie eingelegter Cedro belegen. Mit Salz und Pfeffer würzen. Die Burger darauflegen, wieder etwas Sesamjoghurt, Schalotten und Minzblätter darauf verteilen. Mit der oberen Brothälfte bedecken und sofort servieren.

### Bitterfaktor

Die feinen Bitternoten von Salat, Minze, Radieschen, Tahini und den Gewürzen harmonieren bestens mit den salzigen, den süßen und vor allem mit den cremig-deftigen Komponenten dieses Burgerrezepts.

# LAMMKARREE MIT KAPUZINERKRESSEKRUSTE

Ein Klassiker, dem die pfeffrig-bittere Kapuzinerkresse einen Hauch Exotik verleiht.

Für 4 Portionen

*Für das Lammkarree*
2–3 Handvoll Kapuzinerkresseblätter
120 g Haselnusskerne
75 g Pecorino oder Parmesan
100–150 ml Olivenöl
1 TL frisch gepresster Zitronensaft
1 TL Honig
1 EL Paniermehl
Meersalz, schwarzer Pfeffer aus der Mühle
4 Stücke Lammkarree à 200–250 g
Olivenöl zum Braten

*Für den Gurkensalat*
1 Salatgurke
2–3 Frühlingszwiebeln
½ rote Chilischote
1 EL Sesamsamen

1 EL Fischsauce
1–2 TL Agavendicksaft oder Honig
½–1 Limette, Saft
1 EL Sesamöl
1 EL neutrales Pflanzenöl
Salz nach Belieben

Den Backofen auf 160 Grad vorheizen.

Die Kresse fein hacken. Die Haselnüsse in einer Pfanne ohne Fett rösten und hacken. Den Käse fein reiben. Die Kresse mit den gerösteten Nüssen, etwa 100 ml Olivenöl, Zitronensaft, Honig, Käse und Paniermehl zu einer dicken Paste vermischen. Eventuell noch etwas Öl nachgießen. Mit Salz und Pfeffer würzen und abschmecken.

Von den Lammkarrees die obere Fettschicht abschneiden. Das Fleisch salzen und pfeffern, in einer Pfanne in Olivenöl kurz von allen Seiten kräftig anbraten und auf ein Backblech legen. Die Kräuterkruste auf dem Fleisch verteilen und gut andrücken. Die Lammrücken im vorgeheizten Backofen 20 Minuten rosa braten.

Für den Salat die Gurke schälen und in Scheiben schneiden. Die Frühlingszwiebeln in feine Ringe schneiden. Die Chilischote entkernen und fein schneiden. Die Sesamsamen in einer Pfanne ohne Fett rösten. Die vorbereiteten Zutaten in einer Schüssel vermischen.

Für das Dressing Fischsauce, Agavendicksaft oder Honig, Limettensaft sowie Sesam- und Pflanzenöl verrühren und den Salat damit vermengen. Nach Geschmack mit etwas Salz nachwürzen.

Das Fleisch aus dem Ofen nehmen, mit Alufolie abdecken und den Grill auf 220 Grad Oberhitze heizen. Die Folie entfernen und die Karrees unter dem Backofengrill auf der oberen Schiene wenige Minuten goldbraun überbacken. Aus dem Ofen nehmen, einige Minuten ruhen lassen, dann in Stücke schneiden und mit dem Gurkensalat servieren.

Bitterfaktor

Die Kruste kann, nach Geschmack, mit mehr oder weniger Kapuzinerkresse zubereitet werden. Wer die pfeffrig-bittere Kresse auch roh dazu genießen möchte, schneidet noch einige Blätter in den Gurkensalat.

Schon gewusst?

Kapuzinerkresse gilt aufgrund ihrer antibiotisch wirksamen Senföle als besonders gesund. 2013 wurde sie zur »Arzneipflanze des Jahres« gewählt.

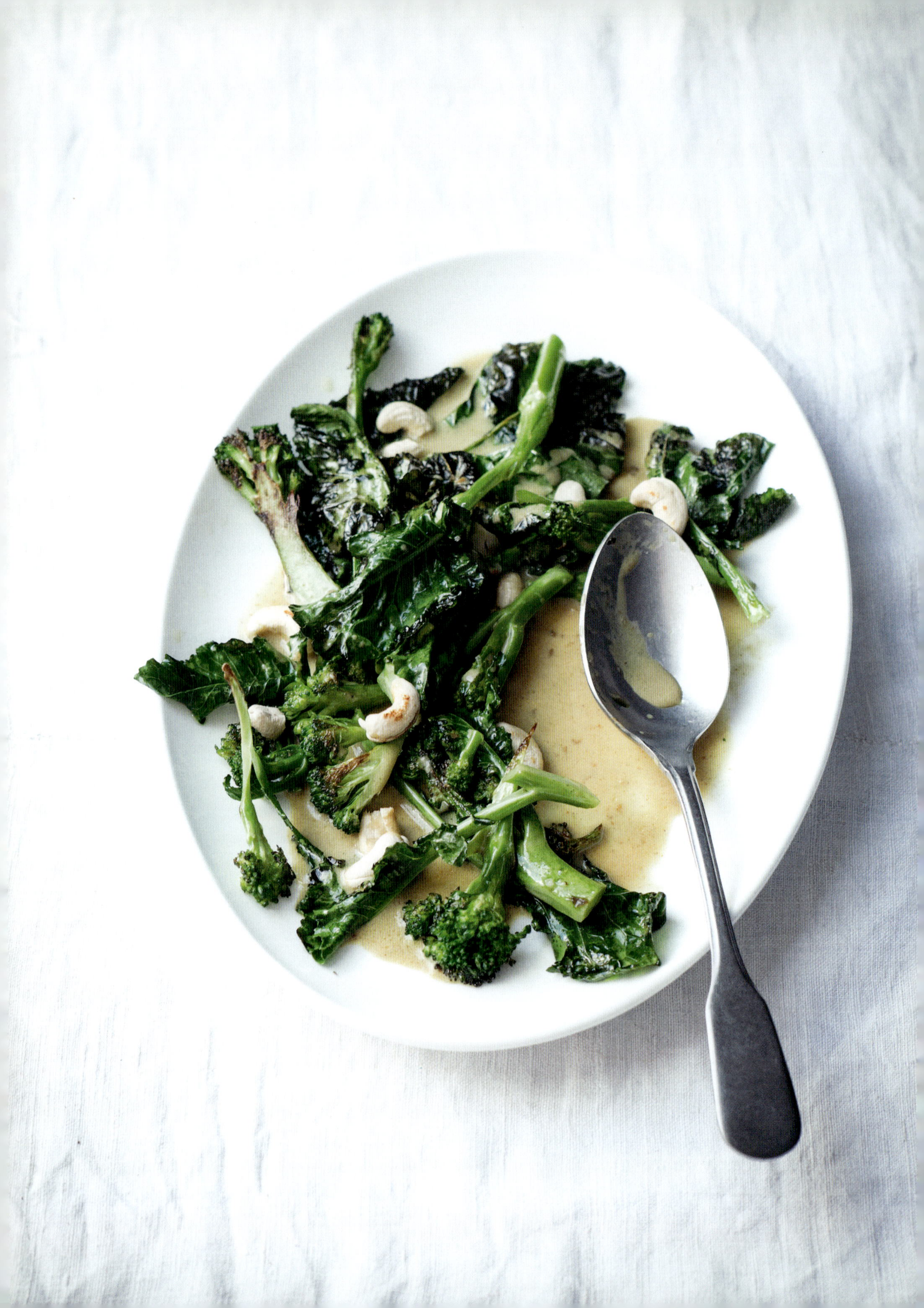

# STÄNGELKOHL MIT CURRY, KOKOS UND CASHEWKERNEN

Stängelkohl, auch Cima di Rapa oder zuweilen wilder Brokkoli genannt, ist in Nordeuropa noch nicht sehr verbreitet. In Italien, Portugal und Spanien dagegen kommt er als typisches Wintergemüse auf den Tisch.

Für 4 Portionen als Beilage,
für 2 Portionen als Hauptgericht

400 g Stängelkohl,
geputzt gewogen
40 g Cashewkerne
1 Stange Zitronengras
25 g frischer Ingwer
1 kleine rote Chilischote
1 unbehandelte Limette
Sesamöl zum Braten
Salz
1–2 TL brauner Zucker
2 TL gelbe Currypaste
einige Zweige Thai-Basilikum
250 ml Kokosmilch
150 ml Gemüsebrühe

Vom Stängelkohl holzige Teile und unschöne Blätter entfernen. Den Kohl in mundgerechte Stücke schneiden, die Stiele und Blütenknospen dabei längs halbieren oder vierteln, die Blätter zupfen. Die Cashewkerne in einer Pfanne ohne Fett rösten. Das Zitronengras halbieren und die dickere Seite mit dem Messerrücken flach klopfen. So entfaltet sich ihr Aroma besonders gut. Den Ingwer in Scheiben schneiden. Die Chilischote halbieren, entkernen und fein schneiden. Von der Limette ein Stück Schale abschneiden und den Saft auspressen.

Etwas Sesamöl in einem Wok erhitzen und den Kohl darin portionsweise einige Minuten kräftig anbraten; dabei unter Schwenken und Rühren jeweils mit 1 Prise Salz und Zucker bestreuen, 1–2 Teelöffel Limettensaft und jeweils 50 ml Wasser angießen. Die Flüssigkeit einkochen lassen und den Kohl auf einem großen Teller oder einem Blech beiseitestellen.

Erneut etwas Öl in den Wok geben und die Currypaste bei mittlerer Hitze unter Rühren darin anrösten. Den restlichen Limettensaft, Limettenschale, Zitronengras, Basilikum und Chili dazugeben. Mit Kokosmilch und Brühe aufgießen, alles aufkochen und 5 Minuten köcheln lassen.

Den Stängelkohl in die Sauce geben, diese erneut aufkochen und weitere 5–7 Minuten köcheln lassen. Dabei immer wieder umrühren und darauf achten, dass das Gemüse gleichmäßig gart. Sobald es bissfest ist, Zitronengras, Limettenschale und Thai-Basilikum entfernen. Den Kohl abschmecken und mit den gerösteten Cashewkernen bestreuen. Dazu passt Basmatireis.

### Bitterfaktor

Anders als beim herkömmlichen Brokkoli isst man beim Stängelkohl sowohl die Blütenknospen als auch Blätter und Stiele. Sein Geschmack ist intensiver als der des Kultur-Brokkolis, leicht bitter und kohlig-scharf, seine Konsistenz ist fester. Zu finden ist Stängelkohl auf Wochenmärkten, in italienischen und türkischen Gemüseläden, in gut sortierten Feinkostgeschäften oder im Online-Handel.

# STECKRÜBENPÜREE MIT KALBSBÄCKCHEN

Steckrüben waren in Kriegs- und Hungerzeiten oft der letzte Notvorrat. Ihr Ruf als Arme-Leute-Essen haftet ihnen bis heute zu Unrecht an.

Für 4–6 Portionen

*Für die Kalbsbäckchen*
½ Stange Süßholz
2 TL Koriandersamen
einige Zweige Thymian
8 küchenfertige Kalbsbäckchen
schwarzer Pfeffer aus der Mühle
4 große Zwiebeln
3 Knoblauchzehen
3 Karotten
1 Stück Knollensellerie
Meersalz aus der Mühle
2 EL Olivenöl
2 TL Agavendicksaft
500 ml Rotwein
1 Lorbeerblatt
30 g kalte Butter

*Für die Gremolata*
40 g Haselnusskerne
einige Zweige Petersilie
1 Msp. abgeriebene unbehandelte Orangenschale
1 Msp. Fleur de Sel

*Für das Steckrübenpüree*
1 kleine Knolle Steckrübe (500–600 g)
250 g mehligkochende Kartoffeln
150 g Fenchel
Olivenöl zum Braten
Salz
1 TL Agavendicksaft
1 EL frisch gepresster Zitronensaft
250 ml Milch
30 g kalte Butter

Am Vortag das Süßholz raspeln. Den Koriander in einer Pfanne ohne Fett rösten, bis er zu duften beginnt, und im Mörser grob zerstoßen. Die Blättchen von 2 Thymianzweigen abzupfen, hacken und mit Koriander und Süßholz vermischen.

Die Kalbsbäckchen waschen und trocken tupfen. Mit der Gewürzmischung und frisch gemahlenem Pfeffer gut einreiben. In einen Gefrierbeutel geben und fest verschlossen mindestens 6 Stunden im Kühlschrank marinieren. Die restliche Gewürzmischung aufbewahren.

Den Backofen auf 150 Grad vorheizen. Zwiebeln, Knoblauch, Karotten und Sellerie würfeln.

Das Fleisch von den Würzzutaten befreien, damit diese beim Anbraten nicht verbrennen. Mit grobem Salz einreiben. Das Olivenöl in einem Bräter erhitzen und die Bäckchen darin rundherum kräftig anbraten. Das Gemüse dazugeben und 5 Minuten mitbraten. Mit dem Agavendicksaft beträufeln, umrühren und mit Rotwein ablöschen. Das Lorbeerblatt und die restlichen Thymianzweige dazugeben. Den Sud aufkochen, den Deckel auflegen und das Fleisch im Backofen 2–3 Stunden sehr weich schmoren. Die Bäckchen öfter wenden. Falls nötig, etwas Wasser nachgießen.

Für die Gremolata die Haselnüsse in einer Pfanne ohne Fett rösten und hacken. Die Petersilienblättchen hacken. Die Nüsse mit Petersilie, Orangenschale und Fleur de Sel vermischen.

Kurz bevor die Bäckchen fertig geschmort sind, Steckrübe und Kartoffeln möglichst fein würfeln. Den Fenchel halbieren und würfeln. Etwas Olivenöl in einem großen Bräter erhitzen und die Gemüsewürfel darin 5–7 Minuten unter Rühren kräftig anbraten. Die Hitze reduzieren, Salz, Agavendicksaft und Zitronensaft beigeben und kurz weiterbraten, 200 ml Wasser und die Milch zugießen. Alles aufkochen, zudecken und das Gemüse 20–25 Minuten köcheln lassen. Den Deckel abnehmen und die Flüssigkeit 5–7 Minuten um die Hälfte einkochen. Die kalte Butter dazugeben, alles mit dem Pürierstab zerkleinern, abschmecken und warm halten.

Die Kalbsbäckchen aus der Sauce nehmen und mit Alufolie abgedeckt im Ofen warm halten. Die Sauce um zwei Drittel einkochen und durch ein Sieb gießen. Nochmals aufkochen, die kalte Butter einrühren und mit Salz, Pfeffer und etwas Gewürzmischung abschmecken. Die Bäckchen zurück in die Sauce geben und mit dem Steckrübenpüree und der Gremolata servieren.

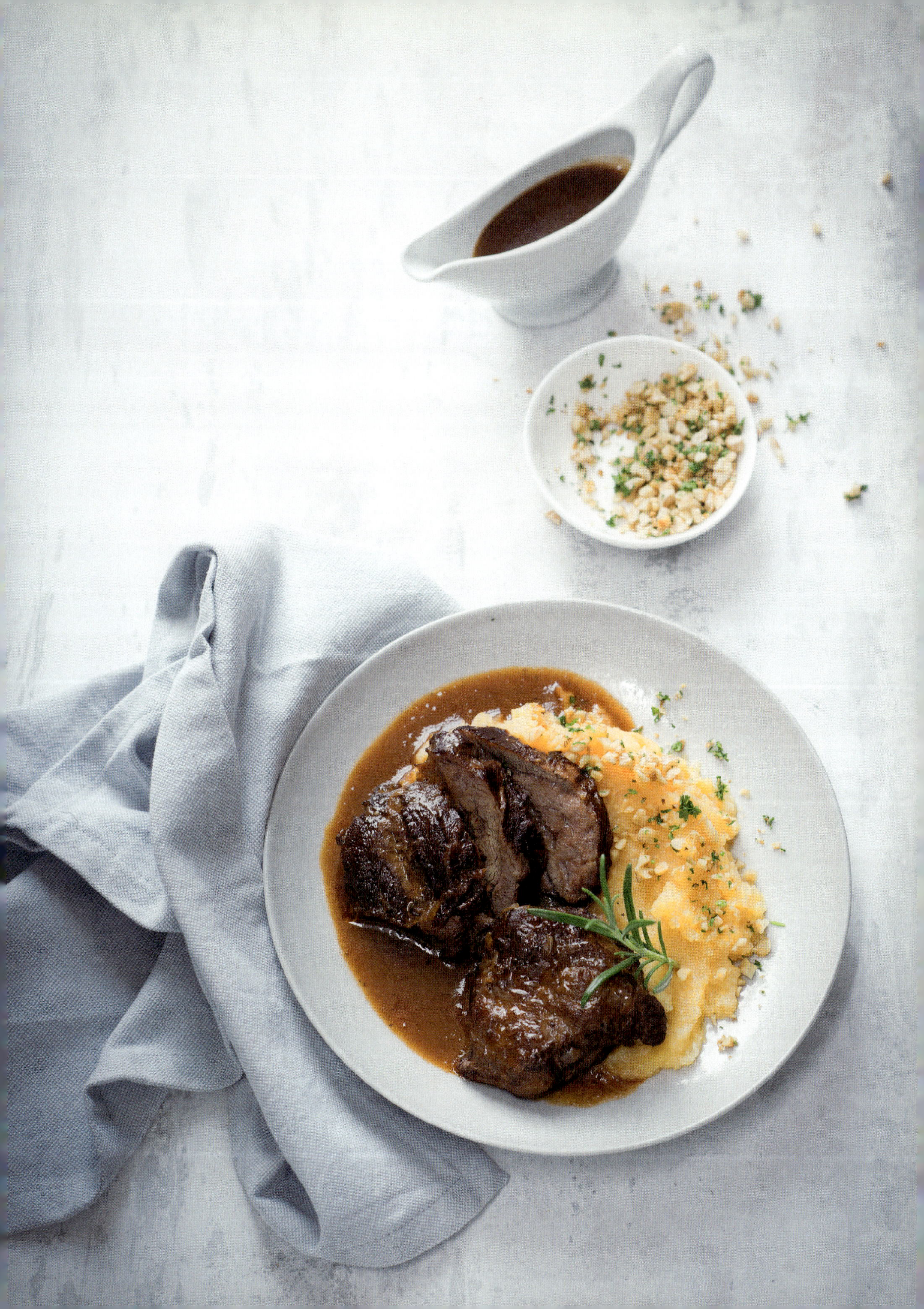

# BITTER
## FÜR FORTGESCHRITTENE

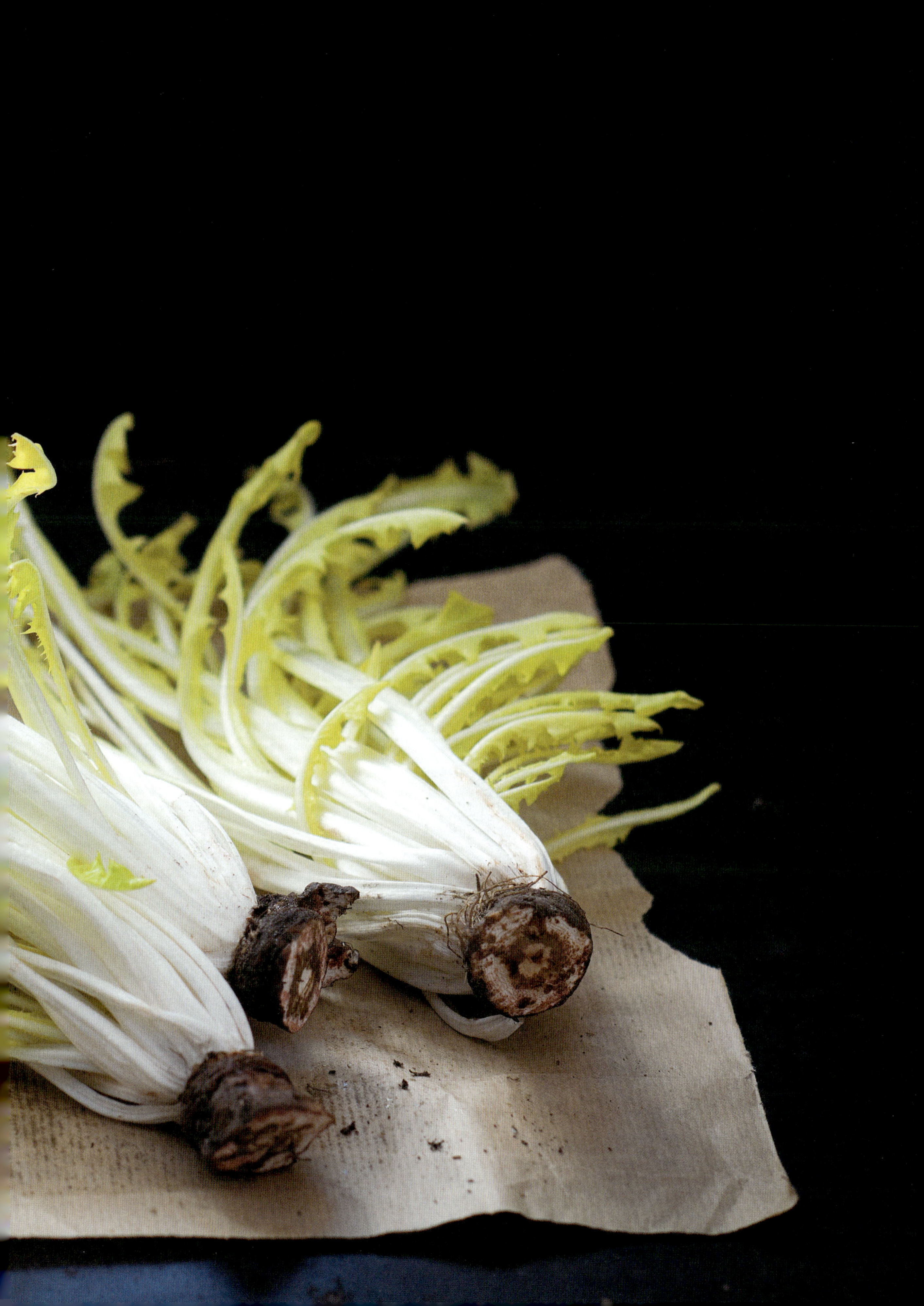

## DER PURE BITTERGESCHMACK VON ZICHORIE UND WILDKRÄUTERN

Trommelwirbel! Denn nun kommen wir endlich zum Punkt. Die folgenden Gerichte werden jeden Bitter-Liebhaber glücklich machen, denn ihre Zutaten schmecken hauptsächlich eines: bitter. Zitrusfrüchte und Wildkräuter haben hier ihren großen Auftritt. Doch das Herz dieses Kapitels bildet die große Familie der Zichoriengewächse, jene bitteren Nachkommen der wilden Wegwarte. Endivien, Frisée, Chicorée und Radicchio kennt jeder. Doch wie vielfältig die Zichorienfamilie tatsächlich ist, ahnt man diesseits der Alpen kaum.

Während der Radicchio sich bei uns erst seit den Achtzigerjahren bemerkbar gemacht hat, hat sein Anbau in Norditalien, genauer in Venetien, eine lange Tradition. Der Radicchio wird dort gefeiert und verehrt. Viele Städte und Gemeinden haben ihre eigenen Radicchiosorten, die herkunftsgeschützt sind und nur in ganz bestimmten Gebieten rund um die Städte angebaut werden dürfen. Der bekannteste unter ihnen ist der runde 'Radicchio Rosso di Chioggia', ursprünglich aus der Lagunenstadt Chioggia stammend, heute aber weltweit angebaut. In gut sortierten Gemüsetheken finden wir immer öfter auch den spitz zulaufenden 'Radicchio Rosso di Treviso Precoce' oder kurz 'Treviso'. Seine Form erinnert zwar an Chicorée, er ist aber mindestens doppelt so groß, und die Köpfe sind nicht so fest geschlossen. Daneben gibt es den hellgrünen 'Radicchio Variegato di Castelfranco', der vor allem durch seine schöne Rosettenform, die zartgrüne Farbe und die weinroten Sprenkel auffällt. Den rosafarbenen 'Radicchio Cologna Veneta Rosa', der sehr zart und mild schmeckt, sieht man hierzulande eher selten. Farbenfroh leuchten die kleinen Köpfe des ebenfalls zartbitteren Feldradicchio 'Radicchio Grumolo'.

Als König des Radicchio-Clans gilt der zarte und relativ milde 'Radicchio Rosso di Treviso Tardivo', kurz 'Tardivo'. Er darf nur an den Ufern des Flusses Sile um Treviso kultiviert werden. Seine länglichen, sehr schmalen Blätter schwingen sich anmutig, fast barock zu einem länglichen Salatkopf. Auffallend sind die weißen Rippen und das tiefe Purpur der Blattspitzen. Edel und teuer ist der 'Tardivo' vor allem, weil er in einem aufwendigen zweistufigen Verfahren angebaut wird: Ähnlich wie beim Chicorée werden die zarten Triebe aus den Wurzeln der Mutterpflanzen geerntet.

Bleibt die Frage nach der Urahnin all dieser leckeren Bittersalate, der Wegwarte. Sie wächst in ganz Europa an Wegrändern, auf Weiden und Äckern und ist an ihren strahlend blauen Blüten leicht zu erkennen. Als Heilpflanze hat sie eine lange Tradition, da sie appetitanregend, verdauungsfördernd, blutreinigend und entzündungshemmend wirkt. In Kampanien und Kalabrien verwendete man sie traditionell als Salat. In Mitteleuropa nutzte man vor allem ihre Wurzeln für die Zubereitung von Zichorienkaffee. Ab Mitte des 18. Jahrhunderts begann man sie zu kultivieren und in Zichorienfabriken zu verarbeiten.

Wer das Bittere liebt, ist mit den Zichoriengewächsen bestens bedient. Doch es gibt noch zwei weitere ausgezeichnete Bitterstofflieferanten: Zum einen sind das die Zitrusfrüchte wie Cedro, Pampelmuse, Grapefruit und Bitterorange. Ihnen ist das folgende Kapitel gewidmet. Zum anderen stecken auch Wildkräuter voller Bitterstoffe. Allen voran der wilde Löwenzahn, aber auch Wegwarte, Gänseblümchen, Schafgarbe, Gundelrebe und Knoblauchsrauke sind sehr bitterstoff- und zugleich vitaminreich. Wer seine Küche bunter, aromatischer und gesünder machen möchte, dem seien Wildpflanzen wärmstens empfohlen. Selber sammeln ist zwar zeitaufwendig, aber auch meditativ wun-

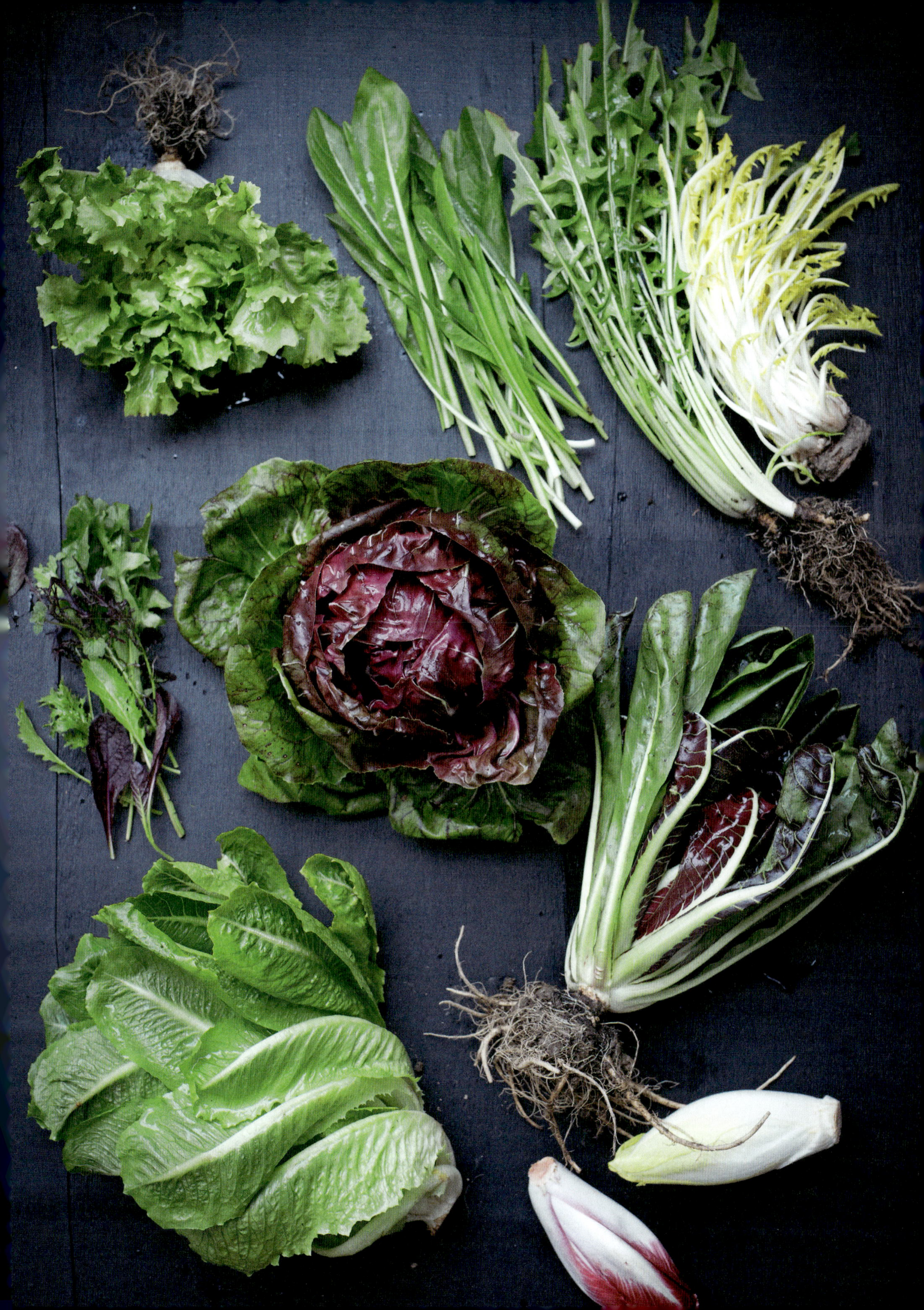

derbar erdend. Mit etwas Glück findet man vielleicht auch fachkundige Sammler, die ihre Funde über Online-Plattformen, auf Märkten oder privat verkaufen.

Zuletzt noch ein kulinarischer Hinweis: Kräftig Bitteres lässt sich bestens mit fettigen, süßen und salzigen Komponenten kombinieren. Nüsse, pikanter Käse, salzige Kapern, Olivenöl oder süße Früchte harmonieren bestens damit.

## CHICORÉE

Ähnlich wie der 'Tardivo' ist der Chicorée ein Trieb, der aus der bereits geernteten Wurzel austreibt. Die Wurzel ist in diesem Fall die Zichorienwurzel, die in Europa seit Mitte des 18. Jahrhunderts zunächst für die Kaffeeherstellung angebaut wurde. Im 19. Jahrhundert entdeckte man in Belgien durch Zufall, dass diese Wurzeln erneut austrieben, wenn man sie nach der Ernte mit Sand bedeckte. Um die Entdeckung des Chicorées ranken sich verschiedene Legenden. Laut einer Version wird sie dem Chefgartenbauer des Botanischen Gartens in Brüssel 1846 zugeschrieben. Eine andere Variante besagt, dass belgische Bauern ihn um 1870 entdeckten, nachdem sie wegen einer ungewöhnlich großen Ernte ihre Zichorienwurzeln zur Lagerung mit Sand überschüttet hatten und einige Monate später die zartbitteren Triebe fanden.

Heute werden die Wurzeln nicht mehr in Sand eingegraben, sondern dicht nebeneinander in Kisten gestellt. Diese werden in dunklen Räumen gestapelt und regelmäßig mit Wasser und einer Nährlösung versorgt. Nach 20 bis 25 Tagen sind die Chicoréetriebe fertig. Die Dunkelheit sorgt dafür, dass die Triebe kein Chlorophyll (Blattgrün) bilden und der Bitterstoff Lactucopikrin nicht zu dominant wird. Er ist es jedoch, der den Chicorée zu einem gesunden Bittergemüse macht, das sich positiv auf die Verdauung und den Fettstoffwechsel auswirkt. Der lösliche Ballaststoff Inulin soll sich ebenfalls günstig auf die Darmflora auswirken. Chicorée enthält außerdem die Vitamine C und A, Eiweiß und Ballaststoffe sowie nennenswerte Mengen der Mineralien Kalium, Calcium und Phosphor.

Wie bei allen Salaten enthalten Strunk und weiße Blattrippen die meisten Bitterstoffe. Daher sollte man sie unbedingt mitessen. Zum Rohessen schneidet man die oberen Blattenden etwas gröber und die Köpfe nach unten hin in feine Ringe. Chicorée lässt sich auch bestens schmoren, braten, karamellisieren oder grillen. Sein bitterer Geschmack verträgt starke Gegenspieler wie salzigen Schinken, kräftigen Käse, Honig und nicht zu schwere Sahnesaucen. Lecker schmeckt Chicorée auch in Verbindung mit mediterranen oder orientalischen Aromen. Roter Chicorée ist eine Kreuzung aus Chicorée und Radicchio, der weniger bitter schmeckt als der herkömmliche gelbe Chicorée. Lagern sollte man Chicorée dunkel und kühl.

## LÖWENZAHN

Löwenzahn kennt jeder, denn er wächst überall. Seine Beschaffung sollte daher wesentlich einfacher sein als die unbekannteren italienischen Gemüsesorten. Nach küchentauglichem, wildem Löwenzahn muss man allerdings auch etwas suchen. Ideal sind Stellen, wo weder Hunde noch zu viele Autos vorbeikommen. Auch das nächste konventionell bewirtschaftete Getreide- oder Gemüsefeld sollte etwas weiter entfernt sein. Ist eine passende Wiese gefunden, muss man in den Sommermonaten nur zugreifen und hat im Nu einen Korb köstliches und überaus gesundes Wildgemüse beisammen. Alternativ kann man den gezüchteten Bleichlöwenzahn verwenden. Allerdings schmeckt er weniger bitter und ist nicht so reich an gesunden Inhaltsstoffen.

Wilder Löwenzahn hat einiges zu bieten: Sein Gehalt an Vitaminen, Mineralstoffen, sekundären Pflanzenstoffen und Bitterstoffen liegt, wie bei allen Wildkräutern, deutlich über dem der Zuchtsorten. So enthält Löwenzahn etwa vierzigmal so viel Vitamin A wie Kopfsalat, ein Vielfaches an Vitamin C und E. Zudem ist er besonders reich an Kalium, enthält Calcium, Magnesium, Eisen und Protein. Er enthält Flavonoide und Inulin. Letzteres ist vor allem in den Wurzeln enthalten und fördert die Darmgesundheit.

In der Küche ist Löwenzahn unglaublich vielseitig. Die ganze Pflanze ist essbar: Die geschlossenen Blüten kann man braten oder kapernähnlich einlegen. Aus den gelben Blüten kocht man Löwenzahnsirup oder zupft sie in Salate, Dips, Buttermischungen oder Dressings. Junge Löwenzahnblätter schmecken roh in Salaten, als Pesto oder in Smoothies. Etwas kräftigere Blätter und Stängel machen sich gut in einer Suppe. Außerdem lassen sie sich dünsten, braten oder ähnlich wie Rahmspinat mit Butter oder Sahne zubereiten. Löwenzahnblätter sind schön bitter und harmonieren daher besonders gut mit kräftigen, süßen, sauren und fetten Zutaten. Speck, würziger Käse oder geröstete Nüsse sind in Kombination mit süßen Früchten oder Honig ideale Begleiter. Salzig-Aromatisches wie Kapern, Sardellen, Knoblauch und Olivenöl passt perfekt dazu. Die bis zu einem Meter lange, inulinreiche Wurzel gießt man als Tee auf. Genau wie Zichorienwurzeln kann man sie auch rösten und als Kaffee zubereiten. Dabei wird Inulin teilweise in Oxymethylfurfurol umgewandelt, das für das kaffeeähnliche Aroma sorgt.

Löwenzahn gilt vor allem dank seiner Bitterstoffe als wirksame Heilpflanze. Neben der Teezubereitung lässt sich die ganze Pflanze zu frischem Presssaft verarbeiten. In Alkohol eingelegt, entstehen wirksame Essenzen. Löwenzahn fördert die Verdauung, regt den Appetit an und kann bei Blähungen und Völlegefühl helfen. Zudem wirkt er positiv auf die Leber, regt die Gallensaftproduktion an und verbessert den Fettstoffwechsel. Die Pflanze wirkt harntreibend und somit entwässernd. Der Saft aus Stängeln und Wurzeln kann äußerlich auf Insektenstiche oder kleinere Wunden aufgetragen werden, er wirkt antibakteriell und lindert den Juckreiz. Noch wirksamer ist es, alle Teile des Löwenzahns im Mörser zu einem Brei zu zerkleinern und wie beschrieben anzuwenden.

Genau wie die von der Wegwarte abstammenden Zichoriensalate gehört der Gewöhnliche Löwenzahn zur Familie der Korbblütler und zur Unterfamilie der *Cichorieae*. Er blüht vor allem zwischen April und Mai. Die besten Zeiten, um die Wurzeln zu ernten, sind Frühjahr und Herbst.

## PUNTARELLE

Punta... was möchten Sie? So oder ähnlich reagieren viele Gemüsehändler, wenn man nach Puntarelle fragt. Diese Varietät des Chicorées, hierzulande auch Spargelzichorie oder Vulkanspargel genannt, ist nördlich der Alpen nicht sehr bekannt, findet sich aber ab und an in italienischen oder türkischen Gemüseläden oder auf Wochenmärkten. Bekannter sind Puntarelle in Italien, wo sie in den Wintermonaten, etwa bis in den März, angebaut werden. Dort kennt man sie als 'Cicoria Catalogna Cimata', kurz 'Cimata', oder 'Cicoria Asparago'.

Puntarelle

Warum Puntarelle in diesem Buch auftauchen? Weil sie geschmacklich ein absoluter Hit sind, den man unbedingt kennenlernen sollte! Sie schmecken vegetativ grün, saftig-herb, mit Biss und feinem, nicht adstringierendem, aber deutlichem Bitterton. Die Konsistenz der Herzen ist sehr zart, weshalb sie auch roh gegessen werden können. Ihre löwenzahnartigen äußeren Blätter sind fester und wesentlich bitterer. Puntarelle lassen sich vielfältig zubereiten. Die Herzen schmecken als Rohkost. Traditionell werden sie kurz in der sehr heißen Grillpfanne gegrillt und mit einem Knoblauch-Sardellen-Dip gegessen. Durch das Grillen nehmen sie bitter-süße Röstaromen an, behalten aber ihre Knackigkeit. Grasiges Olivenöl, salzige Sardellen und frischer Zitronensaft geben die nötige Würze, Fett sorgt für Cremigkeit und bietet den Bitternoten eine Basis. Die Herzen und Blätter der Puntarelle lassen sich ebenso gut schmoren und als Vorspeise, Gemüsebeilage oder in Pasta oder Risotto genießen. Traditionell wird das Gemüse überbacken serviert.

Neben der als Puntarelle bekannten 'Catalogna Cimata' gibt es die Schnittzichorie 'Cicoria Catalogna normale', kurz 'Catalogna'. Sie hat die gleichen löwenzahnartigen Blätter, im Inneren aber kein zartes Herz. Manchmal findet man Catalogna auch als »Türkischer Löwenzahn« im Handel.

## RADICCHIO ROSSO DI TREVISO TARDIVO

Wer den 'Tardivo' zum ersten Mal sieht, wundert sich über seine außerordentlich schöne Form. Seine dünnen Blätter schwingen sich grazil in die Höhe. Seine Blattspitzen leuchten purpurrot, und seine Blattrippen sind rein weiß. Dass dieser Salat mit dem Radicchio verwandt ist, scheint offensichtlich. Doch warum sieht man den »späten Roten aus Treviso« so selten? Und warum ist er so teuer? Zum einen darf er nur in der Gegend von Treviso an den Ufern des Flusses Sile kultiviert werden. Zum anderen ist sein Anbau ein aufwendiges zweistufiges Unterfangen, das viel Handarbeit und viel frisches Quellwasser erfordert.

Den Sommer über wächst der 'Tardivo', wie alle Radicchiosorten, auf dem Feld. Geerntet wird er erst ab November, nach mindestens zwei frostigen Nächten. Die großen Blätter der Mutterpflanzen hängen dann schon müde herunter und sehen nicht mehr besonders appetitlich aus. Um die geht es aber auch nicht. Es geht um die zarten Triebe, die nach der Ernte aus den Wurzeln wachsen. Um sie zu gewinnen, werden die Salatköpfe nebeneinander in große Kisten gestellt und mit Folie abgedeckt. Das Abdecken verhindert die Photosynthese und sorgt für einen besonders milden Bittergeschmack. Während die Wurzeln der Pflanzen etwa 20 Tage lang mit 14 Grad warmem Quellwasser umspült werden, erwacht die Pflanze aus ihrer Winterruhe. Sie treibt aus ihrer Mitte einen neuen Trieb, den 'Tardivo'. Dieser wird anschließend von Hand herausgeschält, gesäubert und zwischen Dezember und April verkauft. Fündig wird man am ehesten beim gut sortierten Gemüsehändler (auch online), im italienischen Supermarkt oder auf dem Wochenmarkt.

Wie alle Zichoriensalate steckt der 'Tardivo' voller gesunder Inhaltsstoffe: Der Bitterstoff Lactucopikrin zügelt den Appetit, regt die Verdauung an und unterstützt den Fettstoffwechsel. Die dunklen Blattfarbstoffe des Radicchio heißen Anthocyane. Sie sollen unsere Zellen schützen und freie Radikale im Körper binden. Anthocyane sind eine Untergruppe der Polyphenole und gehören zu den sekundären Pflanzenstoffen. 'Tardivo' enthält

Vitamin C und Proteine, außerdem Natrium, Kalium, Calcium und Magnesium.

Wer besonders viele der gesunden Bitterstoffe zu sich nehmen möchte, sollte den Strunk schälen und mitessen. Wie immer bei der Zubereitung von sehr bitterem Gemüse harmonieren cremige, fette, salzige und süße Zutaten hervorragend. Olivenöl passt sowieso. Klassisch kann man den 'Tardivo' mit kräftigem Parmesan oder Pecorino, aber auch mit cremigem, würzigem Blauschimmelkäse kombinieren. Geröstete Nüsse sorgen für Cremigkeit, runde Röstaromen und knackigen Biss. Trauben, Birnen, Feigen oder Beeren liefern süße Fruchtsäuren. Wie alle anderen Radicchiosorten lässt sich der 'Tardivo' nicht nur roh essen, sondern auch kurz und kräftig grillen oder mit Honig karamellisieren. Zum Schmoren ist der »späte Rote« eigentlich zu fein. Dafür eignen sich eher der allseits bekannte runde Radicchio oder der längliche 'Treviso'.

## ZUCKERHUT UND ENDIVIE

Mit Zuckerhut und Endivie seien hier noch zwei Zichoriensalate vorgestellt, die traditionell im Spätsommer oder Herbst geerntet werden. Der Zuckerhut wird auch Herbstzichorie oder Fleischkraut genannt. Er hat große, hellgrüne Blätter, die einen länglichen Kopf bilden, der in seiner Form an einen Zuckerhut erinnert. Geschmacklich dominieren die Bitterstoffe, die besonders im Strunk und in den Blattrippen enthalten sind. Zuckerhut war ein klassisches Lagergemüse für den Winter. Die Köpfe werden halbiert, in feine Streifen geschnitten und roh mariniert, können aber auch gekocht, geschmort oder überbacken werden.

Zu den Endivien gehört die glatte Endivie, auch Winterendivie oder Eskariol genannt, und die krausblättrige Endivie, die auch als Friséesalat bekannt ist. Beide Salate schmecken roh. Die glatte Endivie eignet sich zudem hervorragend zum Grillen, Braten oder Dünsten. Endivienblätter wurden schon in der Antike als Wintersalat gegessen.

Endivie und Zuckerhut zeichnen sich durch einen milchigen Saft in Blättern und Strunk aus, der den Bitterstoff Lactucopikrin enthält. Er regt den Appetit an und hat eine harn- und gallensafttreibende Wirkung. Das Polysaccharid Inulin ist ebenfalls in beiden Salaten enthalten. Es wirkt sich positiv auf die Darmflora aus. Beide Salate zeichnen sich durch ihren relativ hohen Gehalt an Mineralstoffen, vor allem Kalium und Calcium, aber auch Natrium, Magnesium und Eisen aus. Sie enthalten Folsäure, Vitamin A und C sowie Eiweiß.

Radicchio Rosso di Treviso Tardivo

Radicchio Variegato di Castelfranco

Radicchio Grumolo

Radicchio Rosso di Verona

# CHICORÉESUPPE MIT ZITRUS-TOPPING

Eine erfrischend belebende Suppe mit rohem Chicorée und scharfen Zitrusnoten.

**Für 4 Portionen**

*Für die Suppe*
1 Zwiebel
3 junge Knoblauchzehen
3 Karotten
3 Stangen Staudensellerie
7–8 EL Olivenöl
Salz
3 Zweige Thymian
1 Lorbeerblatt
150 g Grünkern
1 TL Honig
1 unbehandelte Zitrone, Saft und 1 Msp. abgeriebene Schale
750 ml Gemüsebrühe

einige Zweige Petersilie
1 Kopf gelber Chicorée
1–2 Köpfe roter Chicorée
Fleur de Sel
4 EL Crème fraîche

*Für das scharfe Zitrus-Topping*
einige Stücke in Salz eingelegte Cedro (Rezept Seite 169) oder fertig gekaufte Salzzitrone
2 Knoblauchzehen
½ Chilischote
4 EL Olivenöl

Für die Suppe Zwiebel, Knoblauch, Karotten und Sellerie fein würfeln. 4 Esslöffel Olivenöl in einem Suppen- oder Schmortopf erhitzen und die Gemüsewürfel darin einige Minuten braten, ohne dass sie Farbe nehmen. Mit 1 Prise Salz würzen. Thymian, Lorbeer und Grünkern dazugeben und unter Rühren 1 Minute weiterbraten. Den Honig unter Rühren darüberträufeln, abgeriebene Zitronenschale sowie 2 Esslöffel Saft dazugeben. Die Gemüsebrühe angießen, die Suppe aufkochen und 30 Minuten leise köcheln lassen.

Für das Zitrus-Topping die Salzzitrone fein würfeln. Die Knoblauchzehen hacken. Die Chili entkernen und in feine Streifen schneiden. Das Öl in einer kleinen Pfanne erhitzen, Knoblauch und Chili darin bei kleiner Hitze kurz anbraten. Darauf achten, dass der Knoblauch nicht zu stark bräunt. Etwas abkühlen lassen, dann mit den Zitronenwürfeln verrühren.

Die Petersilienblätter fein schneiden und in die Suppe geben. Die Suppe mit Salz, nach Belieben noch etwas Honig, Zitronensaft und 2 Esslöffeln Olivenöl abschmecken.

Den Chicorée in Streifen schneiden. Je eine gute Portion Chicorée in tiefe Suppenteller geben. Mit Fleur de Sel bestreuen und etwas Olivenöl darüberträufeln. Die Suppe darauf anrichten. Jede Portion mit 1 Esslöffel Crème fraîche und wenig Zitrus-Topping garnieren und sofort servieren. Das restliche Topping dazu reichen.

### Bitterfaktor
Chicorée verleiht der Suppe einen fein bitteren Geschmack. Mit Radicchio oder Treviso wird die Suppe noch etwas bitterer. Scharfwürzige, leicht säuerliche Bitternoten bringt das Topping, das jeder nach Belieben dosieren kann. Die Crème fraîche harmonisiert und sorgt für eine neutrale Basis.

### Schon gewusst?
Die niederländische Bezeichnung für Chicorée ist »witlof«, zusammengesetzt aus den Wörtern *wit* für weiß und *loof* für Laub. Die Bezeichnung bezieht sich auf die Anbaumethode des Chicorées. Die Zichorienwurzeln werden nach der Ernte nochmals eingepflanzt, um unter Lichtabschluss erneut auszutreiben. Die Dunkelheit sorgt dafür, dass die Triebe kein Chlorophyll (Blattgrün) bilden, und der Chichorée nicht zu bitter wird.

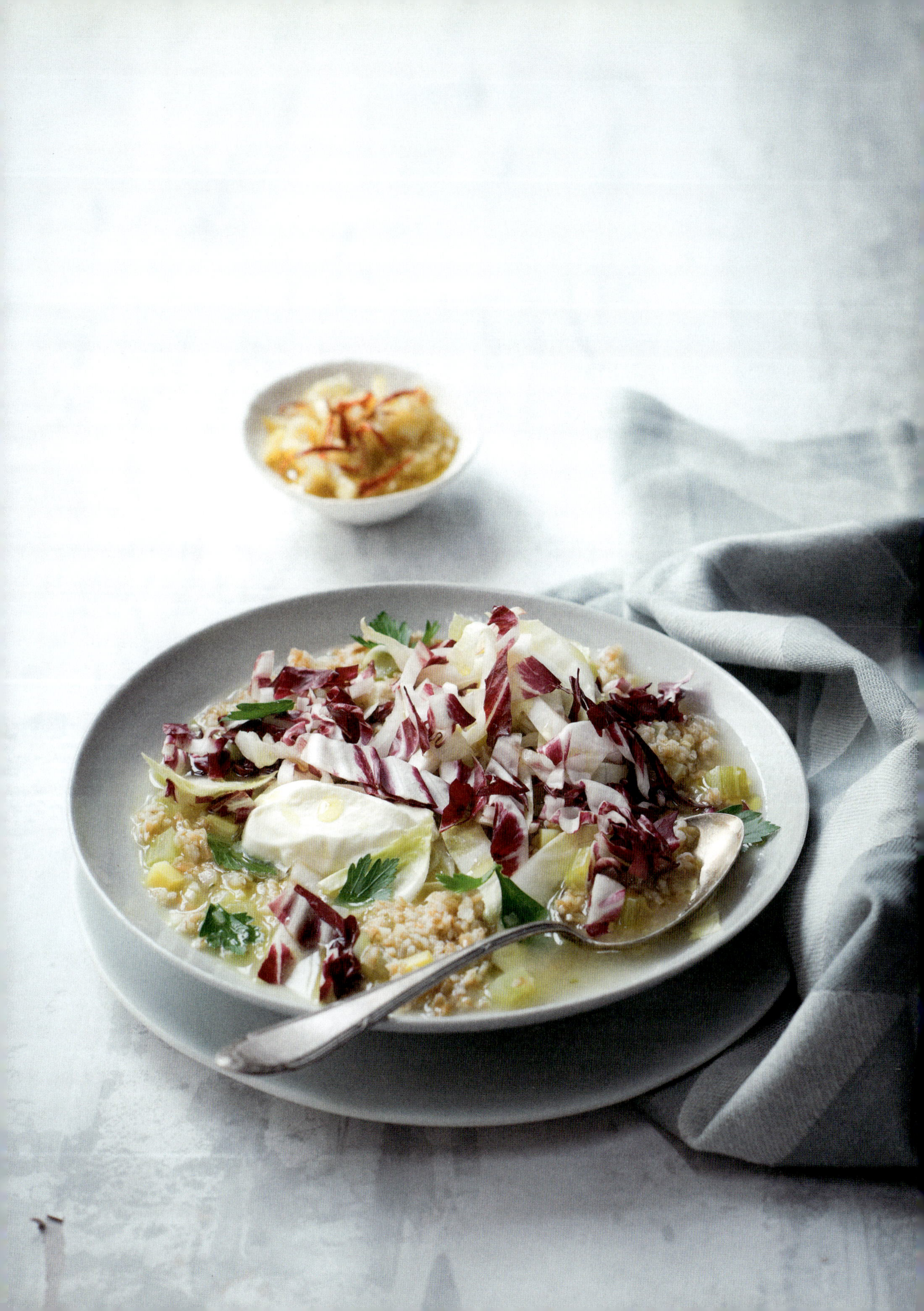

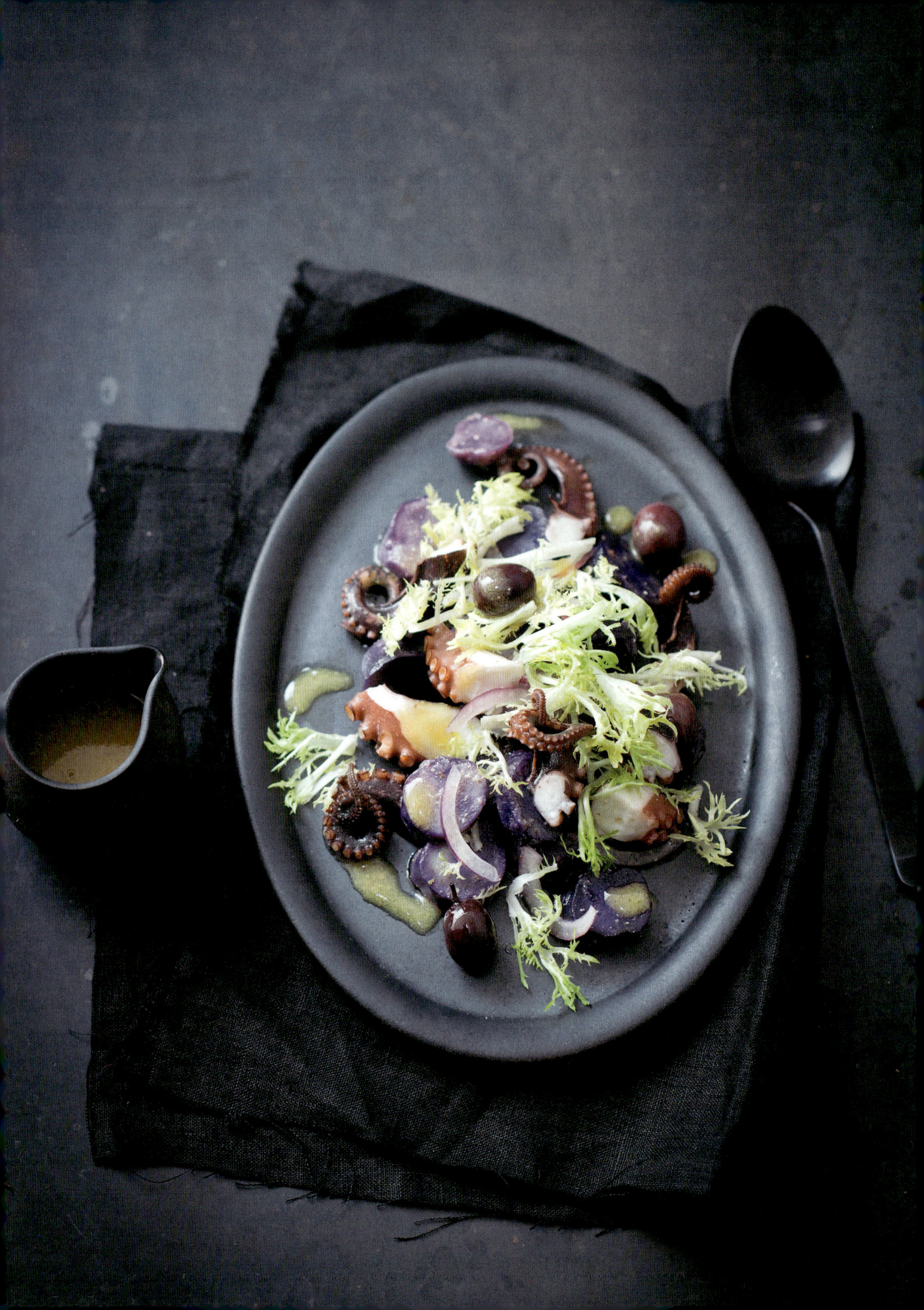

# LAUWARMER KARTOFFELSALAT MIT FRISÉE UND PULPO

**Keine Angst vor Pulpo! Er ist einfach zuzubereiten und schmeckt – mir persönlich – am besten im Salat. Oder gegrillt, mit Knoblauch, Zitrone und Salz.**

Für 4–6 Portionen

2 Karotten
1 große weiße Zwiebel
3 Knoblauchzehen
¼ Knolle Sellerie
einige Zweige Rosmarin, Thymian und Salbei
¼ unbehandelte Zitrone
1 Pulpo
Olivenöl zum Braten
Salz

*Für den Kartoffelsalat*
600 g blaue Kartoffeln, ersatzweise andere kleine, festkochende Kartoffeln
1 Friséesalat
1 rote Zwiebel
3 EL weißer Balsamicoessig
1–2 TL Zucker
2 TL Senf
schwarzer Pfeffer aus der Mühle
6 EL Olivenöl
50 g Kalamata-Oliven
Meersalz aus der Mühle oder Fleur de Sel

Karotten, Zwiebel und Knoblauch in Scheiben schneiden. Den Sellerie nicht zu grob würfeln. Vom Thymian einige Blättchen abzupfen und für den Salat beiseitelegen. Die Zitrone heiß waschen und ein Stück Schale abschälen, den Saft auspressen.

Den Pulpo waschen, trocken tupfen und auf ein Holzbrett legen. Die Fangarme mit einem Fleischklopfer klopfen; so lockert sich die Struktur des Fleisches, und es wird beim Kochen weicher.

Etwas Olivenöl in einem großen Topf erhitzen, Karotten, Zwiebel, Knoblauch und Sellerie mit den Kräuterzweigen darin andünsten. 3 Liter Wasser zugießen. Salzen, Zitronenschale und -saft hinzugeben, aufkochen und den Pulpo hineingeben. Bei kleiner Hitze 45–50 Minuten gar ziehen lassen. Prüfen, ob das Fleisch weich ist, und falls nötig bei kleiner Hitze weitergaren, bis der Pulpo schön zart ist. Im Sud abkühlen lassen.

Die Kartoffeln mit Schale in gesalzenem Wasser bissfest garen, abgießen, auf der noch warmen Herdplatte ausdampfen lassen und schälen. Den Friséesalat in mundgerechte Stücke zupfen. Die Zwiebel in feine Scheiben schneiden.

Für das Dressing Balsamicoessig mit 1 Prise Salz, Zucker, Senf, Pfeffer und dem Olivenöl in ein Schraubglas geben und kräftig schütteln.

Die Fangarme des Pulpos in Scheiben schneiden. Die lauwarmen Kartoffeln ebenfalls in Scheiben schneiden. Beides mit dem Friséesalat, den Oliven und den Zwiebelscheiben auf einer großen Platte anrichten. Mit grobem Salz und Pfeffer würzen, mit dem Dressing beträufeln. Mit den Thymianblättchen bestreuen und sofort servieren. Der Salat schmeckt am besten lauwarm.

### Tipps
Möchte man den Salat kalt servieren, lässt man Kartoffeln und Pulpo vollständig auskühlen; der Pulpo bleibt dabei im Sud, damit er nicht austrocknet. Dann den Salat wie beschrieben zubereiten.

Alternativ kann man den Pulpo auch gegrillt zum Salat servieren. Dann die gekochten Fangarme weniger klein schneiden und kurz vor dem Servieren sehr heiß von beiden Seiten grillen. Anschließend mit Meersalz, Zitronensaft und Olivenöl beträufeln.

### Bitterfaktor
Frisée gehört zu den Endiviensalaten. Der milchige Saft in den Blättern enthält den Bitterstoff Lactucopikrin, der den Appetit anregt und eine harn- und gallentreibende Wirkung hat.

# CEDRO-FENCHEL-CARPACCIO MIT CROSTINI

Die Cedro oder Zedratzitrone wird in Italien tatsächlich roh mariniert gegessen. Und schmeckt dabei unglaublich lecker bitter.

Für 4 Portionen

4 EL frisch gepresster Orangensaft
3 TL feiner oder körniger Dijonsenf
2 TL Honig
grobes Meersalz oder Fleur de Sel, schwarzer Pfeffer aus der Mühle
6 EL grasiges Olivenöl

1 unbehandelte Cedro
4 Orangen oder Blutorangen
1–2 Knollen Fenchel
½ Baguette
200 g Ziegenkäserolle
2 Zweige Thymian
100 g Kalamata-Oliven

Für das Dressing Orangensaft, Senf, 1 Teelöffel Honig, Salz und Pfeffer mit dem Olivenöl in einem Schraubglas kräftig schütteln, bis ein homogenes Dressing entstanden ist.

Die Cedro heiß waschen, trocken reiben und in sehr dünne Scheiben hobeln; das geht besonders gut mit einer Aufschnittmaschine. Die Kerne entfernen. Die Scheiben mit Salz und Pfeffer würzen, mit der Hälfte des Dressings marinieren und 15 Minuten ziehen lassen.

Die Orangen schälen und in Scheiben schneiden. Den Fenchel in feine Scheiben hobeln, den Strunk dabei übrig lassen. Das Fenchelgrün fein schneiden.

Den Backofen auf 180 Grad vorheizen. Das Baguette in dünne Scheiben schneiden und diese nebeneinander auf ein Backblech legen. Den Ziegenkäse in Scheiben schneiden und die Baguettescheiben damit belegen. Die Crostini mit 1 Teelöffel Honig beträufeln. Die Thymianblättchen abzupfen und über die Crostini streuen. Die Crostini im vorgeheizten Ofen 8–10 Minuten knusprig backen.

Fenchel-, Orangen- und Cedroscheiben vermischen und so viel vom restlichen Dressing dazugeben, dass der Salat gut mariniert ist. Mit Salz und Pfeffer würzen. Den Salat auf einer Platte oder Tellern anrichten, die Oliven und das Fenchelgrün darauf verteilen und mit den Crostini servieren.

### Tipp
Die Cedro- und Fenchelscheiben so dünn wie möglich schneiden. So werden sie nach dem Marinieren besonders zart und mürbe.

### Bitterfaktor
Wenn Sie die bitter-saure Cedro noch nicht kennen, tasten Sie sich langsam heran. Probieren Sie das Carpaccio zuerst mit der halben Menge Cedro. Die andere Hälfte ersetzen Sie durch Orangen und Fenchel. Nach und nach beginnt man die ungewohnte Bitterkeit der Cedro und ihre eigentümliche Konsistenz zu lieben.

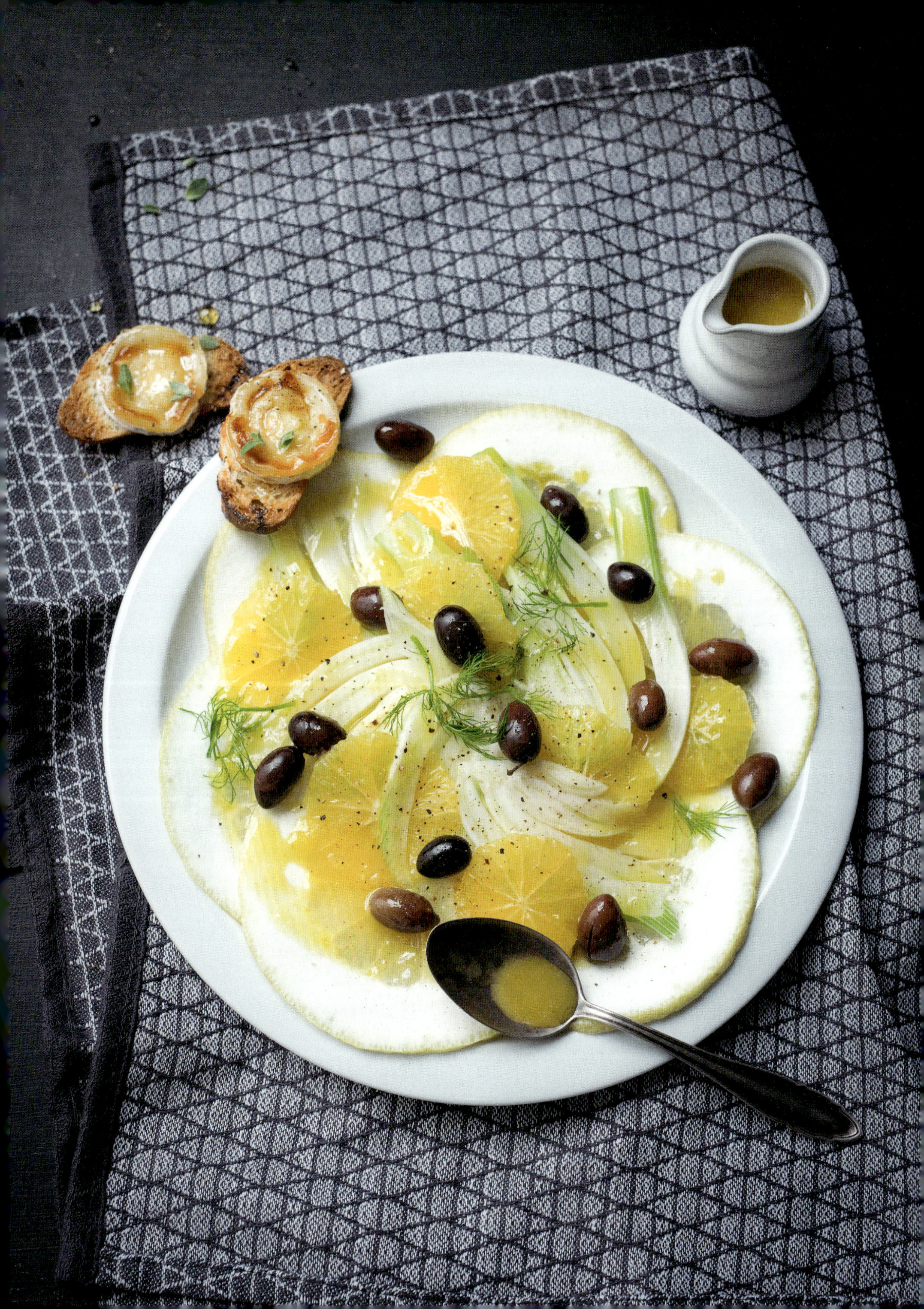

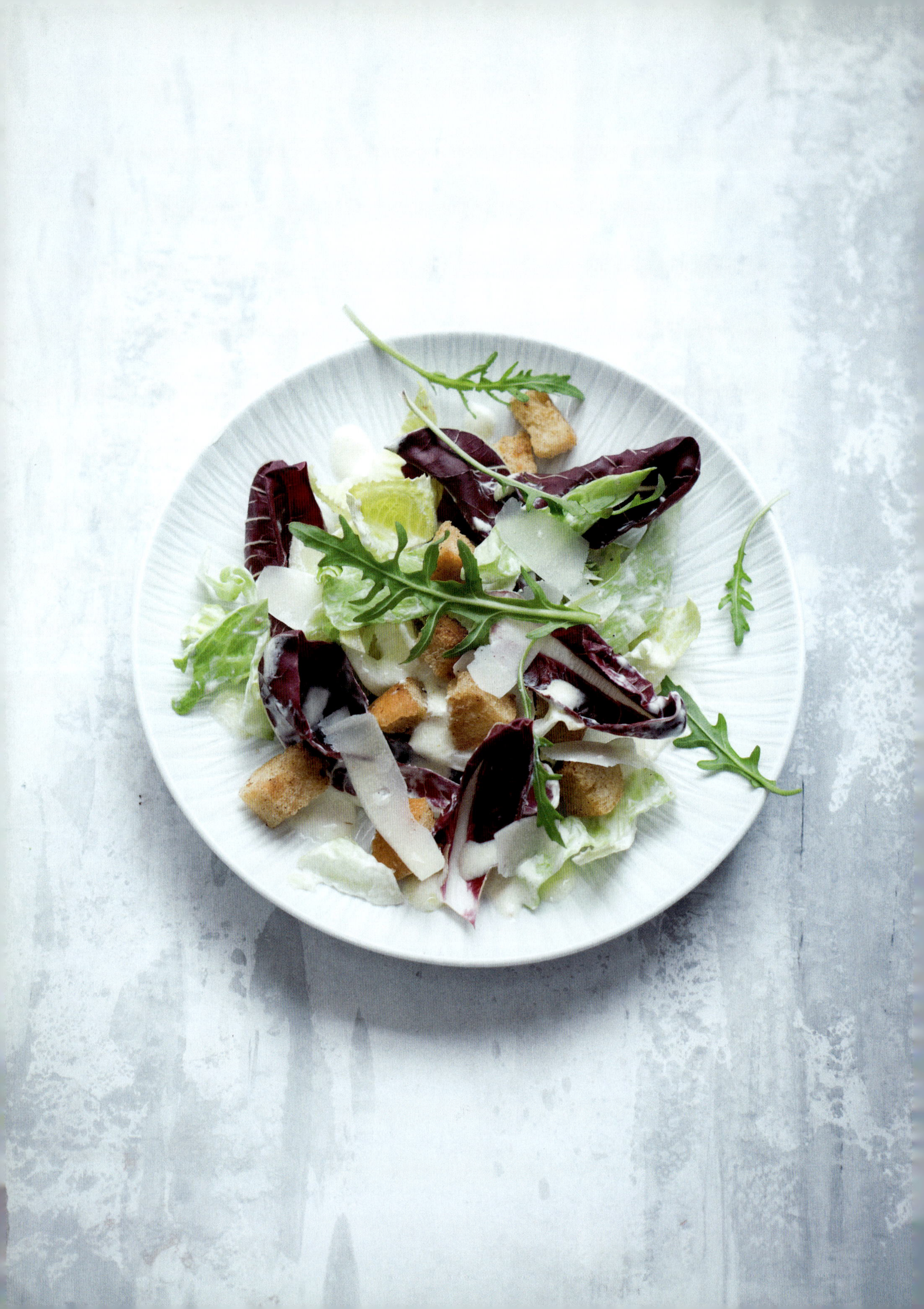

# CAESAR SALAD »BITTER«

Oft bekommt man die vielen leckeren Bittersalate nur zufällig. Auf dem Markt entdeckt man Tardivo, im Supermarkt gibt es plötzlich Treviso – aber immer nur kurze Zeit und unerwartet. Was immer Sie finden, es passt hervorragend in diesen Salat.

Für 4–6 Portionen

1 Kopf Treviso, wenn erhältlich Tardivo, ersatzweise Radicchio
1 kleiner Endiviensalat oder ½ Zuckerhut
1 gelber Löwenzahnsalat
3 Bund Rucola

60 g Parmesan
3 Knoblauchzehen
3 Sardellen
1 EL frisch gepresster Zitronensaft
1 Schuss Worcestershiresauce
1 kleines Ei
125 ml Olivenöl
60 ml Buttermilch
40 g Schmand oder Sauerrahm (saure Sahne, 10 % Fettgehalt)
Meersalz und schwarzer Pfeffer aus der Mühle

4 Scheiben Ciabatta oder Weißbrot vom Vortag
4 EL Olivenöl zum Braten
1 Zweig Rosmarin

Alle Salate in mundgerechte Stücke zupfen.

Für das Dressing wenig Parmesan fein reiben; es soll etwa 1 ½ Esslöffel (15 g) ergeben. 2 Knoblauchzehen grob hacken, die dritte Zehe beiseitelegen. Den gehackten Knoblauch mit den Sardellen in einen hohen Mixbecher geben. Zitronensaft, Worcestershiresauce und das Ei dazugeben und alles mit dem Mixstab pürieren. Während des Mixens das Olivenöl langsam einlaufen lassen. Den Mixstab einige Male von unten nach oben bewegen, sodass eine sämige Sauce entsteht. Zuletzt den geriebenen Parmesan, die Buttermilch und den Schmand oder Sauerrahm unterrühren und das Dressing mit Meersalz, Pfeffer und falls nötig noch etwas Zitronensaft abschmecken.

Die Brotscheiben würfeln. Die verbliebene Knoblauchzehe halbieren. Das Olivenöl mit dem Rosmarin und dem Knoblauch erhitzen und die Brotwürfel darin bei mittlerer Hitze von allen Seiten goldbraun rösten. Leicht salzen und auf einem Küchenpapier abtropfen lassen. Den restlichen Parmesan hobeln.

Den Salat kurz vor dem Servieren mit ausreichend Dressing mischen und mit den Croûtons und dem gehobelten Parmesan anrichten.

### Tipp
Gehaltvoller wird der Salat durch geröstete Pinienkerne, gebratene Hähnchenbruststreifen oder knusprige Tofuwürfel.

### Bitterfaktor
Man muss sich nicht sklavisch an die vorgeschlagenen Bittersalatsorten halten. Das cremig-salzige Caesar-Dressing harmoniert perfekt mit fast allen bitteren Salatsorten. Gelber und roter Chicorée eignen sich ebenso wie Blattzichorie, Puntarelle-Herzen, Frisée oder – um beim Original zu bleiben – Römersalat. Zarte Gewächse wie Wildkräuter- oder Baby-Leaf-Salate sollten erst nach dem Mischen mit der Sauce über den Salat gestreut werden, da sie sonst vom Dressing erdrückt werden.

# BLATTZICHORIE MIT ENTE, NÜSSEN UND POMELO

*Blattzichorien gibt es in verschiedenen Sorten. Diese hier ist hellgrün, von zartem Biss und extrem bitter.*

Für 4 Portionen

*Für das Dressing*
1 EL frisch gepresster Orangensaft
2 EL frisch gepresster Grapefruitsaft
2 TL süßer Senf
1 TL Dijonsenf
5 EL grasiges Olivenöl
Meersalz, schwarzer Pfeffer aus der Mühle

60 g Haselnusskerne
2 kleine rote Zwiebeln
1 EL Olivenöl zum Braten
1 EL brauner Zucker
1 Entenbrust (300 g), möglichst von einem weiblichen Tier
einige Zweige Salbei
1 Pomelo
3 Mandarinen
5 Handvoll Blattzichorie

Für das Dressing alle Zutaten in ein Schraubglas geben und kräftig schütteln.

Die Haselnüsse in einer Pfanne ohne Fett goldbraun rösten und grob hacken. Die Zwiebeln in feine Scheiben schneiden. Olivenöl in einer Pfanne erhitzen und die Zwiebeln darin anbraten. Mit dem Zucker bestreuen und unter Rühren karamellisieren lassen. Die Zwiebelringe auf Küchenpapier abkühlen lassen.

Den Backofen auf 100 Grad vorheizen und eine ofenfeste Form hineinstellen. Die Haut der Entenbrust rautenförmig einritzen und die Brust von beiden Seiten mit Salz und Pfeffer einreiben. Die Entenbrust mit der Hautseite nach unten in eine kalte Pfanne ohne Fett legen und diese langsam auf mittlere Stufe erhitzen. So brät das Fett aus, und die Haut wird schön knusprig. Die Salbeizweige dazugeben. Sobald die Fettschicht goldgelb und knusprig ist, die Entenbrust kurz auf der Fleischseite anbraten, dann mit der Hautseite nach oben im vorgeheizten Backofen 25–30 Minuten rosa braten.

In der Zwischenzeit die Pomelo vierteln und das Fruchtfleisch aus den Häutchen lösen. Die Mandarinen schälen und die Früchte in Scheiben schneiden. Einige Blätter Blattzichorie zum Garnieren beiseitelegen, die restlichen in mundgerechte Stücke schneiden.

Den Salat und die Zitrusfrüchte mit etwas Dressing vermischen und auf vier Tellern anrichten. Die Zwiebeln und die gerösteten Nüsse darauf verteilen. Die Entenbrust dünn aufschneiden, mit Salz und Pfeffer würzen und auf dem Salat anrichten. Sofort servieren, das restliche Dressing dazu reichen.

### Tipps

Statt rosa gebratener Entenbrust schmeckt auch geräucherte Entenbrust zu diesem Salat. Wer auf Fleisch verzichten möchte, serviert cremigen Ziegenkäse dazu.

Die vor allem in Norditalien und im Tessin bekannte und beliebte Blatt- oder Schnittzichorie bekommt man hierzulande an gut sortierten Marktständen, direkt beim Produzenten und manchmal beim italienischen oder türkischen Gemüsehändler.

### Bitterfaktor

Wem die bitteren Aromen der Blattzichorien zu dominant sind, kann auf Chicorée zurückgreifen. Zudem kann man beim Dressing einen Teil des Olivenöls durch cremigen Joghurt ersetzen, um für mehr Milde zu sorgen. Keinesfalls sollte man die Zichorienblätter in kaltes Wasser legen, um sie zu entbittern, wie man es zuweilen liest. Dadurch gehen Geschmack und Nährstoffe verloren.

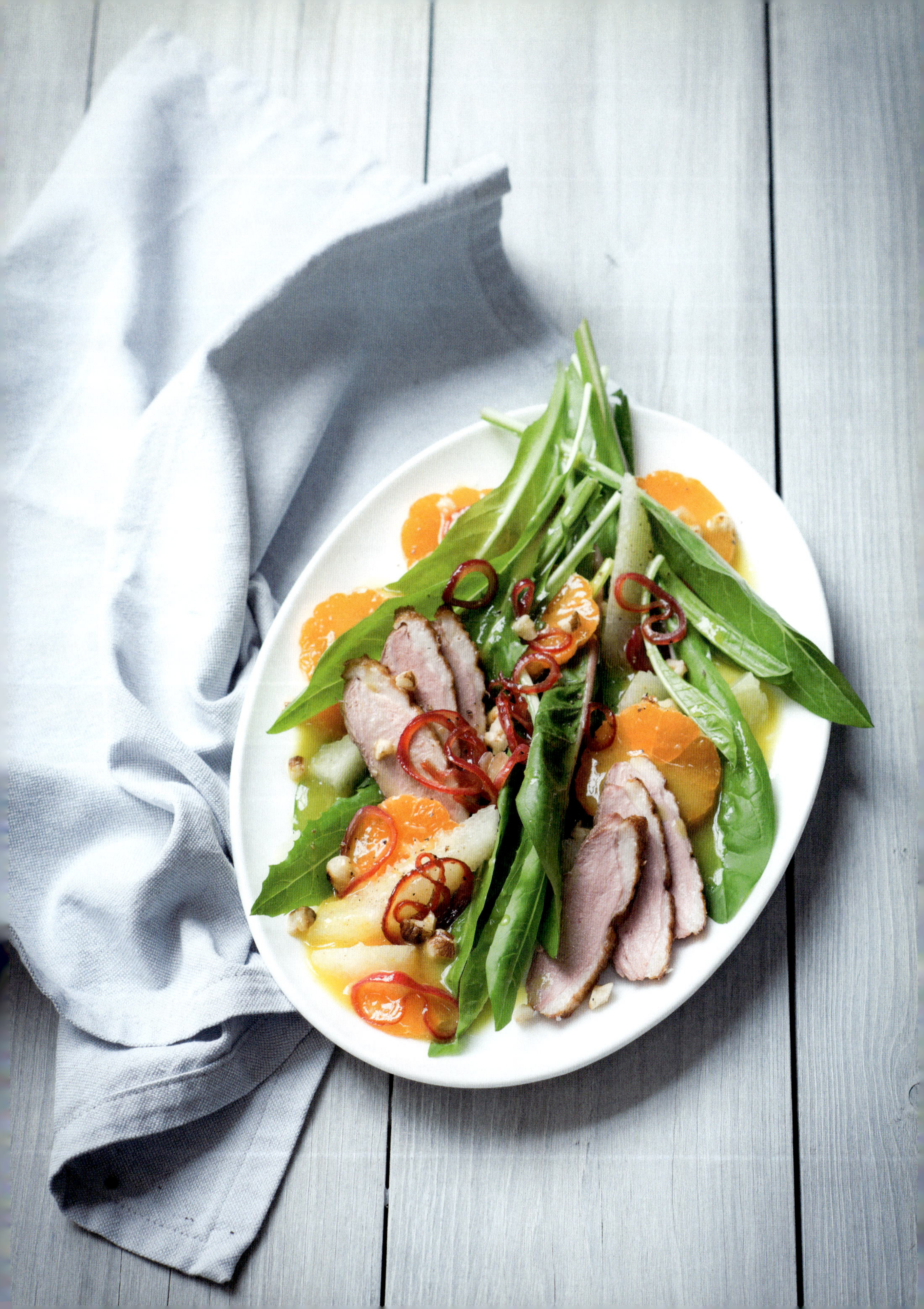

# GEGRILLTE PUNTARELLE MIT KNOBLAUCH-SARDELLEN-DIP

Puntarelle, Catalogna cimata, Spargelzichorie, Vulkanspargel – manche Lebensmittel haben so viele Namen, dass der interessierte Koch am Ende völlig verwirrt ist ... So ging es mir. Bis es die Puntarelle endlich in meine Küche, oder besser, in meine Grillpfanne, geschafft hatten. Und da wird das leckere Wintergemüse in Zukunft öfter landen.

Für 4 Portionen als Vorspeise oder Snack

*Für den Dip*
1 Knoblauchzehe
1 unbehandelte Zitrone
2 Sardellen
1 kleines Ei
1 TL Senf
Salz
1 Prise Zucker
100 ml Olivenöl
60 g Joghurt

*Für die Puntarelle*
2–3 Köpfe Puntarelle (insgesamt mindestens 1 kg)
3 Zweige Rosmarin
2 EL Olivenöl
Fleur de Sel
schwarzer Pfeffer aus der Mühle

Für den Dip die Knoblauchzehe hacken. Die Zitrone heiß waschen und trocknen. Etwas Zitronenschale abreiben, den Saft auspressen und 2 Teelöffel davon abmessen, den restlichen Saft für die Puntarelle beiseitestellen. Knoblauch, Zitronenschale und -saft, Sardellen, Ei, Senf sowie je 1 Prise Salz und Zucker in ein hohes Gefäß geben und alles mit dem Mixstab zu homogener Konsistenz mixen. Weitermixen und dabei das Olivenöl in einem dünnen Strahl dazugießen. Den Mixstab einige Male auf und ab bewegen, sodass eine cremige Mayonnaise entsteht. Den Joghurt unterrühren, den Dip abschmecken und kalt stellen.

Von den Puntarelle die äußeren löwenzahnähnlichen Blätter abtrennen und für andere Gerichte verwenden (siehe z. B. Seite 117 oder 118). Die Herzen im Inneren auseinanderbrechen. Holzige Stellen abschneiden. Das Olivenöl zusammen mit den Rosmarinzweigen in einer Grillpfanne erhitzen und die Puntarelle portionsweise von jeder Seite 3–5 Minuten grillen. Dabei mit einem schweren Topf beschweren, damit sie gut auf dem Pfannenboden aufliegen und schöne Grillstreifen bekommen. Das Gemüse zum Ende der Garzeit mit dem restlichen Zitronensaft beträufeln, mit Fleur de Sel und Pfeffer würzen. Auf einer Platte anrichten und zusammen mit dem Dip und frischem Ciabattabrot servieren. Die Puntarelle schmecken warm und kalt.

### Bitterfaktor
Puntarelle schmecken unglaublich gut, vegetativ grün, saftig-herb, mit Biss und feinem, nicht adstringierendem Bitterton. Die Konsistenz der Herzen ist sehr zart, weshalb sie auch roh gegessen werden. Hier kommen sie kurz in die sehr heiße Grillpfanne, wodurch sie bitter-süße Röstaromen annehmen, ihre Knackigkeit aber behalten. Grasiges Olivenöl, Salz und Zitrone geben die nötige Würze. Der cremig-salzige Dip bringt Säure und Bitterkeit in Einklang.

### Schon gewusst?
Die bei uns kaum bekannten Puntarelle werden auch 'Cicoria Catalogna Cimata' oder kurz 'Cimata', 'Cicoria asparago', also Spargelchicorée, oder zuweilen Vulkanspargel genannt. Schnittzichorie ('Cicoria Catalogna normale') hat die gleichen löwenzahnartigen Blätter wie die Puntarelle; im Inneren fehlt ihr aber das zarte Herz. Man bekommt Puntarelle in den Wintermonaten vor allem auf Wochenmärkten, in italienischen und türkischen Gemüseläden oder im Online-Handel.

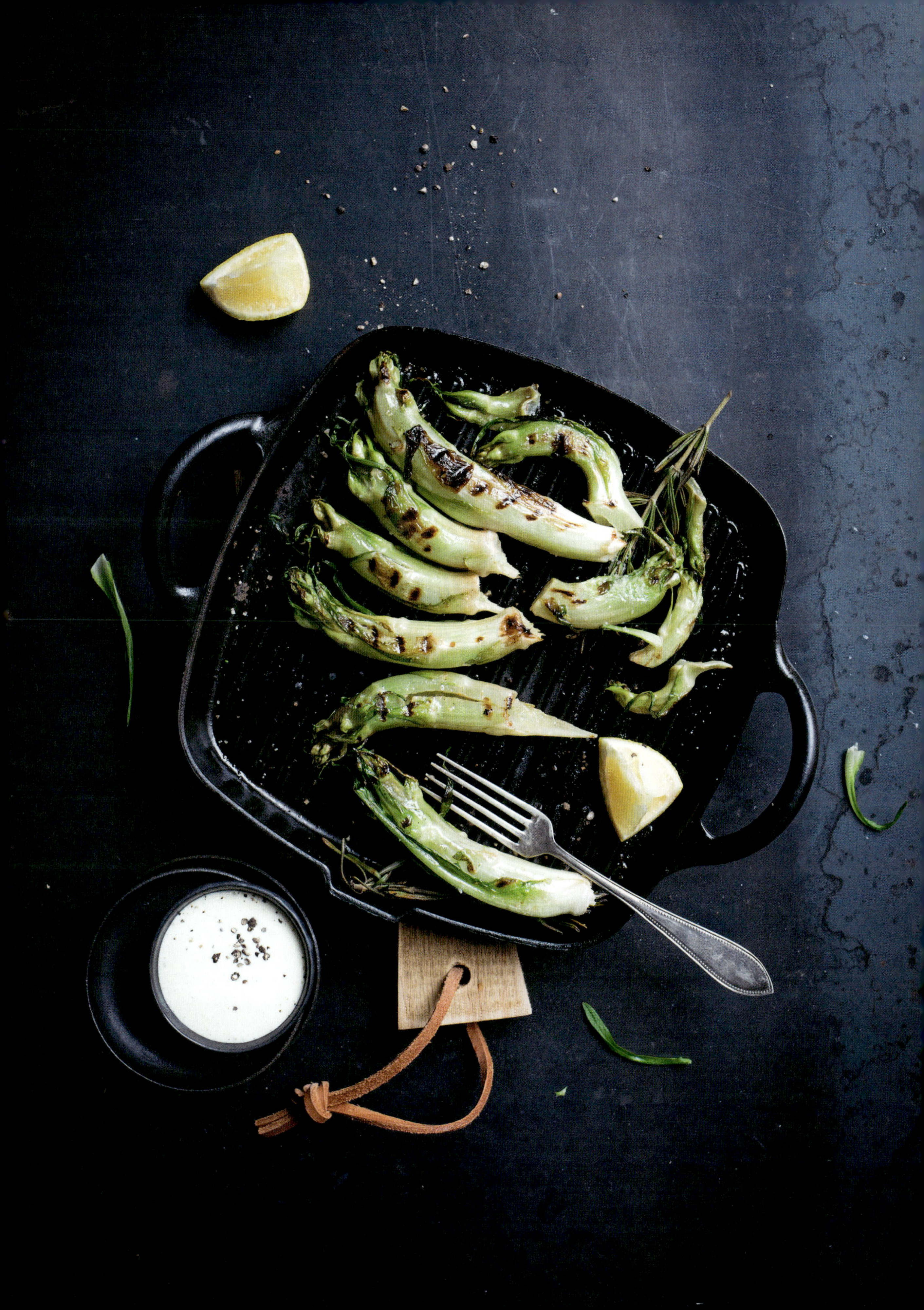

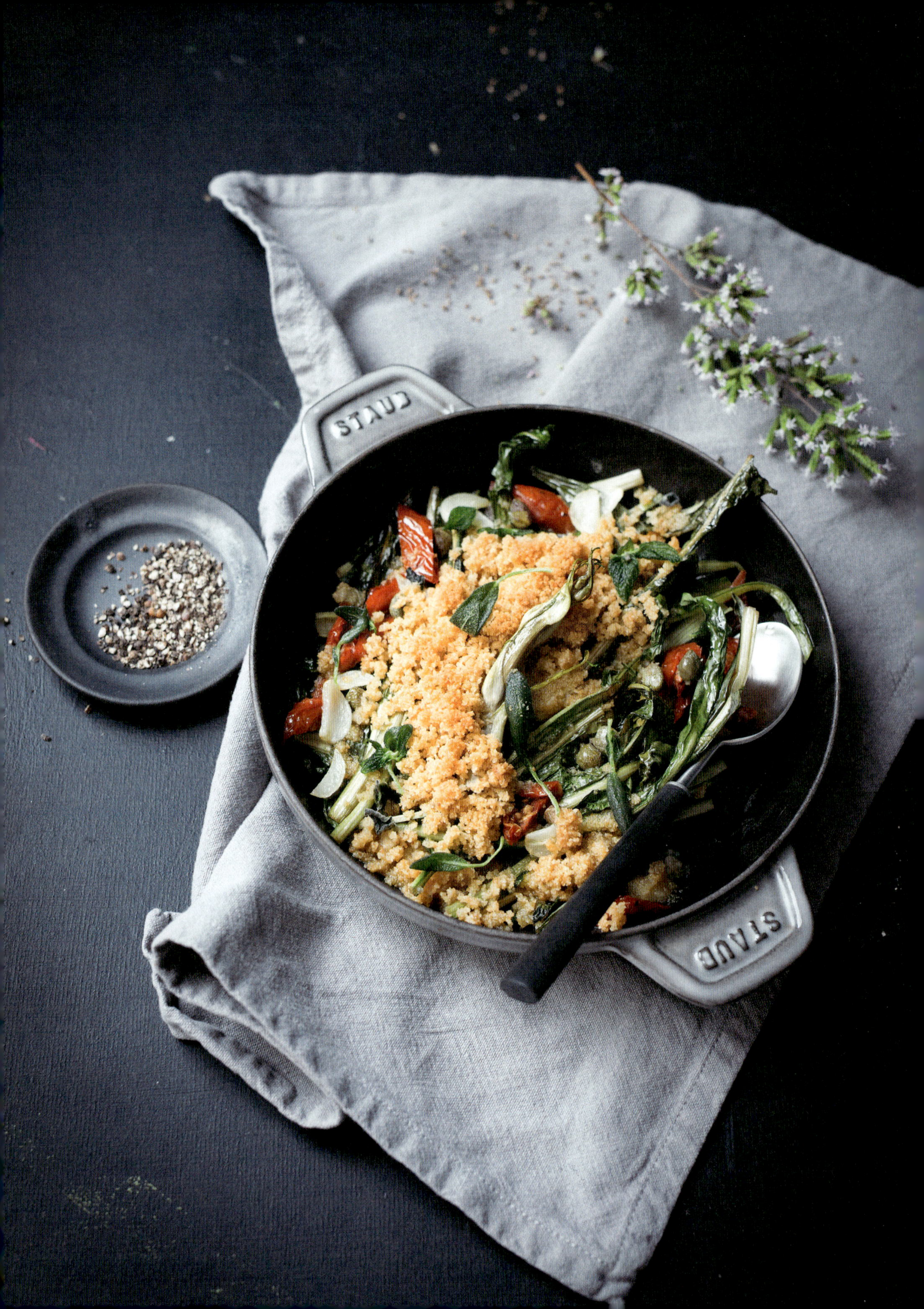
STAUB
STAUB

# GRATINIERTE PUNTARELLE

Puntarelle aus dem Ofen. Lecker überbacken mit einer würzigen Tomaten-Kapern-Sardellen-Kruste. So schmeckt Urlaub …

Für 4 Portionen als Vorspeise oder Beilage

2–3 Köpfe Puntarelle
(insgesamt mindestens 1 kg)
3–4 Schalotten
4–6 Knoblauchzehen
Olivenöl zum Braten
grobes Meersalz oder
Fleur de Sel sowie schwarzer
Pfeffer aus der Mühle
3–4 TL Agavendicksaft
2–3 TL frisch gepresster
Zitronensaft
150–200 ml Gemüsebrühe
120 g getrocknete,
in Öl eingelegte Tomaten
1 EL Kapern
einige Zweige Salbei
und Oregano
50 g Semmelbrösel
4 EL Olivenöl

Von den Puntarelle die äußeren löwenzahnähnlichen Blätter abtrennen, die unteren weißen Blattstiele fein schneiden, die grünen Spitzen etwas gröber lassen. Die Herzen im Inneren der Puntarelle auseinanderbrechen und längs halbieren. Holzige Teile dabei entfernen. Schalotten und Knoblauchzehen schälen und würfeln.

Den Backofen auf 220 Grad vorheizen. Wenig Olivenöl in einer großen Pfanne erhitzen und die Blätter darin kräftig anbraten. Schalotten und Knoblauch dazugeben und alles 3–5 Minuten pfannenrühren. Mit Meersalz und Pfeffer würzen, mit der Hälfte des Agavendicksafts beträufeln, 1 Teelöffel Zitronensaft und 50 ml Gemüsebrühe zugeben und so lange schmoren, bis die Flüssigkeit verkocht ist. Falls das Gemüse noch sehr bissfest ist, den Vorgang mit 50 ml Brühe wiederholen; dabei öfter rühren. Das Gemüse in eine große Auflaufform oder auf ein tiefes Backblech geben.

Nochmals wenig Olivenöl in einer sauberen Pfanne erhitzen und die Herzen der Puntarelle darin von allen Seiten kräftig anbraten; sie sollen ruhig Farbe bekommen. Mit Meersalz, Pfeffer, dem restlichen Agavendicksaft und 1 Teelöffel Zitronensaft würzen. Die Herzen ebenfalls in die Form oder auf das Blech geben, dabei alles etwas vermischen. So viel Gemüsebrühe angießen, dass der Boden gerade bedeckt ist; je nach Größe der Form sind das 50–100 ml.

Die Tomaten abtropfen lassen und grob würfeln. Die Kapern grob hacken. Die Kräuterblätter hacken. Tomaten, Kapern und Kräuter mit den Semmelbröseln mischen und über die Puntarelle streuen. Das Olivenöl darüberträufeln und das Gemüse im Ofen 10–15 Minuten überbacken. Die Puntarelle schmecken warm und kalt.

### Bitterfaktor

In vielen Rezepten werden nur die Herzen der Puntarelle verwendet. Hier kommt das ganze Gemüse in den Ofen und wird mit einer würzig-schmelzigen Kruste gratiniert. Geschmacklich erinnert das Zichoriengemüse im ersten Moment ein wenig an Artischocke. Doch ihr Aroma ist präsenter, zeichnet sich durch feine, aber klare Bitternoten und einen saftig-knackigen Biss aus. Die Konsistenz der Herzen ist sehr zart, sodass sie auch als Rohkost schmecken. Die Blätter sind fester und bitterer.

# CONCHIGLIE ALLA CATALOGNA

*'Cicorie Catalogna normale' sehen aus wie riesiger Löwenzahn und schmecken auch ähnlich bitter. Darüber hinaus zeichnet sich die italienische Blattzichorie durch sehr spezielle Geschmacksnoten aus, die irgendwo zwischen Bittersalat und Artischocke liegen und an Mittelmeer und Urlaub erinnern. Einfach lecker!*

Für 4 Portionen

500 g Catalogna
400 g kleine Eiertomaten oder Cherrytomaten
2 Schalotten
2 Knoblauchzehen
2 Sardellenfilets
400 g Conchiglie (mittelgroße Muschelnudeln)
Salz
Olivenöl zum Braten
1 Prise schwarzer Pfeffer aus der Mühle
½ TL Honig
½ Zitrone, Saft
50–100 ml Gemüsebrühe
1 EL Butter
Parmesan- oder Pecorino, grob geraspelt, zum Bestreuen

Von der Catalogna den Strunk abschneiden. Die unteren weißen Blattstiele fein schneiden, die grünen Spitzen etwas gröber lassen. Die Tomaten je nach Größe halbieren oder vierteln. Schalotten und Knoblauchzehen in feine Streifen schneiden. Die Sardellenfilets abspülen und ebenfalls in Streifen schneiden.

Die Conchiglie in gesalzenem Wasser nach Packungsanweisung al dente kochen, abgießen und abtropfen lassen.

In der Zwischenzeit etwas Olivenöl in einer großen Pfanne erhitzen und die weißen Stiele der Catalogna darin 2–3 Minuten kräftig anbraten. Die Schalotten- und Knoblauchwürfel hinzugeben und unter Rühren 2 Minuten mitbraten. Mit Salz und Pfeffer würzen, mit dem Honig, dann mit dem Zitronensaft beträufeln und mit 50 ml Gemüsebrühe ablöschen. So lange schmoren, bis die Flüssigkeit fast verkocht ist. Sollte das Gemüse noch sehr bissfest sein, den Vorgang mit etwas Brühe wiederholen.

Die Catalogna-Blattspitzen, Tomaten und Sardellenfilets zugeben und 2 Minuten mitschmoren. Zuletzt die Butter und die gegarte Pasta zugeben und so lange schwenken, bis alles vermischt und heiß ist. Abschmecken und sofort mit geraspeltem Parmesan oder Pecorino servieren.

### Tipp

Catalogna erinnert mit seinen gezackten Blättern zwar ein wenig an Löwenzahn, die Blätter des Zichoriengewächses entpuppen sich aber als wesentlich zäher. Daher sollte man die weißen Stiele immer schön klein schneiden. Die Blattspitzen kann man größer lassen und nach Belieben etwas später in die Pfanne geben.

### Bitterfaktor

In vielen Rezepten wird geraten, die Catalogna-Stiele in Wasser zu kochen. Manchmal findet man sogar den Hinweis, die Blätter vor dem Kochen einige Zeit in kaltes Wasser zu legen, um die Bitterstoffe herauszuspülen. Beides ist nicht empfehlenswert, da wertvolle Inhaltsstoffe und gesunde Bitterstoffe auf diese Weise verloren gehen.

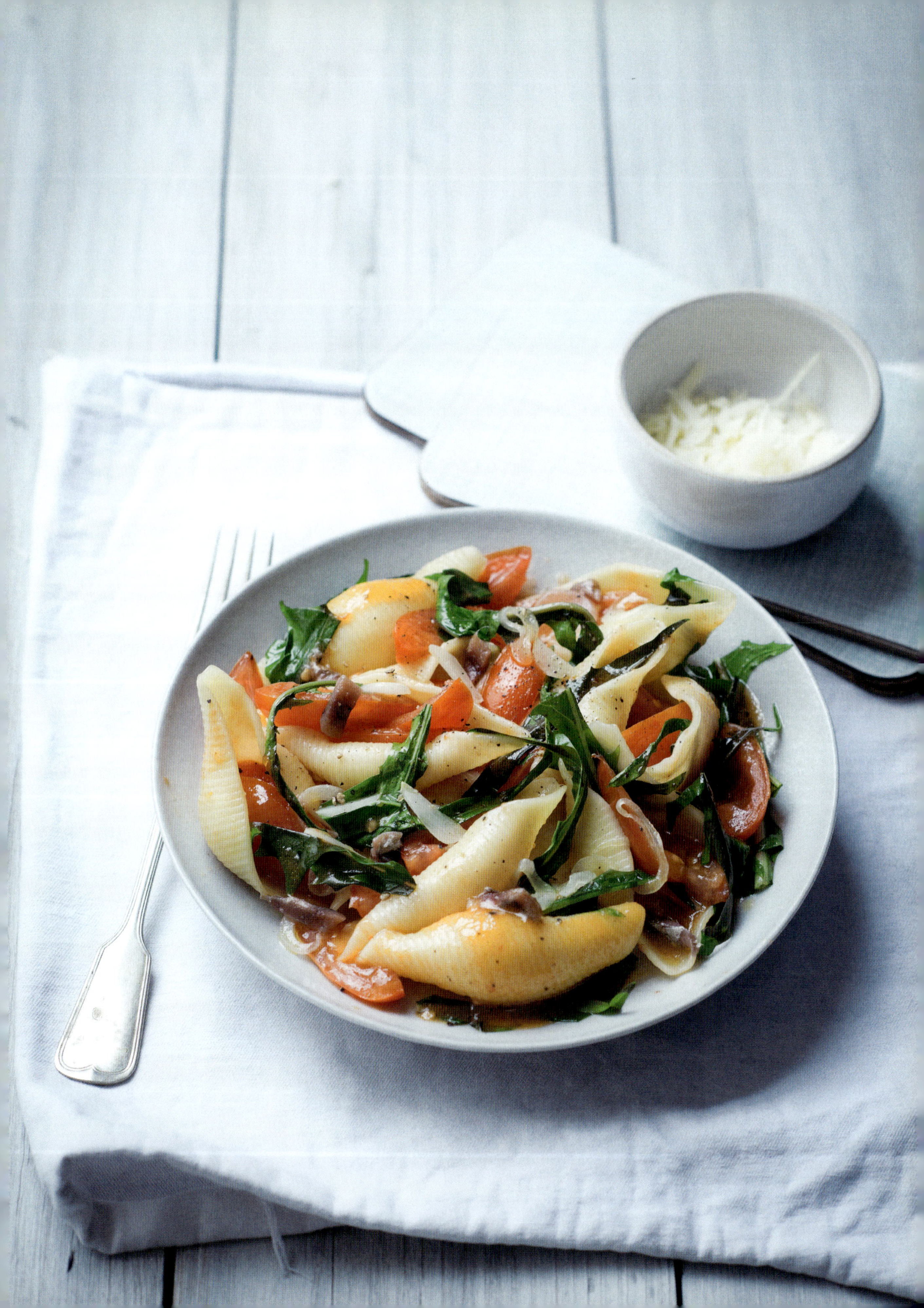

*Gewürz-Couscous mit Löwenzahn und Pfirsich*

*Chicorée-Risotto mit Gundermann*

# GEWÜRZ-COUSCOUS MIT LÖWENZAHN UND PFIRSICH

*Bitterer Löwenzahn und süßer Pfirsich ergänzen sich ausgezeichnet. Das orientalische Gewürz Ras el-Hanout bringt eine ausgeklügelte Mischung süßer, scharfer und bitterer Noten.*

Für 4 Portionen

*Für den Couscous*
150 g Couscous
Salz
1–2 TL Ras el-Hanout
schwarzer Pfeffer aus der Mühle
½ unbehandelte Zitrone, etwas abgeriebene Schale und Saft
1 TL Honig
4 EL Olivenöl

2 gelbe Köpfe Löwenzahnsalat
2 Handvoll wilde Löwenzahnblätter
6 Weinbergpfirsiche
2 Schalotten
50 g Datteln
30 g Walnusskerne

Den Couscous mit Salz, Ras el-Hanout, Pfeffer, 1 Esslöffel Zitronensaft und etwas abgeriebener Schale sowie Honig und Olivenöl in einer Schüssel mischen. 250 ml Wasser aufkochen. Das Wasser nach und nach zum Couscous gießen, immer nur so viel, dass der Couscous gerade bedeckt ist. Ziehen lassen, bis er das Wasser aufgenommen hat, dann umrühren und wiederum etwas Wasser angießen. So wird der Couscous schön locker. Wenn die Körner bissfest sind, ist der Couscous fertig. Mit Salz, Zitronensaft und nach Belieben noch etwas Honig abschmecken.

Vom gelben Löwenzahn den Strunk abschneiden. Einige Blätter beiseitelegen, die restlichen fein schneiden. Die Weinbergpfirsiche entsteinen, 1 Pfirsich für die Garnitur in Spalten schneiden, die übrigen würfeln. Die Schalotten fein würfeln. Die Datteln entsteinen und grob hacken. Die Walnüsse in einer Pfanne ohne Fett rösten und hacken.

Löwenzahn, Pfirsichwürfel, Schalotten, Datteln und Nüsse unter den Couscous rühren. Den Salat nach Geschmack noch mit etwas Olivenöl, Salz, Zitronensaft, Honig oder Gewürz abschmecken. Den Salat mit den beiseitegelegten Löwenzahnblättern und den Pfirsichspalten garnieren und servieren.

### Tipps
Ein Topping aus karamellisierten, leicht gesalzenen Mandeln, abgeriebener Zitronenschale und Petersilie veredelt den Salat. Mit etwas Feta- oder Ziegenkäse wird er zum sommerlichen Hauptgericht.

Eingelegte Salzzitrone oder Cedro (Seite 169) passt fein gewürfelt ebenfalls sehr gut zum Couscoussalat und setzt bittersaure Akzente.

### Bitterfaktor
Wer den Salat noch bitterer möchte, lässt den gelben Kultur-Löwenzahn weg und verwendet stattdessen Blüten und Blätter des wilden Wiesen-Löwenzahns. Der gelbe Löwenzahn hat ein deutlich milderes Aroma, weil er vor der Ernte gebleicht wird.

Die ursprünglich aus Marokko stammende orientalische Gewürzmischung Ras el-Hanout ist ein gutes Beispiel dafür, wie süße, scharfe und bittere Aromen zu einem harmonischen Gewürz verschmelzen. Es besteht aus über 25 verschiedenen Gewürzen, darunter Muskatnuss, Rosenknospen, Zimt, Macis, Anis, Gelbwurz, Veilchenwurz, Chilischoten, Lavendelblüten, weißer Pfeffer, Ingwer, Nelken, Piment, Kardamom und Galgant.

# CHICORÉE-RISOTTO MIT GUNDERMANN

*Ein fein-bitteres Risotto, in dem sich braver Chicorée und wilder Gundermann bestens ergänzen.*

**Für 4 Portionen**

- 3–4 Handvoll Gundermannblätter
- 2–3 Köpfe gelber Chicorée
- 1 Schalotte
- 1 junge Knoblauchzehe
- 1½ l Gemüsebrühe
- 60 g Butter
- 350 g Risottoreis
- 1 Prise Salz
- 100 ml Weißwein
- 50 g Parmesan
- 1–2 EL geschlagenen Rahm (Sahne)

Den Gundermann verlesen, unschöne Blätter aussortieren. Den Chicorée vierteln und in Streifen schneiden; den Strunk dabei besonders fein würfeln. Schalotte und Knoblauchzehe fein hacken.

Die Gemüsebrühe aufkochen. 20 g Butter in einem großen Topf erhitzen, Schalotte, Knoblauch und die gewürfelten Chicorée-strünke darin glasig dünsten. Den Risottoreis und das Salz zugeben und unter Rühren 1 Minute dünsten. Mit dem Weißwein ablöschen, dabei weiterrühren. Nun die heiße Brühe nach und nach unter Rühren zugeben. Erst wieder Brühe nachgießen, wenn sie vollständig vom Reis aufgenommen wurde. So fortfahren, bis die Brühe aufgebraucht und der Reis bissfest gegart ist.

Die Hälfte des Parmesans fein reiben, die andere Hälfte hobeln. Die Gundermannblätter fein schneiden. Kurz vor dem Servieren die Gundermann- und Chicoréeblätter, Rahm, den geriebenen Käse und die restlichen 40 g Butter unter das Risotto heben. Nochmals abschmecken, mit dem gehobelten Parmesan bestreuen und sofort servieren.

### Bitterfaktor

Gundermann oder Gundelrebe ist ein altes Heil- und Küchenkraut, das dank seiner Bitterstoffe herbwürzig und grasig-aromatisch schmeckt. Gundermann wirkt appetitanregend und verdauungsfördernd. Da er sehr verbreitet und leicht zu erkennen ist, lässt er sich auch mit wenig Erfahrung sammeln. Das Risotto lässt sich auch mit Gänseblümchen, Löwenzahn und Schafgarbe noch ein wenig würziger und bitterer machen. Chicorée kann durch Radicchio ersetzt werden, der eine etwas kräftigere Bitternote hat.

### Schon gewusst?

Vor der Kultivierung des Hopfens wurde Gundermann, neben anderen Wildpflanzen, zum Bierbrauen genutzt.

# ÜBERBACKENER CHICORÉE

*Chicorée ist eines der am besten verfügbaren, weil weltweit bekannten Bittergemüse – man bekommt ihn das ganze Jahr, in jedem Supermarkt. Dabei wurden die bleichen Knospen der Zichorienwurzel erst im 19. Jahrhundert eher zufällig entdeckt.*

Für 4 Portionen

4–6 Köpfe Chicorée (etwa 1 kg)
Olivenöl zum Braten
einige Zweige Thymian
Salz, schwarzer Pfeffer aus der Mühle
3 TL Rübensirup oder Honig
2 EL frisch gepresster Zitronensaft
2 Schalotten
30 g Butter
50 ml Weißwein
150 ml Rahm (Sahne)
1½ TL Mehl
1 Prise frisch geriebene Muskatnuss
150 g würziger Gruyère
30 g Haselnusskerne

Den Backofen auf 220 Grad vorheizen. Den Chicorée längs halbieren. Etwas Olivenöl zusammen mit Thymianzweigen erhitzen, den Chicorée zugeben und von allen Seiten kräftig anbraten. Die Hitze reduzieren, den Chicorée mit Salz und Pfeffer würzen und mit 2 Teelöffel Rübensirup oder Honig und dem Zitronensaft beträufeln. In eine ofenfeste Form geben. Die Kräuterzweige entfernen.

Die Schalotten fein schneiden. Die Butter in einem Topf schmelzen und die Schalotten darin andünsten. Salzen, den restlichen Teelöffel Rübensirup oder Honig darüberträufeln, mit dem Weißwein ablöschen und so lange köcheln lassen, bis der Wein fast vollständig eingekocht ist. Nun den Rahm und 150 ml Wasser angießen und die Sauce 6–8 Minuten kochen. Anschließend durch ein Sieb streichen und nochmals aufkochen. Das Mehl mit möglichst wenig kaltem Wasser anrühren und die Sauce damit leicht binden. Mit Salz und Muskat abschmecken und über den Chicorée geben.

Den Gruyère reiben, die Haselnüsse hacken. Beides auf dem Gemüse verteilen. Die Backofentemperatur auf 200 Grad reduzieren, den Chicorée 15–20 Minuten überbacken, bis er eine goldgelbe Kruste bekommt. Mit Weißbrot oder Salzkartoffeln servieren.

### Tipp
Wer mag, kann die Chicoréehälften jeweils mit einer Scheibe rohem oder gekochtem Schinken umwickeln.

### Bitterfaktor
Überbackener Chicorée ist ein belgischer Klassiker. Während das zarte Gemüse im Original mit einer Béchamelsauce überbacken wird, bringt hier eine leichte Sauce mit feiner Säure das bittere Chicoréearoma bestens zur Geltung. Würziger Gruyère und knusprige Haselnüsse sorgen für jede Menge Umami, das heißt herzhaften, runden Wohlgeschmack.

Übrigens, der bitterste Teil des Chicorées ist der Strunk. Bitterliebhaber sollten ihn also keinesfalls wegschneiden.

### Schon gewusst?
Verschiedene Legenden ranken sich um die Entdeckung des sonderbar blassen Zichoriengewächses. Eine davon erzählt, dass belgische Bauern ihre für die Kaffeeherstellung gezüchteten Zichorienwurzeln in der Erde vergruben, um sie in den politisch unruhigen Zeiten rund um die Gründung des belgischen Königreiches um 1830 zu verstecken. Durch Zufall entdeckten sie einige Monate später die weißen, zartbitteren Blattsprossen.

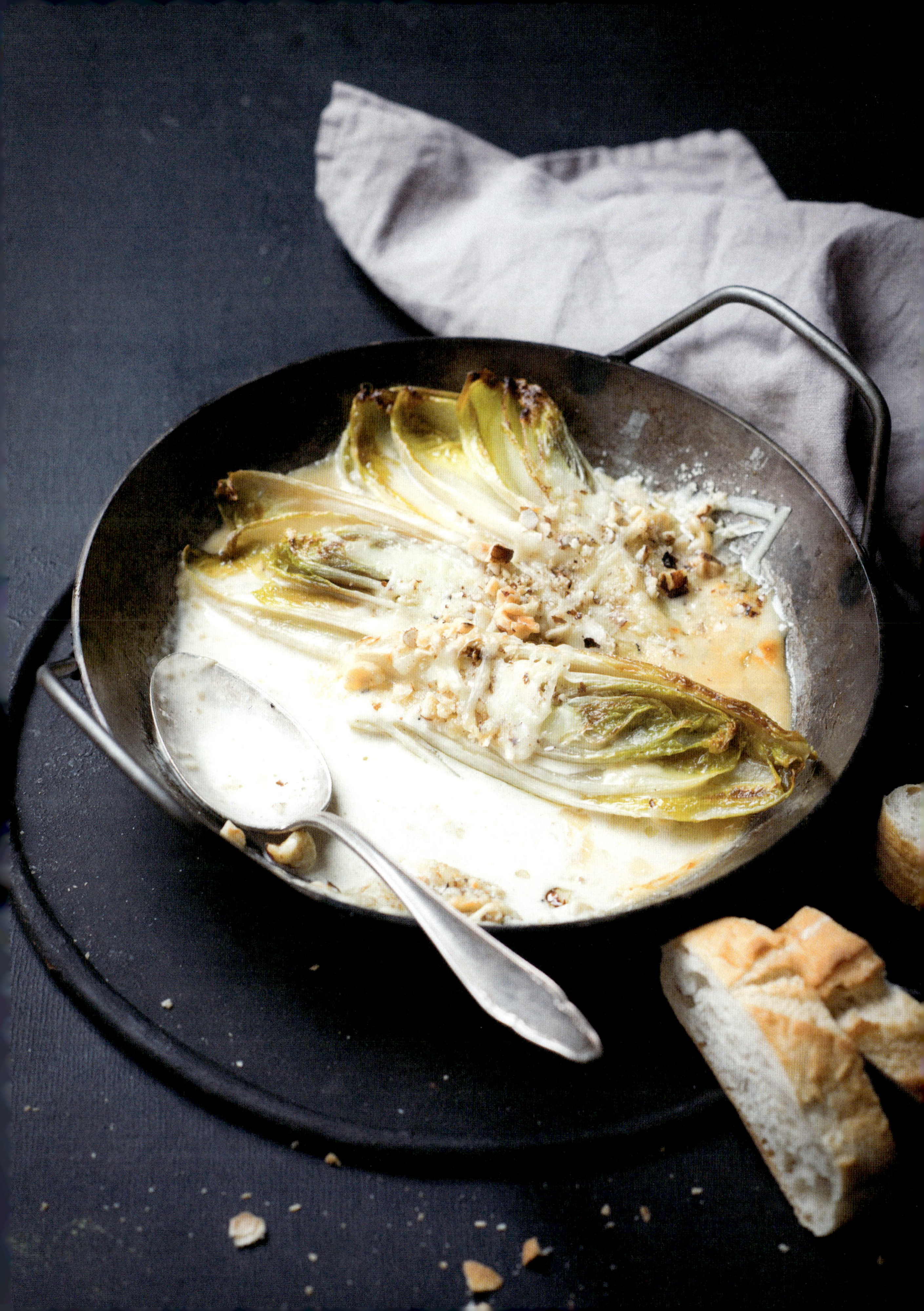

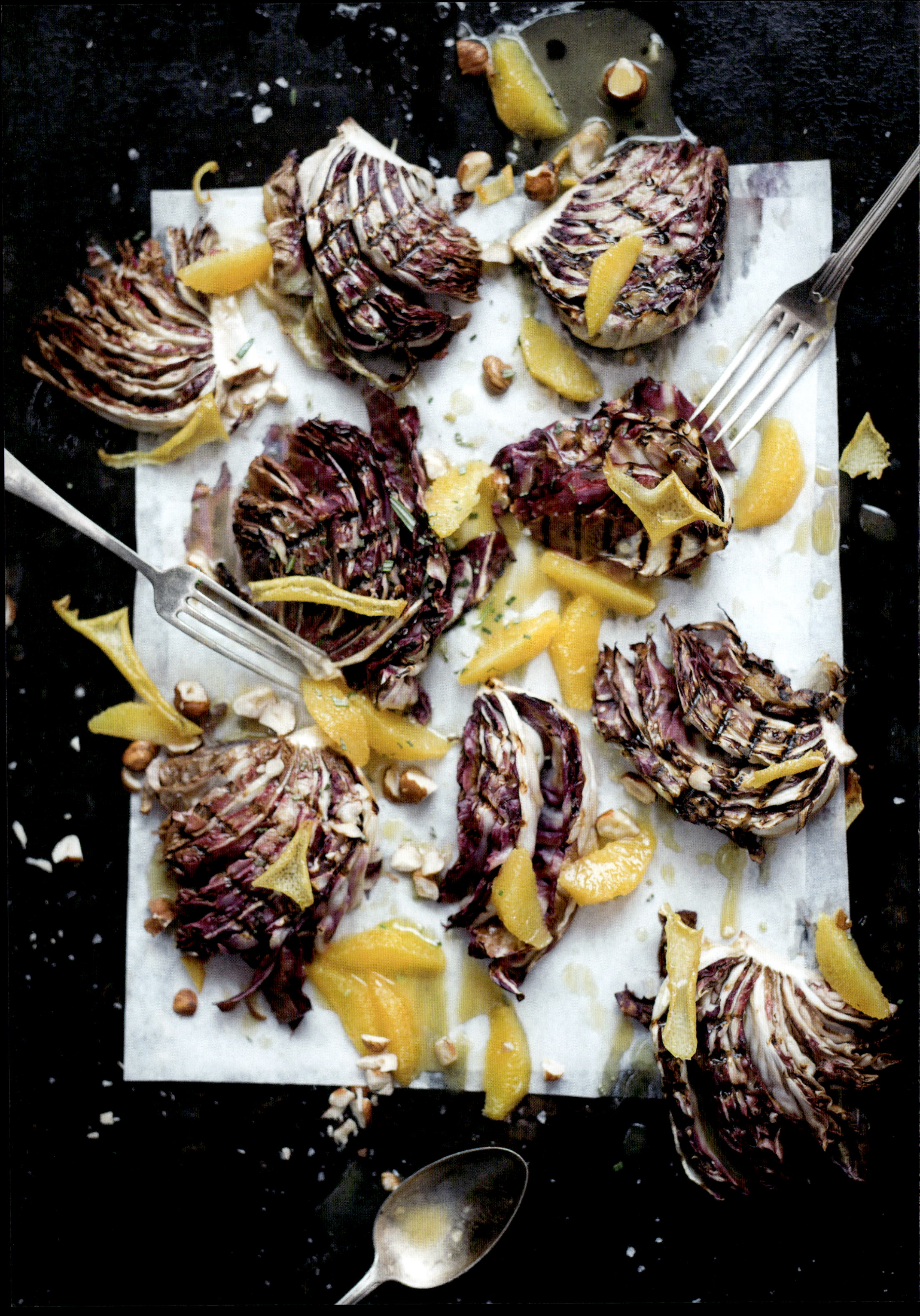

# GEGRILLTER RADICCHIO MIT ORANGEN UND THYMIAN

*Ein einfaches Gericht mit deftiger Bitternote, klarer Säure und eher verhaltener Süße. Für Fortgeschrittene.*

Für 4 Portionen als Vorspeise

¼ unbehandelte Cedro oder Zedratzitrone
100 g Zucker
1 Handvoll Haselnusskerne
3 Orangen
3 EL Olivenöl
1 TL frisch gepresster Zitronensaft
2 TL Honig
1–2 TL Dijonsenf
Fleur de Sel oder grobes Meersalz und schwarzer Pfeffer aus der Mühle
3 Köpfe Radicchio oder Treviso
2–3 Zweige Thymian

Für die kandierte Cedroschale den Backofen auf 120 Grad vorheizen. Die Schale der Cedro mit einem Sparschäler dünn abschälen. 100 ml Wasser mit dem Zucker aufkochen, die Schalenstücke 10 Minuten darin köcheln, dann 10 Minuten im Sud abkühlen lassen, herausnehmen, abtropfen lassen und nebeneinander auf Backpapier legen. Im Backofen 20 Minuten trocknen lassen, dabei die Schalen einmal wenden.

Die Haselnüsse in einer Pfanne ohne Fett rösten, anschließend grob hacken. Die Orangen schälen und filetieren. Den Saft aus den Häutchen pressen und in eine Schüssel geben. Den Orangensaft mit Olivenöl, Zitronensaft, Honig und Senf zu einem Dressing verrühren. Salzen und pfeffern.

Die äußeren Blätter des Radicchio entfernen und die Salatköpfe achteln. Dabei den inneren Strunk nicht herausschneiden, damit die Stücke besser zusammenhalten. Eine Grillpfanne sehr stark erhitzen und den Radicchio ohne Zugabe von Fett von beiden Seiten grillen. Dabei mit einem größeren Topf beschweren, damit der Salat schön am Pfannenboden aufliegt.

Die Thymianblättchen abzupfen und fein hacken. Den warmen Radicchio mit den Orangenfilets auf einer Platte anrichten. Mit dem Dressing beträufeln, mit Thymian und den gerösteten Nüssen bestreuen. Einige kandierte Cedroschalen darüberbröseln und alles mit Salz und Pfeffer würzen. Dazu schmecken frisches Weißbrot, Ziegenfrischkäse oder Ricotta.

### Tipps

Statt Radicchio eignet sich auch Treviso. Wenn Sie keine Cedro bekommen, nehmen Sie unbehandelte Zitronen- oder Orangenschale.

Man kann die Schale der Cedro auch samt der weißen Schicht abschälen, in feine Streifen schneiden, 10 Minuten in Zuckersirup kochen, abtropfen lassen und zum Radicchio geben. So schmeckt sie weich, bitter-süß und erinnert etwas an Hustenbonbons.

### Bitterfaktor

Süßt man das Dressing statt mit Honig mit dem Cedrosirup, wird es bitterer.

Die kandierte Cedroschale verleiht dem Radicchio eine bitter-süße Note. Sie lässt sich in einer fest verschlossenen Dose oder einem Schraubglas gut aufbewahren. Gibt man die Schalen in Zucker oder Salz, nehmen diese ein feines Zitrusaroma an. Aus den zerstoßenen Schalen mit Zucker, Salz, Pfeffer oder anderen Gewürzen entstehen leckere Zitrus-Gewürzmischungen.

# IN ROTWEIN GESCHMORTER TREVISO

Zugegeben, die Kombination von Bittersalat, Rotwein, Schafskäse, Speck und Grapefruit mag etwas gar gewagt erscheinen. Ist sie aber nicht.

Für 4 Portionen

3–4 Köpfe Treviso, ersatzweise Radicchio
1 Pink Grapefruit
50 g durchwachsener Speck
150 g Feta
Olivenöl zum Braten
Meersalz und schwarzer Pfeffer aus der Mühle
2–3 TL Honig
200 ml fruchtiger Rotwein nach Geschmack

Den Backofen auf 220 Grad vorheizen. Den Treviso je nach Größe halbieren oder vierteln. Die Grapefruit schälen und in Scheiben schneiden. Den Speck in feine Streifen, den Fetakäse in grobe Würfel schneiden.

Etwas Olivenöl in einer großen Pfanne erhitzen und die Trevisostücke darin von beiden Seiten kräftig anbraten. Mit Salz und Pfeffer würzen und mit dem Honig beträufeln. Mit dem Rotwein ablöschen und alles aufkochen.

Den Treviso samt dem Rotwein in eine feuerfeste Form geben. Die Grapefruitscheiben und den Fetakäse darauf verteilen. Den Speck in einer Pfanne knusprig braten und ebenfalls daraufgeben. Das Gemüse im vorgeheizten Backofen 15–20 Minuten schmoren. Heiß servieren. Dazu schmecken frisches Baguette oder mit Olivenöl und etwas Zitronensaft gewürzter Couscous.

Tipp
Der Wein bestimmt den Geschmack dieses Gerichts maßgeblich mit. Darum lohnt es sich, einen hochwertigen, fruchtbetonten Rotwein auszuwählen.

Bitterfaktor
Statt Treviso kann man Radicchio oder den etwas milderen roten Chicorée verwenden.

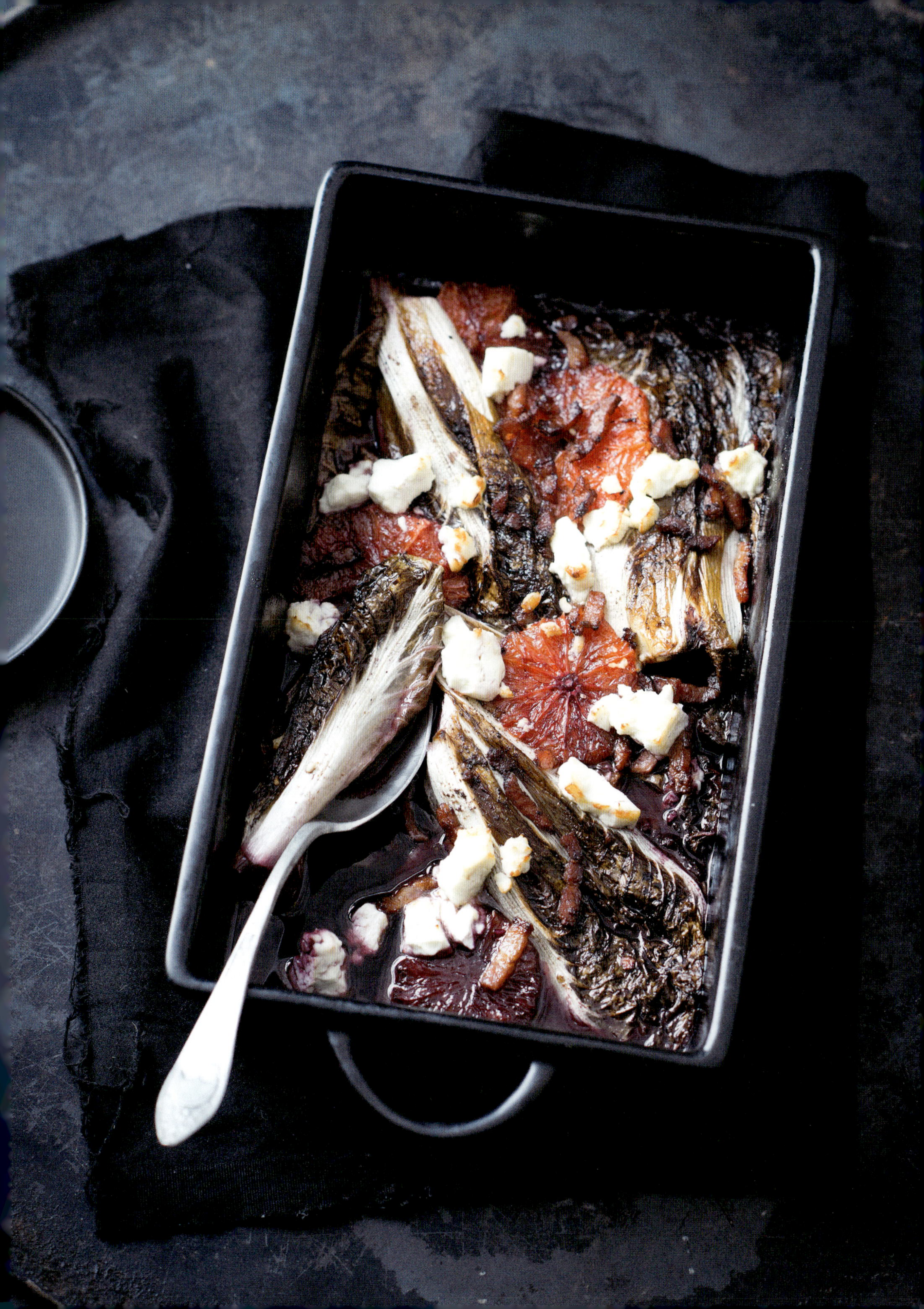

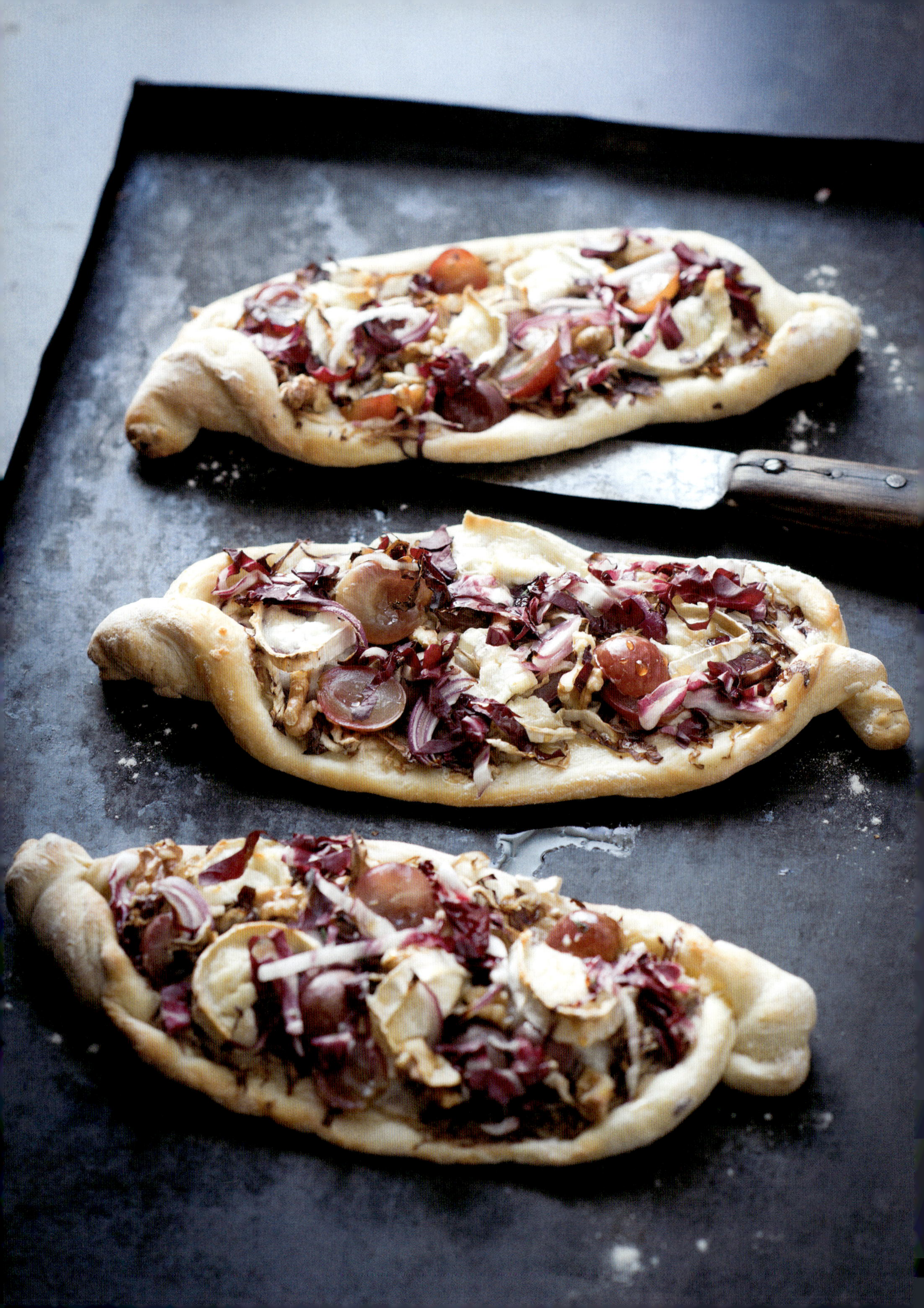

# PIDE MIT TREVISO, TRAUBEN UND ZIEGENKÄSE

'Radicchio Rosso di Treviso Precoce' – so lautet der vollständige Name dieses Bittersalats. Kurz Treviso. Gemeint ist die spitz zulaufende rote Radicchio-Variante aus Treviso. Nicht zu verwechseln mit rotem Chicorée.

Für 6 Stück

*Für den Hefeteig*
15 g frische Hefe
1 TL Rübensirup oder Honig
125 ml Milch
1 TL Salz
1 Ei
350 g Weizenmehl

*Für die Füllung*
3 Köpfe Treviso
1 Rolle Ziegenkäse
300 g kernlose, rote Weintrauben
80 g Walnusskerne
150 g Crème fraîche
schwarzer Pfeffer aus der Mühle
Meersalz aus der Mühle oder Fleur de Sel
3–4 TL Agavendicksaft
3–4 TL frisch gepresster Zitronensaft
Olivenöl zum Beträufeln

Die Hefe in eine Schüssel bröckeln, mit Rübensirup oder Honig beträufeln und 2 Minuten warten, dann die Milch dazugeben und verrühren. Das Salz und das Ei darunterschlagen. Nach und nach etwas Mehl einrühren, dann das gesamte Mehl dazugeben und alles zu einem glatten Hefeteig kneten. Den Teig mit einem feuchten Tuch bedecken und an einem warmen Ort etwa 1 Stunde gehen lassen.

Für die Füllung den Treviso in Streifen, die Ziegenkäserolle in Scheiben schneiden. Die Weintrauben halbieren, die Walnüsse hacken.

Den Backofen auf 220 Grad vorheizen. Zwei Backbleche mit Backpapier belegen. Den Teig durchkneten, in sechs gleich große Stücke teilen und nochmals 5 Minuten ruhen lassen. Anschließend jedes Stück länglich ausrollen und mit etwas Abstand auf die Backbleche legen. Die Crème fraîche auf die Teigstücke streichen, dabei rundherum einen Rand lassen.

Weintrauben, ein Drittel des Treviso, Ziegenkäse und Walnüsse gleichmäßig auf den Teigstücken verteilen. Mit Salz und Pfeffer würzen. Den Teigrand rundherum darüberschlagen und an den Enden zweimal eindrehen, sodass längliche Schiffchen entstehen. Den Backofen auf 200 Grad zurückschalten und die Pide 15–20 Minuten goldgelb backen. Den restlichen Treviso erst kurz vor dem Essen darauf verteilen. Die Pide mit etwas Meersalz oder Fleur de Sel bestreuen und mit Agavendicksaft, Zitronensaft und Olivenöl beträufeln. Sie schmecken heiß oder kalt.

Tipp
Wenn man keinen Treviso bekommt, kann man »normalen« Radicchio verwenden, den es das ganze Jahr in jedem Supermarkt gibt. Neben Chicorée ist er einer der wenigen Bittersalate, die sich in Mitteleuropa etabliert haben. Doch aus Norditalien, der Region, in der jede Stadt ihren eigenen Bittersalat hat, gelangen mehr und mehr Sorten zu uns, die allerdings mit ihren ellenlangen und teilweise variierenden italienischen Bezeichnungen für Verwirrung sorgen.

# FLAMMKUCHEN MIT RADICCHIO, BLAUSCHIMMELKÄSE UND BIRNE

*Eine Aromenkombination, die zwar alles andere als neu ist, aber immer wieder unglaublich gut schmeckt.*

Für 4 Flammkuchen

*Für den Hefeteig*
10 g frische Hefe
1 TL Zucker
100 ml lauwarme Milch
Salz
2 EL Olivenöl
250 g Mehl
Mehl für die Arbeitsfläche

*Für den Belag*
4 Birnen
2 Schalotten
100 g Blauschimmelkäse
300 g Schmand oder Crème fraîche
1 Radicchio
1 Zweig Thymian
Salz, schwarzer Pfeffer aus der Mühle
3 TL Honig

Für den Teig die Hefe in eine große Schüssel bröckeln, Zucker und Milch dazugeben, 2 Minuten warten, dann alles gut verrühren. Mit Salz, Olivenöl und Mehl zu einem glatten Teig kneten. Den Teig mit einem feuchten Tuch bedeckt an einem warmen Ort etwa 30 Minuten gehen lassen. Für den Belag die Birnen vierteln, entkernen und in dünne Spalten schneiden. Die Schalotten in feine Ringe schneiden. Den Blauschimmelkäse mit einer Gabel zerdrücken und mit dem Schmand oder der Crème fraîche vermengen. Den Radicchio in Streifen schneiden.

Den Backofen auf 250 Grad vorheizen und ein umgedrehtes Backblech auf der mittleren Schiene einschieben. Vier Stücke Backpapier bereitlegen. Den Teig nochmals durchkneten, in vier Portionen teilen und 5 Minuten ruhen lassen. Jedes Teigstück auf einer bemehlten Arbeitsfläche dünn ausrollen. Die Teigplatten dabei immer wieder etwas ruhen lassen und nochmals ausrollen. So werden sie schön dünn. Die ausgerollten Teigfladen auf die Backpapiere legen.

Die Flammkuchen dünn mit der Blaukäsemischung bestreichen. Die Birnen und die Hälfte der Radicchiostreifen darauf verteilen, die Schalotten und die Thymianblättchen darüberstreuen. Alles mit Salz und Pfeffer würzen und mit dem Honig beträufeln.

Den Backofen auf 200 Grad zurückschalten. Jeweils zwei Flammkuchen nebeneinander auf das vorgeheizte Backblech legen; das geht am besten mit einem runden Metall-Kuchenheber. Die Flammkuchen 10–15 Minuten knusprig backen. Danach die nächsten beiden Flammkuchen backen. Die fertig gebackenen Flammkuchen mit den restlichen Radicchiostreifen bestreuen und servieren. Sie schmecken warm und kalt.

### Tipps
Statt mit Birne schmecken die Flammkuchen auch mit frischen Feigen. Wer mag, gibt 1–2 Teelöffel eingelegten grünen Pfeffer darüber.

### Bitterfaktor
Die Süße der Birne und der cremig-würzige Käse sind die perfekten Gegenspieler zum bitteren Radicchio. Statt Radicchio eignen sich auch 'Tardivo' und 'Treviso'.

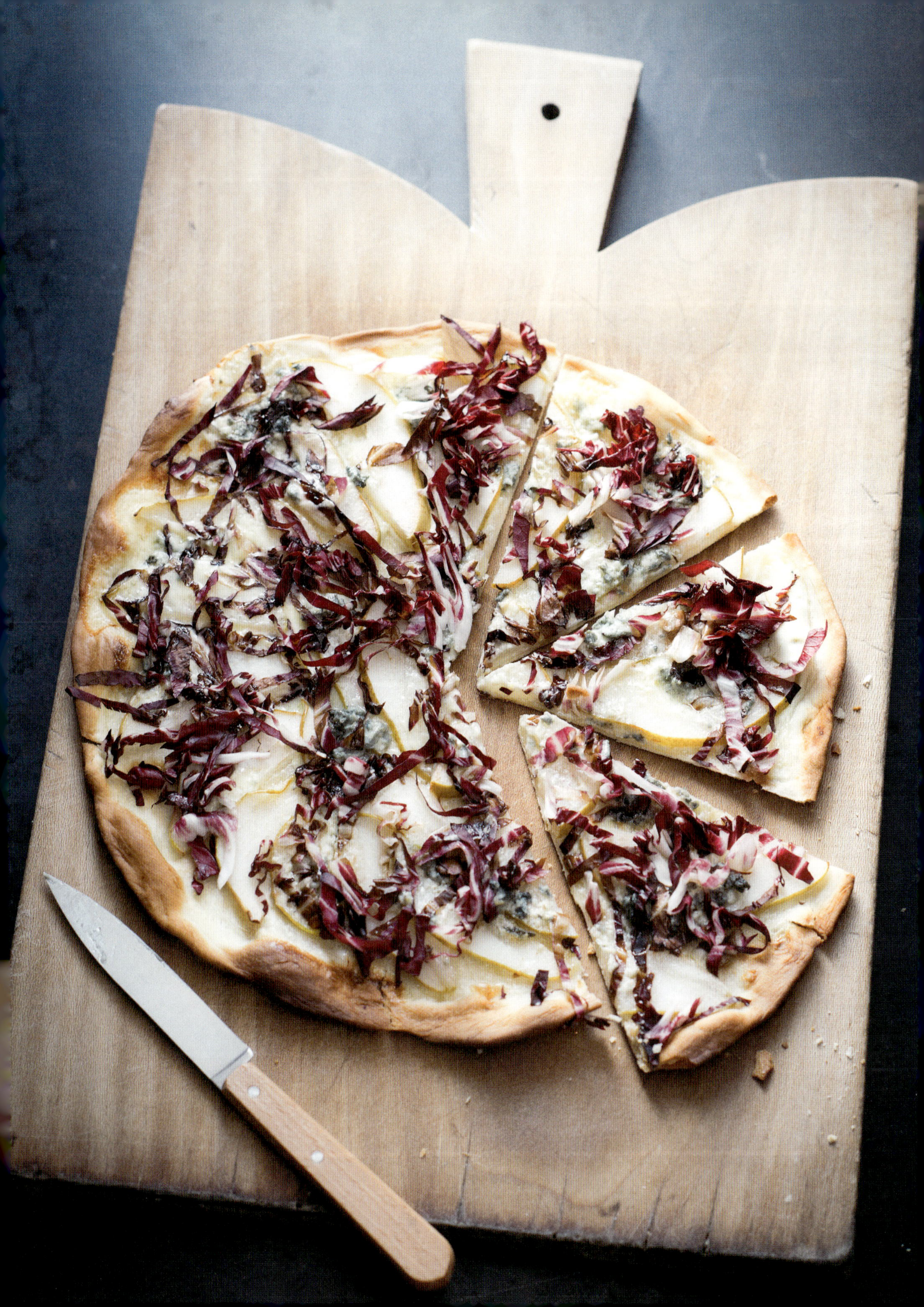

# BITTER
## süss und salzig

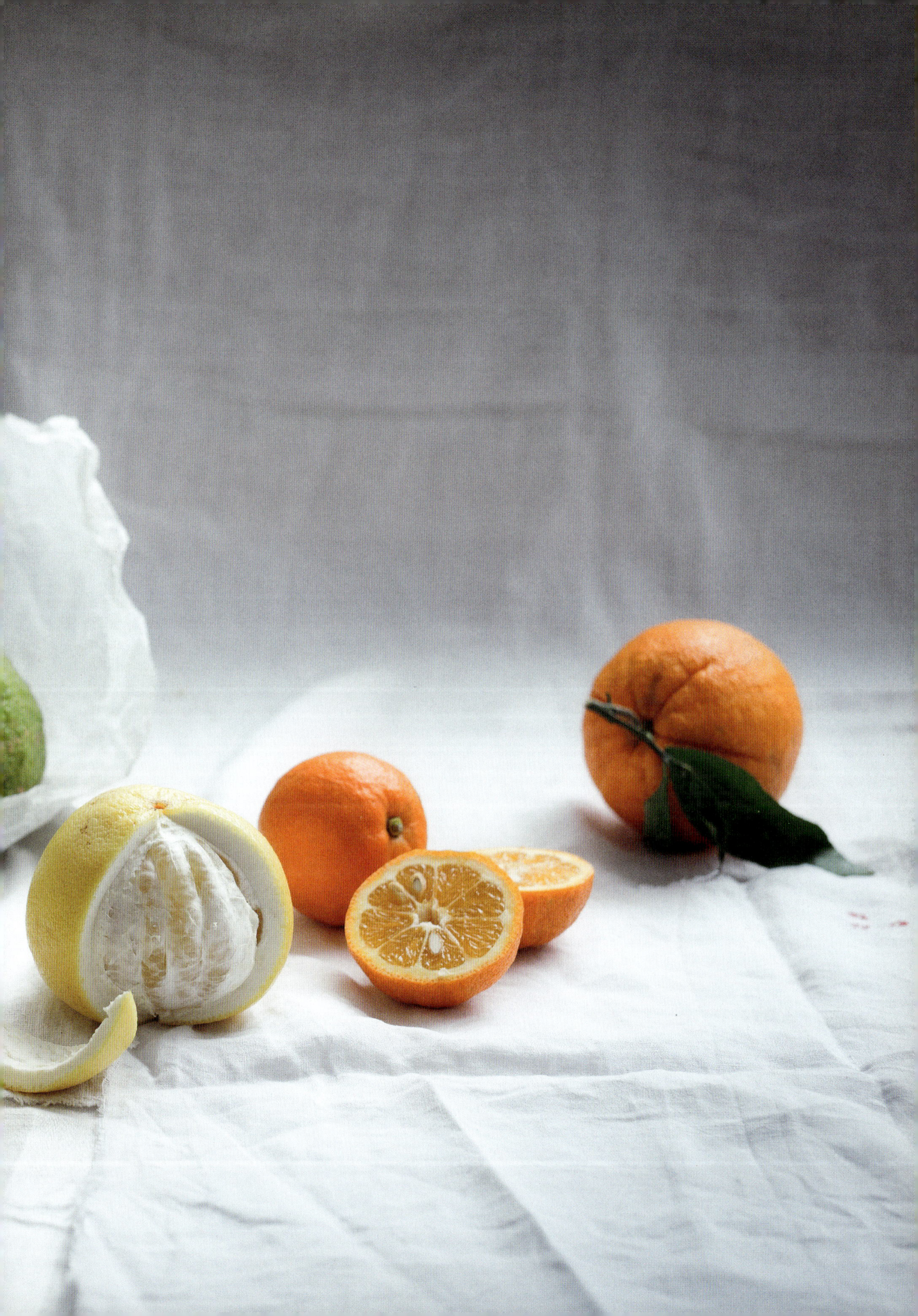

# DIE MISCHUNG MACHT'S – WARUM SÜSS NICHT GLEICH SÜSS IST

Nach so viel Bitterem könnte jetzt mal etwas Süßes kommen? Richtig, in diesem Kapitel wird es süß, aber nicht ausschließlich. Denn Desserts, die einfach nur süß sind, sind auch einfach nur langweilig. Doch glücklicherweise lassen »Süßspeisen« sich hervorragend bitter, salzig und sauer abschmecken. Sie sind dann leichter und bekömmlicher, da gerade das Bittere die Verdauung fördert und Völlegefühl vorbeugt. Vor allem aber sind solche »Süßigkeiten« kulinarisch interessanter. Die Geschmacksknospen werden nicht einfach mit jeder Menge Zucker betäubt, sondern durch überraschende Aromenkombinationen wachgerüttelt. Das Süße und das Bittere balancieren sich aus, ohne dass eines von beiden langfristig die Oberhand gewinnt. Salz setzt in Form von Fleur de Sel, also dünnen Meersalzflocken, wunderbar milde Salzakzente, ohne störend zu wirken. Frei nach der alten Hausfrauenregel, dass in jede Süßspeise und in jeden Kuchen mindestens eine Prise Salz gehört.

Desserts zu vielschichtigen Geschmacksexkursionen zu machen, ist in der gehobenen Gastronomie schon lange ein Thema. Der Blick in andere Kulturkreise ist zudem erhellend. In den chinesischen Küchen werden alle Desserts auch bitter abgeschmeckt. In Italien genießt man bitter-süße Zitrusfrüchte und bittere Spirituosen in allen Zubereitungsformen. Und auch wenn die Süßigkeiten der arabischen Küchen zuckersüß daherkommen, so enthalten sie doch jede Menge bittere Gewürze.

Die Zutatenliste der bittersüßen Küche ist lang und lecker. Allen voran eignen sich bittere Zitrusfrüchte wie Cedro oder Zedratzitrone, Pampelmuse, Grapefruit und Bitterorange. Auch die abgeriebene Schale gewöhnlicher Zitrusfrüchte liefern ätherisch-bittere Aromen. Kakaobohnen, Rohkakaonibs und Bitterschokolade sind beste bitter-süße Zutaten. Auch mit Tee und Kaffee oder mit bitteren Spirituosen lässt sich allerhand anstellen. Auf den ersten Blick ungewöhnlich scheinen Süßspeisen mit Wildkräutern oder aus Bittersalaten. Doch gerade sie bieten neue Geschmackseindrücke und unerwartete Harmonien.

## BITTERORANGE

Die Bitterorange, auch Pomeranze, Sevilla-Orange oder Saure Orange genannt, überzeugt mit einem erfrischenden und belebenden säuerlich-bitteren Geschmack. Allerdings hat sie eine extrem kurze Saison von Januar bis Februar. Und in der Küche macht sie einem durch ihre unendlich vielen Kerne das Leben schwer und das Marmeladekochen zu einem langwierigen Prozess – der sich allerdings lohnt! Kandierte Bitterorangenscheiben schmecken ausgezeichnet, aber die Kerne hindern einen daran, auch nur eine einzige gleichmäßig dünne Scheibe zu schneiden.

Ob Schale oder Fruchtfleisch, die Bitterorange steckt voller gesunder Inhaltsstoffe. Sie enthält viel Vitamin C und B-Vitamine. In den Schalen, Kernen und den Häutchen um das Fruchtfleisch steckt so viel Pektin, dass es für die Marmeladenzubereitung ausreicht. Zudem enthält die Pomeranze Flavonoide, das sind sekundäre Pflanzenstoffe, die zur Gruppe der Polyphenole gehören.

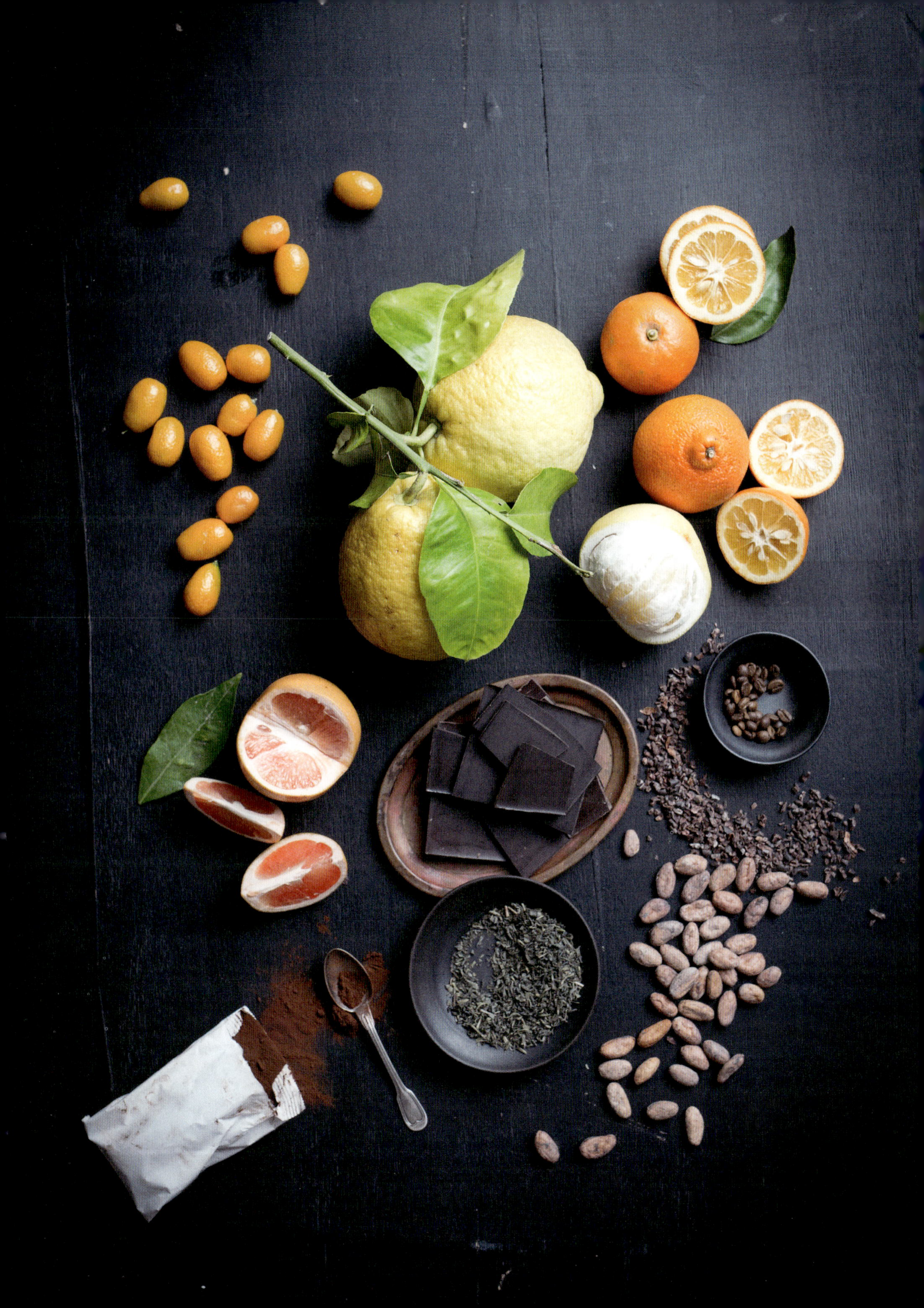

Sie schmecken bitter und sollen gesundheitsfördernd wirken. Außerdem Glykoside, Cumarine und das Alkaloid Synephrin. Letzteres soll den Stoffwechsel anregen und die Leistung steigern.

Die Bitterorange kam bereits im 10. Jahrhundert nach Europa. Sie stammt wahrscheinlich aus dem Süden Chinas und ist aus einer Kreuzung zwischen Pampelmuse und Mandarine entstanden. Der wissenschaftliche Namenszusatz *aurantium* bezieht sich auf das lateinische Wort *aurum* (Gold) und beschreibt die schöne goldgelbe Farbe der Frucht. Heute werden Bitterorangen in Südeuropa, insbesondere auf Sizilien, in Südfrankreich, Portugal und Spanien angebaut. Ihre Schale wird traditionell zu Orangeat verarbeitet.

## CEDRO

Cedri, auch Cedrat, Zedrat- oder Zitronatzitrone genannt, sind faszinierende Früchte. Sie sehen aus wie zu groß geratene Zitronen, können bis zu 25 Zentimeter lang und bis zu 4 Kilogramm schwer werden. Schneidet man die höckerigen goldgelben Früchte auf, entfaltet sich ein herrlicher Zitronenduft, und das charakteristische Innere der Cedro kommt zum Vorschein: wenig süß-saures Fruchtfleisch im Kern und eine dicke Schicht weißes Fleisch, das bittere Mesokarp, darum herum. Was soll man mit dieser Frucht nur anfangen? Man kann sie roh essen! Schon eine dünne Scheibe sorgt für ein frisches, bitter-süßes Mundgefühl und einen willkommenen Energieschub. Die Cedro steckt voller Vitamin C und Bitterstoffe. Während die Schale ätherische Öle enthält, ist das Mesokarp besonders bitterstoffreich. Dünn geschnitten schmeckt die Cedro als Salat. Süß-sauer abgeschmeckt wird ein vollmundiges Chutney daraus. Natürlich kann man die Frucht so zubereiten, wie ein Großteil der in Kalabrien, Sizilien, Marokko, Kreta, Korsika und Puerto Rico angebauten Cedri zubereitet wird: als Zitronat. Dafür kandiert man das Mesokarp, kocht es also immer wieder in Zuckersirup, bis sein Zuckergehalt mindestens 65 Prozent beträgt.

Wer denkt, die Cedro sei eine neumodische Züchtung, irrt. Sie war die erste Zitrusfrucht, die nach Europa eingeführt wurde, und die Namensgeberin aller Zitrusfrüchte. Ihr wissenschaftlicher Name ist *Citrus medica*. Dies hat nichts mit »medizinisch« zu tun, sondern bezeichnet das historische Land Medien im iranisch-irakischen Grenzgebiet. Im Jahr 70 nach Christus sollen jüdische Migranten die Cedro mit nach Spanien, Griechenland und Italien gebracht haben, weshalb sie auch »Judenapfel« genannt wurde. Ursprünglich stammt die Frucht aus Assam am Fuß des Himalaja. Zusammen mit der Pomelo und der Mandarine gehört sie zu den ursprünglichen Zitrusarten.

Aufgrund ihrer beeindruckenden Größe, ihrer Farbe und ihres Dufts hatte die Cedro in verschiedenen Epochen und Kulturkreisen eine starke symbolische Bedeutung. Schon in den Renaissancegärten wohlhabender Familien war sie ein Symbol des Wohlstands. Im Judentum hat sie bis heute eine rituelle Bedeutung. Und in buddhistischen Tempeln wird sie als Opfergabe verwendet. Dabei wird gern die markante Sorte 'Buddhas Hand' (*Citrus medica* var. *sarcodactylis*) verwendet. Sie ist nach unten fingerartig gefächert.

## GRAPEFRUIT UND PAMPELMUSE

Was ist was? Lange dachte ich, Grapefruit wäre das englische Wort für Pampelmuse. Ist es aber nicht! Es handelt sich um zwei verschiedene Früchte, wobei die Pampelmuse die Mutter – oder zumindest ein Elternteil – der Grapefruit ist. Der andere Elternteil ist die Orange. Pampelmusen sind außen gelb oder gelbgrün, ihr Fruchtfleisch ist hellgelb, kann aber auch rosafarben sein. Die Früchte können einen Durchmesser bis 30 Zentimeter erreichen und über 2 Kilogramm schwer werden. Äußerlich und innerlich ähnelt die Pampelmuse eher der Pomelo. Ihre Schale ist dick, und relativ feste Häutchen umgeben das Fruchtfleisch. Während die Pomelo eher süßlich und leicht bitter schmeckt, überwiegen bei der Pampelmuse die bitteren Noten.

Die saftigen Grapefruits sind kleiner als Pampelmusen. Sie entstanden erst Mitte des 18. Jahrhunderts durch eine Kreuzung aus Orange und Pampelmuse. Seit Ende des 19. Jahrhunderts werden sie in Florida kommerziell angebaut. Noch heute sind die USA der Hauptproduzent, doch die bitter-süßen Früchte werden auch in Israel, Zypern, Spanien und Südafrika kultiviert. Es gibt etwa zwanzig wichtige Grapefruitsorten, von denen die gelbe, herb-bittere 'Jaffa' und die rotfleischige, mildere und süßlichere 'Ruby Red' besonders verbreitet sind.

Grapefruits und Pampelmusen sind gleich gesund. Beide enthalten viel Vitamin C (45 Milligramm pro 100 Gramm) und Vitamine der B-Gruppe, außerdem Kalium, Calcium und Magnesium sowie Folsäure. Der Ballaststoff Pektin ist gut für die Verdauung, reguliert den Appetit und soll sogar helfen, den Cholesterinspiegel auszugleichen. Rotfleischige Früchte enthalten den natürlichen Farbstoff Lycopin, der zu den Carotinoiden zählt; er soll freie Radikale abblocken und die Körperzellen schützen. Zu guter Letzt enthalten Grapefruits und Pampelmusen natürlich gesunde Bitterstoffe, vor allem den Bitterstoff Naringin, ein Glykosid, das zur Stoffgruppe der Polyphenole gehört und eine antioxidative und lipidsenkende Wirkung hat. Es soll helfen, den Cholesterinspiegel zu regulieren und die Verdauung, insbesondere die Fettverdauung, anzuregen.

Hinweis: Die in Grapefruits enthaltenen Furanocumarine können die Wirkung von Medikamenten negativ beeinflussen. Daher sollten Menschen, die Medikamente nehmen, keine Grapefruits essen.

## ROHKAKAOBOHNEN UND BITTERSCHOKOLADE

Wenn es in diesem Buch um Schokolade geht, dann natürlich um Bitterschokolade mit einem Kakaogehalt von mindestens 70 Prozent. Doch bevor es um die Herstellung solcher Schokoladen geht, lohnt sich ein Blick auf das Ausgangsmaterial – die Kakaobohne. Sie gilt als schmackhaftes und gesundes Superfood, das in Form von Rohkakaonibs Müsli, Shakes und Salaten den bitteren Kick gibt. In rohem Kakao stecken sogenannte Flavanole, sekundäre Pflanzenstoffe, die die Blutgefäße weiten und den Blutdruck senken können. Außerdem enthalten Kakaobohnen Magnesium, Eisen und Calcium, zudem Beta-Carotin, die Vitamine E, B1, B2 und Niacin. Etwas Koffein ist auch in Kakaobohnen zu finden, allerdings deutlich weniger als in Tee und Kaffee.

Geschmacklich gibt es unter den Kakaobohnen viele Unterschiede, je nach Sorte, aber auch nach der Art ihres Anbaus. Generell unterscheidet man dabei zwischen Edelkakao und Konsumkakao, wobei Criollo als edelste der Edelkakaosorten gilt. Der Geschmack ihrer Bohnen ist mild-aromatisch. Die Bohnen haben wenig Bitterstoffe und einen geringen Säuregehalt. Allerdings gedeihen Criollopflanzen nicht in Monokulturen, sind anfällig für Krankheiten und bringen keine hohen Erträge. Deshalb sind sie nur noch selten zu finden. Neben Criollo zählen auch die angenehm aromatischen Kakaobohnen der Varietät Trinitario zu den Edelkakaosorten. Trotz ihrer kulinarischen Qualitäten sind Edelkakaos mit einem Anteil von fünf Prozent an der Weltproduktion wirtschaftlich nahezu bedeutungslos. Massenhaft angebaut und verbraucht wird dagegen der robuste und ertragreiche Kakao vom Typ Forastero. Durch seinen dominanten Kakaogeschmack mit deutlich säuerlichen und bitteren Noten ist er den Edelkakaos unterlegen.

Neben dem Kakaotyp spielt das »Terroir« für das Aroma der Kakaobohnen eine große Rolle. Je nach Pflanzengesellschaft, in der der Baum wächst, nach Bodenbeschaffenheit und klimatischen Bedingungen des Anbaugebiets schmecken die Kakaobohnen unterschiedlich. Da der Kakaobaum ein Unterholzbaum ist, der warm-feuchtes Klima und Schatten benötigt, gedeihen in Mischbepflanzungen interessantere Bohnen als in Monokulturen.

Doch wie wird nun die Bohne zu Bitterschokolade? Eigentlich ist es ganz einfach: Die Rohkakaobohnen werden noch im Ursprungsland fermentiert und getrocknet. Für die Schokoladenherstellung werden sie geröstet und zu Kakaomasse gemahlen. Diese wird anschließend mit Zucker und Kakaobutter vermischt und am besten über Stunden und bei niedriger Temperatur conchiert; durch dieses spezielle Rührverfahren bekommt die Schokolade einen cremigen Schmelz.

Je nach Bitterkeit der Schokolade werden mehr oder weniger Kakaobutter und Zucker zugesetzt. Eine hundertprozentige Schokolade enthält ausschließlich Kakaomasse, während eine 70- bis 90-prozentige neben der reinen Kakaomasse Zucker, Kakaobutter und je nach Hersteller auch etwas Meersalz enthält. Die Aromen von bitteren Schokoladen sind faszinierend und vielfältig: Sie reichen von leicht bitter, über würzig bis fruchtig. Zu schmecken sind – je nach Schokolade – Kakaoaromen, Noten von Tabak, Ferment, Früchten oder Kräutern, auch Honig oder Karamelltöne und viele andere Aromen. Um die volle Aromenvielfalt von Schokolade auszukosten, empfiehlt sich folgende Herangehensweise: Zunächst hört man, wie die Schokolade bricht; das sollte hell und klar klingen. Dann reibt man sie etwas zwischen den Fingern und riecht. Nun legt man sich ein Schokoladenstück auf die Zunge, lässt es eine Weile dort liegen und klebt es anschließend an den Gaumen. Mit der Zungenspitze bewegt man es dort so lange, bis es sich aufgelöst hat. So kostet man nacheinander alle Nuancen aus, die die Schokolade zu bieten hat, und kann sich, bei einer guten Schokolade, über ein langes Nachhallen der Aromen freuen.

Die Vorfahren der Azteken und Mayas bauten in Mexiko, Guatemala und Honduras schon um das 4. Jahrhundert nach Christus Kakaobohnen an. Die Azteken bereiteten daraus einen anregenden und energiereichen Drink namens »Xocólatl« aus Wasser, Kakao, Chili, Vanille und Honig zu, der als Vorläufer der Schokolade gilt. Trinkschokolade war bis ins 19. Jahrhundert ein Luxusgut für Reiche. Erst 1848 erfand eine englische Firma die essbare Schokolade. Maschinen für die Kakaoverarbeitung und der massenhafte Import von Kakaobohnen aus den Kolonien machten Schokolade schließlich für alle erschwinglich.

Die Hauptanbaugebiete für Kakao liegen nördlich und südlich des Äquators. Sie haben sich von Mittelamerika, wo der Ursprung des Kakaos liegt, nach Afrika verlagert. Der größte Produzent ist die Elfenbeinküste, gefolgt von Indonesien und Ghana. Der Kakaoanbau wird von Menschenrechtsorganisationen immer wieder kritisiert: Die Löhne von Kleinbauern sind nicht existenzsichernd, Ausbeutung, Kinderarbeit, ja sogar Kinderhandel und Sklaverei sind keine Seltenheit. Glücklicherweise gibt es immer häufiger Schokoladenhersteller, die fair gehandelte, biologisch produzierte Bohnen von Kleinbauern verwenden und daraus bisweilen sogar sortenreine Schokoladen einzelner Anbaugebiete produzieren. Unter ihnen gibt es besondere Schätze, die es sich lohnt guten Gewissens zu probieren.

*Pomeranzen-Cookies mit Fleur de Sel*

Pomeranzen-Marmelade

# POMERANZEN-COOKIES MIT FLEUR DE SEL

Fein duftende Plätzchen mit Ingwer, Nelke, Zimt, Meersalz und Bitterorange. Besser geht's nicht!

Ergibt ca. 25 Stück

250 g Mehl
½ TL Natron
½ unbehandelte Bitterorange oder Orange, abgeriebene Schale
1 TL gemahlener Ingwer
½ TL gemahlener Zimt
1–2 Msp. gemahlene Nelken
1 Msp. gemahlener Koriander
80 g Zucker
1 Prise Fleur de Sel
150 g gesalzene Butter
100 g Bitterorangen-Marmelade (siehe Rezept Seite 145 oder fertig gekauft)
Mehl für die Arbeitsfläche

Mehl, Natron, Orangenschale, Ingwer, Zimt, Nelken, Zucker und Fleur de Sel in einer großen Schüssel vermischen. Die Butter in Würfeln dazugeben und alles zügig zu einem Mürbeteig verkneten. In Folie wickeln und mindestens 1 Stunde kalt stellen.

Den Backofen auf 180 Grad vorheizen. Den Teig auf einer leicht bemehlten Arbeitsfläche oder zwischen zwei Lagen Klarsichtfolie zu einer 2 mm dünnen Platte ausrollen. Kreise von 6 cm Durchmesser ausstechen. Bei der Hälfte der Kreise die Mitte kreisförmig ausstechen. Die Plätzchen auf mit Backpapier begelegte Bleche legen und im Backofen jeweils 10–12 Minuten backen.

Die Orangenmarmelade erwärmen und die Plätzchen damit bestreichen. Die Ringe auflegen und die Plätzchen abkühlen lassen. In einer luftdicht verschlossenen Dose aufbewahren.

Bitterfaktor
Die Bitterkeit der Pomeranzen bleibt durch den würzig-süßen Butterteig dezent im Hintergrund.

# POMERANZEN-MARMELADE

*Bitterorange pur! Beim Entwickeln dieses Rezepts hatte ich das Gefühl, stundenlang mit dem Kochen von gerade mal zwei Gläsern Marmelade beschäftigt zu sein. Die Herstellung ist tatsächlich aufwendig. Aber das Ergebnis dafür besonders lecker.*

Für 2 Schraubgläser à 250 ml

1,2 kg Pomeranzen (Bitterorangen; siehe Seite 136)
1 Limette, Saft
200 g Zucker

Die Gläser mit kochendem Wasser ausspülen. Die Pomeranzen heiß waschen. Die Schalen von 5 Früchten mit dem Sparschäler abschälen und mit einem scharfen Messer sehr fein schneiden. Die Pomeranzen auspressen. Mit einem Löffel die pektinhaltigen Häutchen und Kerne aus den Schalen herauskratzen und aufbewahren. Den Saft abmessen; es sollten mindestens 300 ml sein. Den Pomeranzensaft und den Limettensaft mit den fein geschnittenen Schalen aufkochen, dann zugedeckt 10 Minuten köcheln lassen. Durch ein Sieb abseihen, die Schalenstreifen abtropfen lassen und für später beiseitelegen. Den Saft auffangen.

Den Pomeranzensaft zusammen mit den ausgekratzten Häutchen und Kernen aufkochen und 5 Minuten köcheln lassen. Die Masse durch ein Sieb gießen und die Rückstände sehr gut ausdrücken. Es ist wichtig, dass so viel Orangenmasse wie möglich durch das Sieb gelangt, denn sie enthält das zum Gelieren notwendige Pektin. Die Fruchtmasse nochmals abwiegen. Es sollten 300 g sein.

Den Zucker und die fein geschnittenen Schalen zur Orangenmasse geben, unter Rühren aufkochen und 5 Minuten köcheln lassen. Die Gelierprobe machen: Dazu etwas Marmelade auf eine Untertasse geben. Geliert sie, ist die Marmelade fertig. Falls nicht, muss sie noch etwas kochen.

Die Marmelade heiß in die vorbereiteten Gläser füllen und sofort verschließen. Die Gläser während des Abkühlens mehrmals umdrehen, damit die Schalenstreifen sich gleichmäßig verteilen.

### Tipp

Zum Ausprobieren empfiehlt es sich, die einfache Menge zuzubereiten. Falls nach dem letzten Durchsieben weniger als 300 g Fruchtmasse übrig bleiben, entsprechend weniger Zucker verwenden (Verhältnis 3 zu 2). Pomeranzenmarmelade schmeckt pur sehr gut. Wer mag, aromatisiert sie mit frischem Ingwer oder Zitronenthymian.

### Bitterfaktor

Die Menge und Art der Zesten ist maßgeblich für die Bitterkeit der Marmelade verantwortlich. Milder wird sie, wenn man einen Zestenreißer oder Sparschäler verwendet und die Schale ohne das Weiße abschält. Bitterer wird es, wenn man die Schale samt der weißen Schicht sehr fein schneidet und sie in der Marmelade mitkocht wie beschrieben. Für eine süßere Variante sollte man die Schalen statt im Orangensaft 10 Minuten in Zuckersirup kochen.

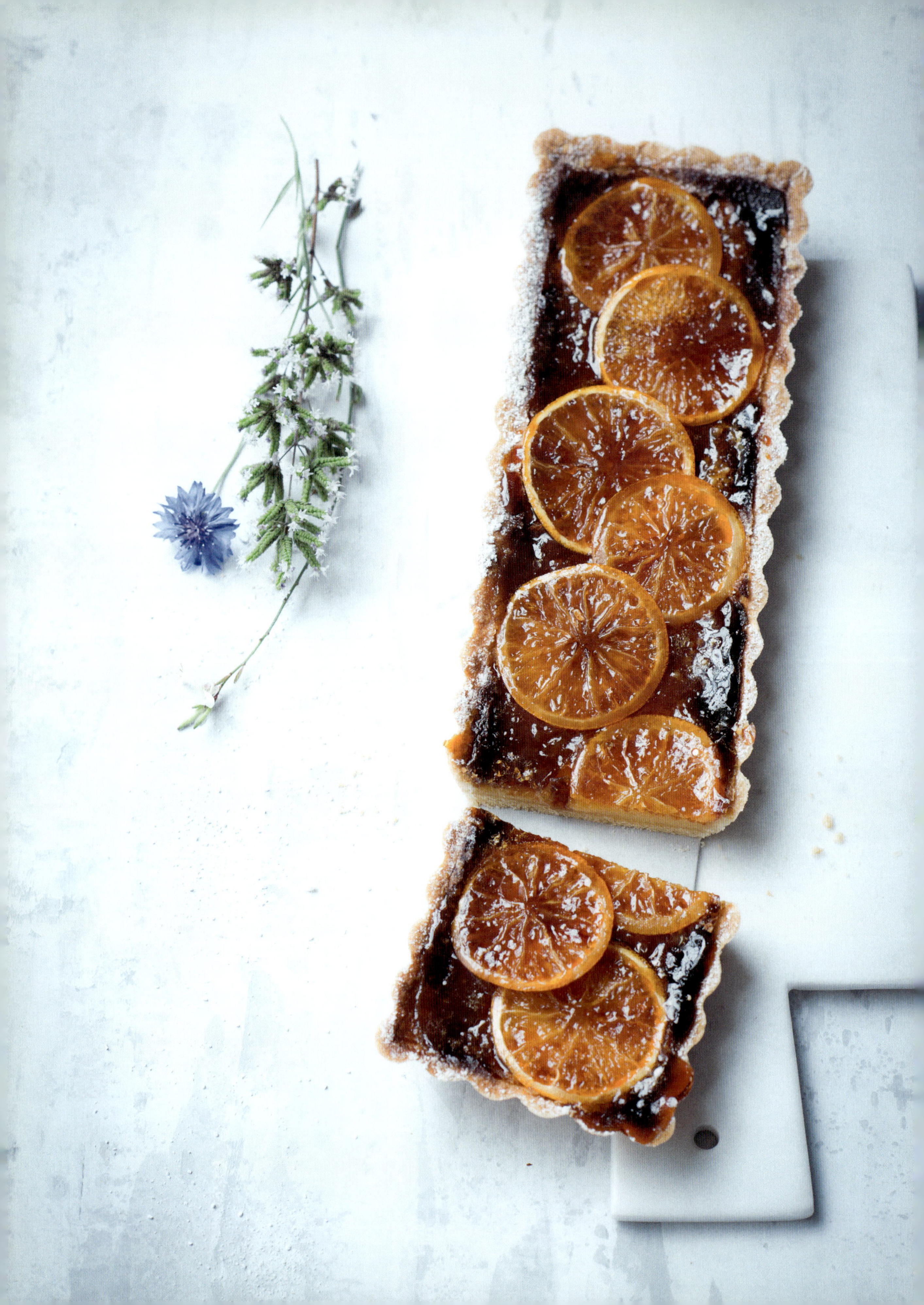

# ZITRUSFRÜCHTE-TARTE

*Der französische Klassiker mit zart schmelzender Creme und kandierten Zitrusscheiben schmeckt bestens mit Bitterorangen. Für den Fall, dass man keine bekommt – was angesichts der sehr kurzen Saison gut vorkommen kann –, kombiniert man Zitronen und Grapefruits.*

Für eine Tarteform
von 11 x 35 cm Durchmesser
(600 ml Fassungsvermögen)

*Für den Boden*
25 g Pinienkerne
50 g Weizenmehl
50 g Dinkelmehl
40 g Puderzucker
1 Eigelb
65 g Butter, zimmerwarm
Butter und Mehl für die Form
Hülsenfrüchte zum Blindbacken

*Für den Belag*
2 unbehandelte Bitterorangen
oder Zitronen
100 g Zucker

*Für die Füllung*
3 unbehandelte Bitterorangen
oder 1 kleine Grapefruit
oder 2 Zitronen
100 g gesalzene Butter
100–120 g Zucker
4 Eier
1 EL Puderzucker
zum Karamellisieren

Die Backform buttern und dünn mit Mehl bestäuben. Die Pinienkerne rösten, fein mahlen und mit Mehl und Puderzucker vermischen. Eine Mulde in die Mitte drücken, das Eigelb und die Butter hineingeben und alles zügig zu einem Mürbeteig verkneten. In Folie gewickelt 30 Minuten kühl stellen. Den Teig zwischen zwei Lagen Folie ausrollen und die Form damit auslegen. Weitere 2 Stunden in den Kühlschrank oder ½ Stunde ins Eisfach stellen.

Für den Belag die Zitrusfrüchte heiß waschen und zehn dünne Scheiben abschneiden, die Kerne entfernen. Die Endstücke auspressen und den Saft für die Füllung beiseitestellen. Den Zucker mit 100 ml Wasser aufkochen und die Zitronenscheiben 10 Minuten darin köcheln. Im Sud abkühlen lassen.

Den Backofen auf 180 Grad vorheizen. Für die Füllung etwas Schale einer Bitterorange abreiben. Die Zitrusfrüchte auspressen und 120 ml Saft abmessen. Saft und Schale mit der Butter und dem Zucker so lange unter Rühren erhitzen, bis der Zucker sich aufgelöst hat. Die Eier verquirlen, dazugeben und unter Rühren langsam weiter erhitzen, bis die Masse stockt. Keinesfalls kochen, da das Ei sonst ausflockt.

Den Teigboden mit Pergamentpapier belegen und mit getrockneten Hülsenfrüchten beschweren. 15 Minuten im vorgeheizten Ofen blind backen. Papier und Hülsenfrüchte entfernen und den Teigboden 5 Minuten fertig backen. Den Ofen auf 150 Grad herunterschalten. Die Füllung auf den Boden gießen und den Kuchen 20 Minuten fertig backen. Herausnehmen und 10 Minuten abkühlen lassen.

Den Backofengrill einschalten. Die Bitterorangen- oder Zitronenscheiben aus dem Sirup nehmen, abtropfen lassen und auf den gestockten Belag legen. Den Puderzucker dünn darübersieben und den Kuchen unter dem Backofengrill etwa 5 Minuten karamellisieren. Dabei aufpassen, dass der Zucker nicht verbrennt. Die Tarte kalt servieren.

## Bitterfaktor

Bitterorangenscheiben schmecken toll, die Scheiben sehen aber wegen der vielen Kerne nicht so schön aus. Außerhalb der Saison nimmt man für den Belag Zitronenscheiben, die ebenfalls Bitternoten beisteuern. Die Creme bringt man mit Bitterorangen- oder Grapefruitsaft auf Bitter-Kurs. Oder man bleibt bei »normalen« Orangen oder Zitronen.

# TEECREME MIT LIMETTE, INGWER UND KUMQUATS

*Ein Dessert ganz nach meinem Geschmack: vielschichtig, ausgewogen und vor allem nicht zu süß. Die bitter-scharfen Aromen der Grünteecreme harmonieren perfekt mit den bitter-sauren Zwergorangen. Etwas Salz rundet das Ganze ab.*

Für 4–6 Tassen à 100–150 ml

*Für die Creme*
50 ml Milch
½ unbehandelte Orange, abgeriebene Schale
5 Beutel hochwertiger grüner Tee
3 Blatt Gelatine
½ unbehandelte Limette
10 g frischer Ingwer
2 Eigelb
70 g Zucker
1 Prise Salz
150 ml Rahm (Sahne)

*Für das Kumquatkompott*
150 g Kumquats
15 g Zucker
½ Limette, Saft
150 ml frisch gepresster Orangensaft
¼ Vanilleschote
½ TL Speisestärke

Die Milch mit 150 ml Wasser und der Orangenschale aufkochen. Die Teebeutel damit übergießen und den Tee 4 Minuten ziehen lassen. Anschließend durch ein Sieb gießen und die Beutel gut ausdrücken.

Die Gelatine in eiskaltem Wasser einweichen. Die Limette heiß waschen, die Schale fein abreiben und den Saft auspressen. Den Ingwer fein reiben. Die Eigelbe mit dem Zucker in einer Schüssel verquirlen. Tee, Limettensaft und -schale, Ingwer und Salz unter Rühren dazugeben. Über dem heißen Wasserbad so lange schlagen, bis die Masse weiß und schaumig ist. Die Gelatine gut ausdrücken, einrühren und die Masse abkühlen lassen. Hin und wieder rühren, dabei die Masse vom Rand in die Mitte rühren, damit sie dort nicht zu gelieren beginnt.

Den Rahm halbsteif schlagen und unter die Teecreme ziehen. Die Creme in die Tassen füllen, mit Folie abdecken und 6 Stunden kalt stellen.

Für das Kompott die Kumquats heiß waschen, trocken reiben und in Scheiben schneiden, dabei die Kerne entfernen. Den Zucker in einem Topf goldbraun karamellisieren. Mit Limetten- und Orangensaft ablöschen. Die Vanilleschote aufschneiden, das Mark herauskratzen und samt Schote zu der Saftmischung geben. So lange kochen, bis sich der Zucker aufgelöst hat. Die Kumquats hinzugeben und weitere 5 Minuten köcheln lassen. Die Speisestärke mit wenig kaltem Wasser anrühren und das Kompott damit leicht binden. Erkalten lassen und zur Teecreme servieren.

### Bitterfaktor

Durch die Milch in der Teecreme wird das Bitteraroma des Tees etwas gemildert. Wer es bitterer mag, ersetzt die Milch durch Wasser und etwas Orangensaft.

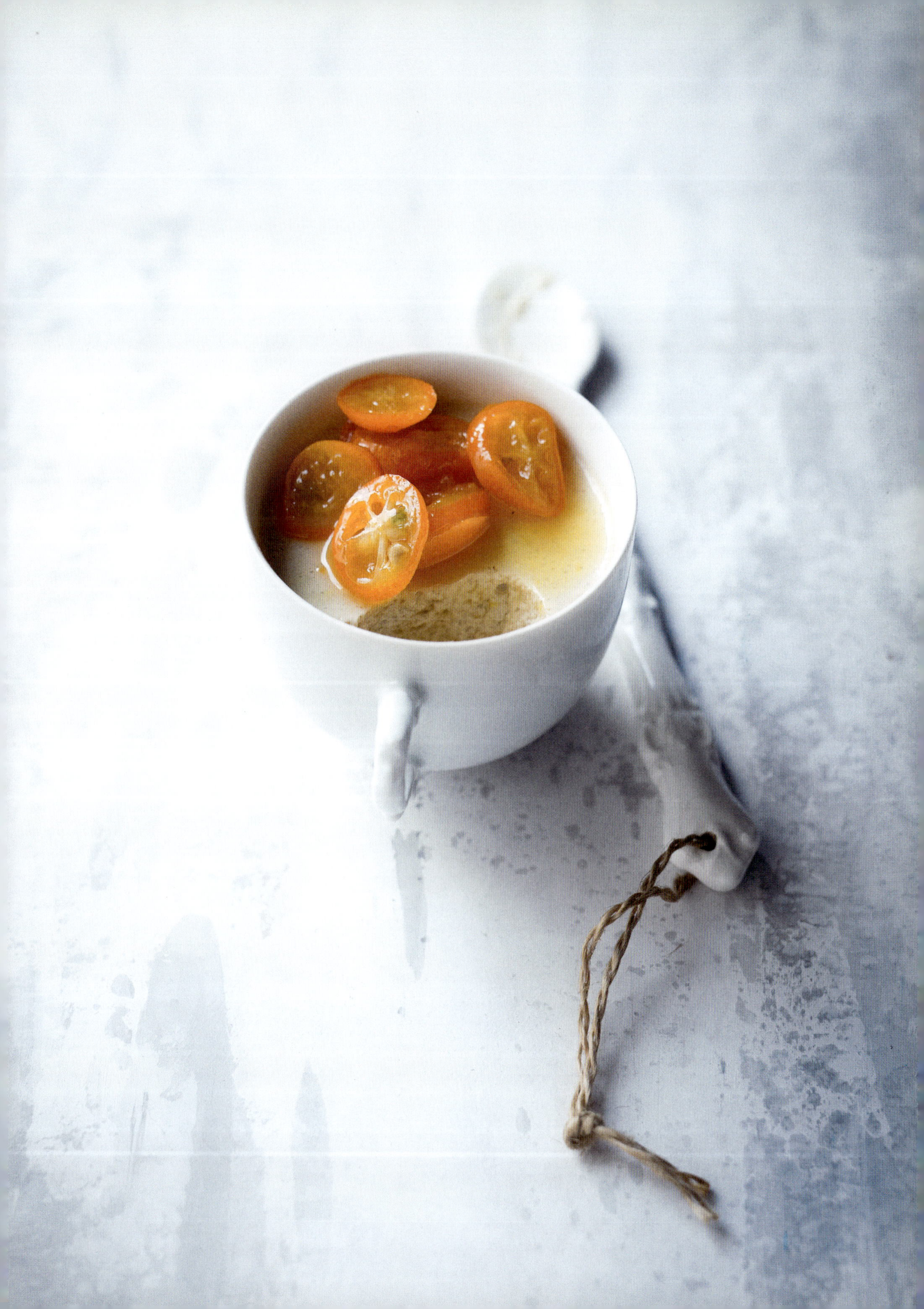

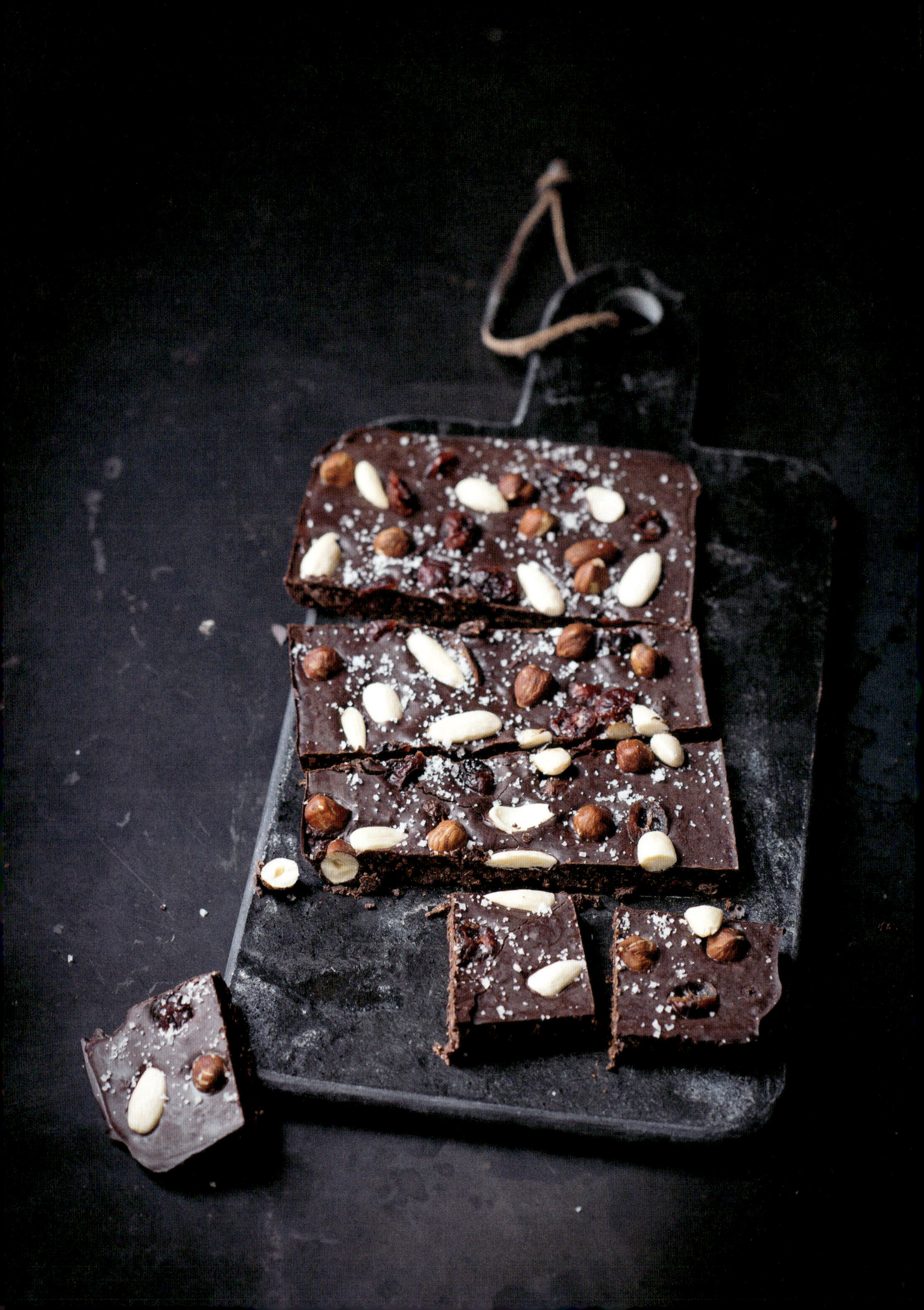

# ROHSCHOKOLADE »TRAUBE-NUSS«

*Wer hier eine Schokolade im eigentlichen Sinn erwartet, wird enttäuscht. Die »rohe« Variante schmeckt deutlich kantiger, doch genau das ist ihr Reiz.*

Für 3–4 Tafeln

60 g Nüsse nach Geschmack
60 g abgezogene Mandelkerne
60 g Cranberrys oder Rosinen
100 g rohe Edelkakaobohnen
70 g Kakaopulver
1 Prise Fleur de Sel
½ Vanilleschote, ausgekratztes Mark
150 g Kakaobutter
150 ml Agavendicksaft

Die Nüsse und die Mandelkerne in einer Pfanne ohne Fett rösten, anschließend grob hacken. Die Cranberrys oder Rosinen ebenfalls grob zerkleinern.

Die Kakaobohnen fein mahlen und mit Kakaopulver, Fleur de Sel und Vanillemark in eine Schüssel geben. Die Kakaobutter über einem heißen Wasserbad schmelzen und zusammen mit dem Agavendicksaft unter die Kakaomischung rühren. So lange rühren, bis die Masse glatt ist.

Die Schokoladenmasse in dünnen Tafeln auf Backpapier streichen und mit Nüssen, Mandeln und Cranberrys bestreuen. Im Kühlschrank etwa 30 Minuten fest werden lassen. Die Rohschokolade in einer Dose mit Deckel kühl und dunkel aufbewahren und innerhalb von 1–2 Wochen aufessen.

### Tipps
Die Schokolade sollte möglichst dünn aufgestrichen werden. Man kann sie nach Belieben würzen: Abgeriebene Orangenschale, Zimt, Kardamom und Koriander harmonieren hervorragend mit der bitteren Kakaonote. Statt mit Mandeln, Nüssen und Cranberrys kann sie mit getrockneten Früchten, Kokosraspeln und kandierten Orangenscheiben belegt werden.

Kakaobutter und Kakaobohnen bestellt man am besten online. Die Bohnen sollten ungeröstete Edelkakaobohnen in Bioqualität sein. Criollo-Kakao gilt als beste Sorte.

### Bitterfaktor
Durch mehr oder weniger Agavendicksaft werden die Bitternoten kaschiert, gemildert oder hervorgehoben.

# ENERGIEBÄLLCHEN

Wem Pralinen sowieso zu süß sind und wer schon immer mal gesunde Schokolade essen wollte, für den sind diese Energiebällchen genau richtig. Sportlernahrung vom Feinsten. Auch für lange Wanderungen und Fahrradtouren ideal.

Ergibt ca. 40 Stück

50 g geschälte Mandelkerne
50 g Haselnusskerne
100 g unbehandelte Edelkakaobohnen
1 Msp. abgeriebene unbehandelte Orangenschale
50 g Kakaopulver
3–4 EL Agavendicksaft oder 1–2 EL Honig
150 g Kakaobutter
3 EL Kakaopulver und
4 EL Kokosraspel zum Wälzen

Die Mandelkerne und Haselnüsse in einer Pfanne ohne Fett rösten. Beides in der Küchenmaschine oder im Blitzhacker fein mahlen und in eine Schüssel geben. Die Kakaobohnen ebenfalls mahlen und zusammen mit der Orangenschale und dem Kakaopulver dazugeben. Den Agavendicksaft oder Honig mit der Kakaobutter über einem heißen Wasserbad schmelzen und mit den vorbereiteten Zutaten gründlich verrühren. Die Masse etwa 15 Minuten abkühlen lassen. Dabei gelegentlich umrühren.

Unterdessen einen tiefen Teller mit dem Kakaopulver und einen weiteren mit den Kokosraspeln bereitstellen. Aus der Masse kleine Bällchen formen und diese entweder im Kakaopulver oder in den Kokosraspeln wälzen. Die Bällchen im Kühlschrank fest werden lassen.

### Tipp
Dieses Grundrezept lässt sich nach Geschmack variieren. Lecker schmecken die Bällchen mit einem Schuss Orangenlikör, mit Vanillemark oder mit Weihnachtsgewürzen. Im Sommer gibt abgeriebene Limettenschale eine frische Note. Ein Hauch Chili bringt Schärfe.

### Bitterfaktor
Die Bitterkeit kann durch den Agavendicksaft etwas gesteuert werden. Zu viel davon sollte man aber nicht nehmen, da er die bitteren Aromen sonst regelrecht »zukleistert«.

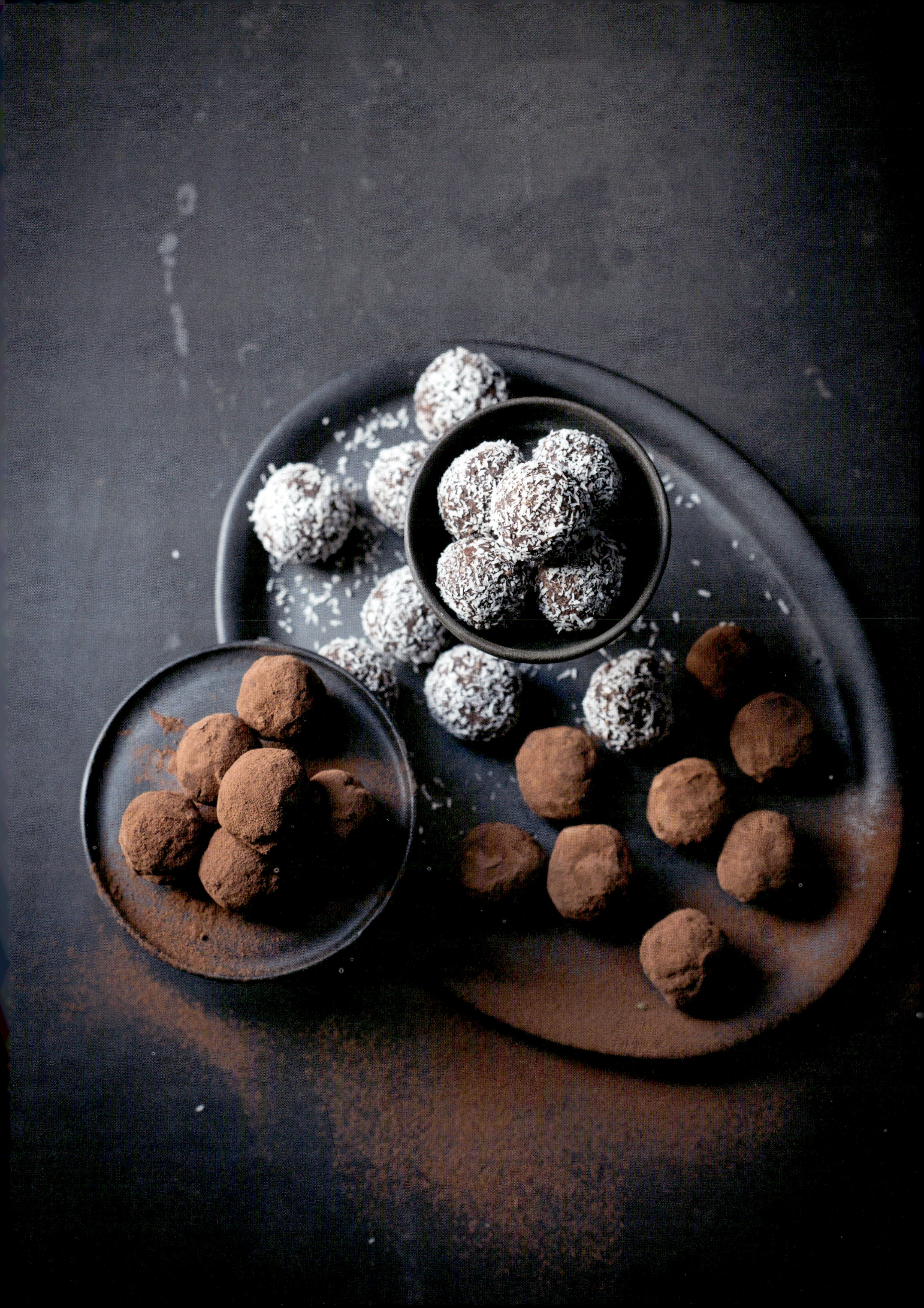

*Schokoladenkuchen mit Estragon*

*Campari-Granité*

# SCHOKOLADENKUCHEN MIT ESTRAGON

*Dieser Schokokuchen ist unglaublich schokoladig und bleibt deshalb auch nach dem Backen sehr saftig. Überdies ist er einfach zuzubereiten.*

Für ein tiefes Backblech oder einen Backrahmen von 35 x 25 cm

1 Bund Estragon
360 g Bitterschokolade (80–100 % Kakaogehalt)
150 g gesalzene Butter
6 Eier
180 g Zucker
2 TL Fleur de Sel
40 g Mehl
35 g gemahlene Mandeln oder Haselnusskerne

Den Backofen auf 180 Grad vorheizen. Ein tiefes Backblech mit Backpapier auslegen oder einen Backrahmen verwenden.

Die Estragonblätter abzupfen und fein hacken. Die Bitterschokolade hacken und zusammen mit der Butter in einem Topf bei kleiner Hitze unter Rühren schmelzen. Die Eier trennen. Das Eiweiß mit der Hälfte des Zuckers zu cremigem Eischnee schlagen. Das Eigelb mit dem Estragon, dem Fleur de Sel und dem restlichen Zucker schaumig rühren.

Die Schokoladenmischung unter die Eigelbmasse rühren. Den Eischnee unterziehen. Das Mehl daraufsieben und zusammen mit den Mandeln oder Nüssen unterziehen. Die Masse auf dem Backblech oder im Backrahmen ausstreichen und im vorgeheizten Ofen etwa 30 Minuten backen. Der Kuchen soll innen schön saftig bleiben. Warm oder kalt servieren.

### Tipp

Edel dazu sind kandierte Estragonblätter. Dafür den Backofen auf 100 Grad vorheizen. Ein Backblech mit Backpapier belegen. 1 Esslöffel Eiweiß mit 1 Prise Salz verrühren. Estragonblätter durch die Eiweißmasse ziehen, gut abstreifen, anschließend in Zucker wälzen und nebeneinander auf das Backpapier legen. Im Backofen 15–20 Minuten trocknen; sie sollen knusprig werden. Den Backofen ausschalten, die Tür öffnen und die Blätter im Ofen abkühlen lassen.

### Bitterfaktor

Die Bitterkeit der Schokolade hängt von ihrem Kakaogehalt ab; sogenannte Bitterschokolade hat einen Kakaogehalt zwischen 70 und 100 Prozent. Die 70-prozentige schmeckt für die meisten Menschen noch harmonisch süß; darüber kommen die anderen, nicht-süßen Aromen stärker zum Zug. Zucker fällt dann als Vermittler fast ganz weg, Kakaobutter als cremig verbindendes Element ebenfalls. Ich wähle zum Backen meist einen Kakaogehalt um die 80 Prozent. Da der Bittergeschmack sehr unterschiedlich wahrgenommen wird, probieren Sie aus, was Ihnen am besten schmeckt.

# CAMPARI-GRANITÉ

Mmmh, ein gefrorener Longdrink, den man einfach so weglöffeln kann. Zumindest, wenn man danach keine Verpflichtungen mehr hat.

Für 4–6 Gläser à 100–150 ml

200 ml frisch gepresster Blutorangensaft (ca. 2 Orangen)
150 ml frisch gepresster Grapefruitsaft (ca. 1 große Grapefruit)
½ Limette, Saft
150 ml Campari
30 g Puderzucker

Die Gläser in den Gefrierschrank stellen. Sämtliche Zutaten gut verquirlen. Darauf achten, dass sich der Zucker vollständig auflöst. Die Mischung in ein flaches Gefriergefäß geben und in den Gefrierschrank stellen.

Das Granité 2 Stunden anfrieren lassen, dann regelmäßig – etwa einmal pro Stunde – mit einer Gabel aufrühren, sodass es zu einzelnen Eiskristallen gefriert. Nach 4–6 Stunden ist es vollständig gefroren. Das Granité in die vorgekühlten Gläser füllen und sofort servieren.

### Tipps

Je 1 Esslöffel Granité in gekühlte Sektgläser füllen und mit etwas eiskaltem Campari und Sekt auffüllen.

Granité, das nach längerer Aufbewahrung im Tiefkühlfach zu fest gefroren ist, kann man notfalls in der Küchenmaschine wieder zerkleinern. Besser ist, es antauen zu lassen, bis es angeschmolzen ist, und dann erneut nach Rezept unter wiederholtem Aufrühren einfrieren.

### Bitterfaktor

Für weniger Bittergeschmack den Grapefruitsaft weglassen und durch Blutorangensaft ersetzen. Wer es umgekehrt noch etwas bitterer mag, ersetzt falls verfügbar einen Teil des Blutorangensafts durch Bitterorangensaft.

Der intensiv rote italienische Aperitiflikör Campari zeichnet sich durch seinen bitter-süßen, etwas medizinisch anmutenden Geschmack aus. Er enthält unter anderem das sehr bitter schmeckende Chinin, dazu bittere Kräuter, Rhabarber, Granatapfel, Gewürze, Ginseng, Zitrusöl und Orangenschale sowie die Rinde des Kaskarillabaums. Campari wird selten pur getrunken, jedoch gerne in Longdrinks, wie den Cocktail-Klassikern Americano und Negroni.

# BITTER-SÜSSER OBSTSALAT MIT GÄNSEBLÜMCHEN

*Dieser Salat lebt von den unterschiedlichen Aromen seiner Zutaten: von den zuckersüßen Melonen und Granatapfelkernen, von der bitter-sauren Fruchtigkeit der Pampelmusen und den grasigen, leicht bitteren Gänseblümchen. Das Dressing sorgt für eine säuerlich-grasige Note, die Cremigkeit des Frischkäses verbindet und unterstützt die Aromen.*

*Für 4 Portionen*

1 reife Galia- oder Honigmelone
2 Pampelmusen
1 Handvoll Gänseblümchenblüten und -blätter
1 Granatapfel
60 g Haselnusskerne
100 g Frischkäse oder Ricotta
Fleur de Sel oder Meersalz und schwarzer Pfeffer aus der Mühle

*Für das Dressing*
2 EL frisch gepresster Grapefruitsaft
1 TL Agavendicksaft
4 EL grasiges Olivenöl

Die Melone halbieren und die Kerne herauskratzen, dann die Melone mit einem scharfen Messer oder auf dem Gemüsehobel in sehr dünne Scheiben schneiden. Die Pampelmusen schälen und die Filets aus den Häutchen lösen. Die Gänseblümchen vorsichtig waschen, verlesen und auf einem Geschirrtuch zum Trocknen ausbreiten. Den Granatapfel halbieren und die Kerne herauslösen.

Alle Zutaten auf Tellern anrichten. Die Haselnüsse in einer Pfanne trocken rösten, grob hacken und darüberstreuen. Aus dem Frischkäse oder Ricotta mit zwei Teelöffeln kleine Nocken abstechen und auf den Obstsalat setzen. Mit Fleur de Sel oder Meersalz und Pfeffer würzen.

Für das Dressing Grapefruitsaft, Agavendicksaft und Olivenöl verrühren. Den Salat kurz vor dem Servieren mit dem Dressing beträufeln.

### Bitterfaktor

Oft werden weiße Grapefruits als Pampelmusen angeboten. Echte Pampelmusen sind jedoch größer und geschmacklich weniger süß, sondern eher säuerlich-bitter und leider deutlich schwieriger zu bekommen. Falls keine echten Pampelmusen aufzutreiben sind, wählen Sie möglichst bittere Grapefruits. Weniger bitter wird der Salat mit Pink Grapefruits oder Pomelos.

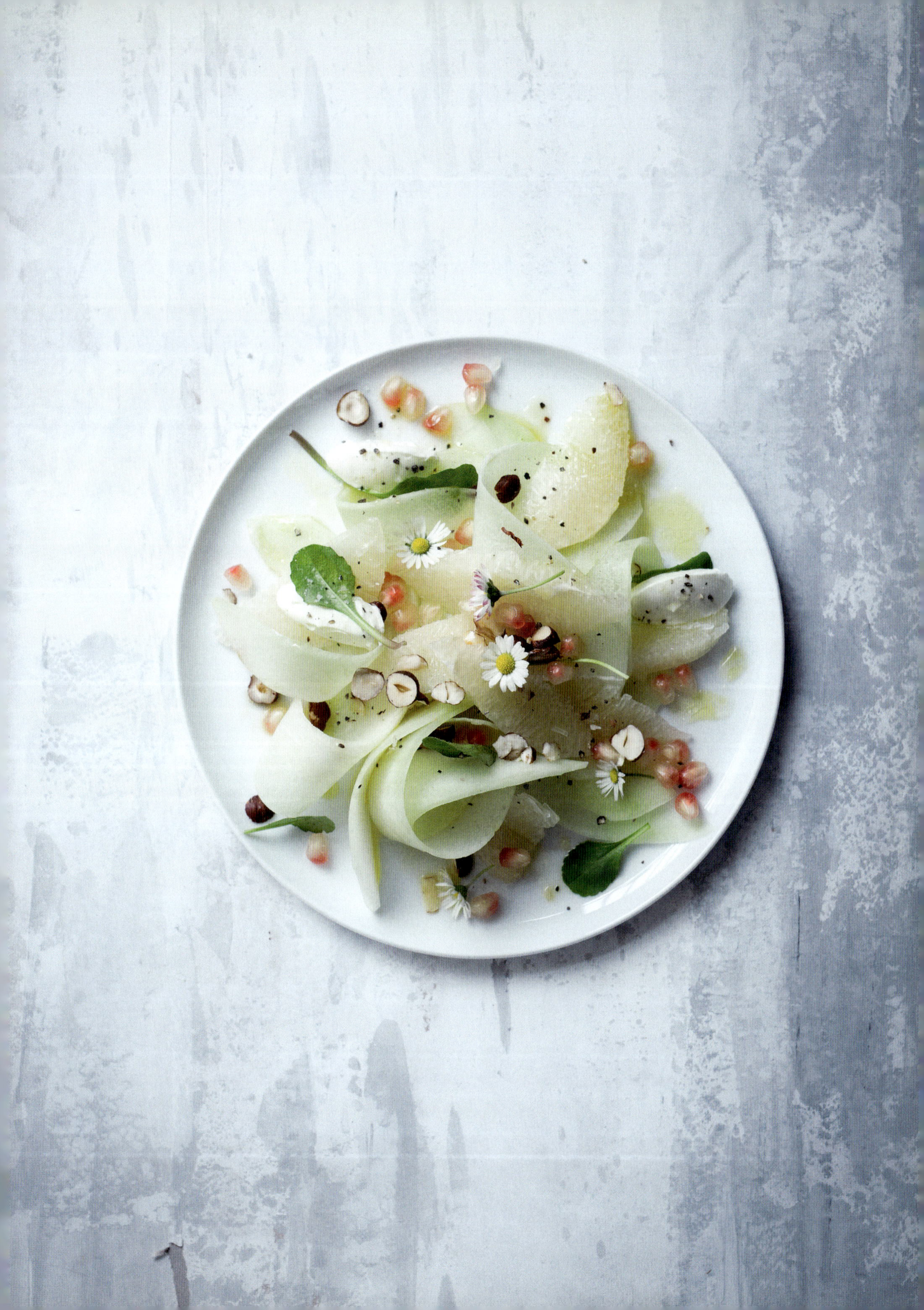

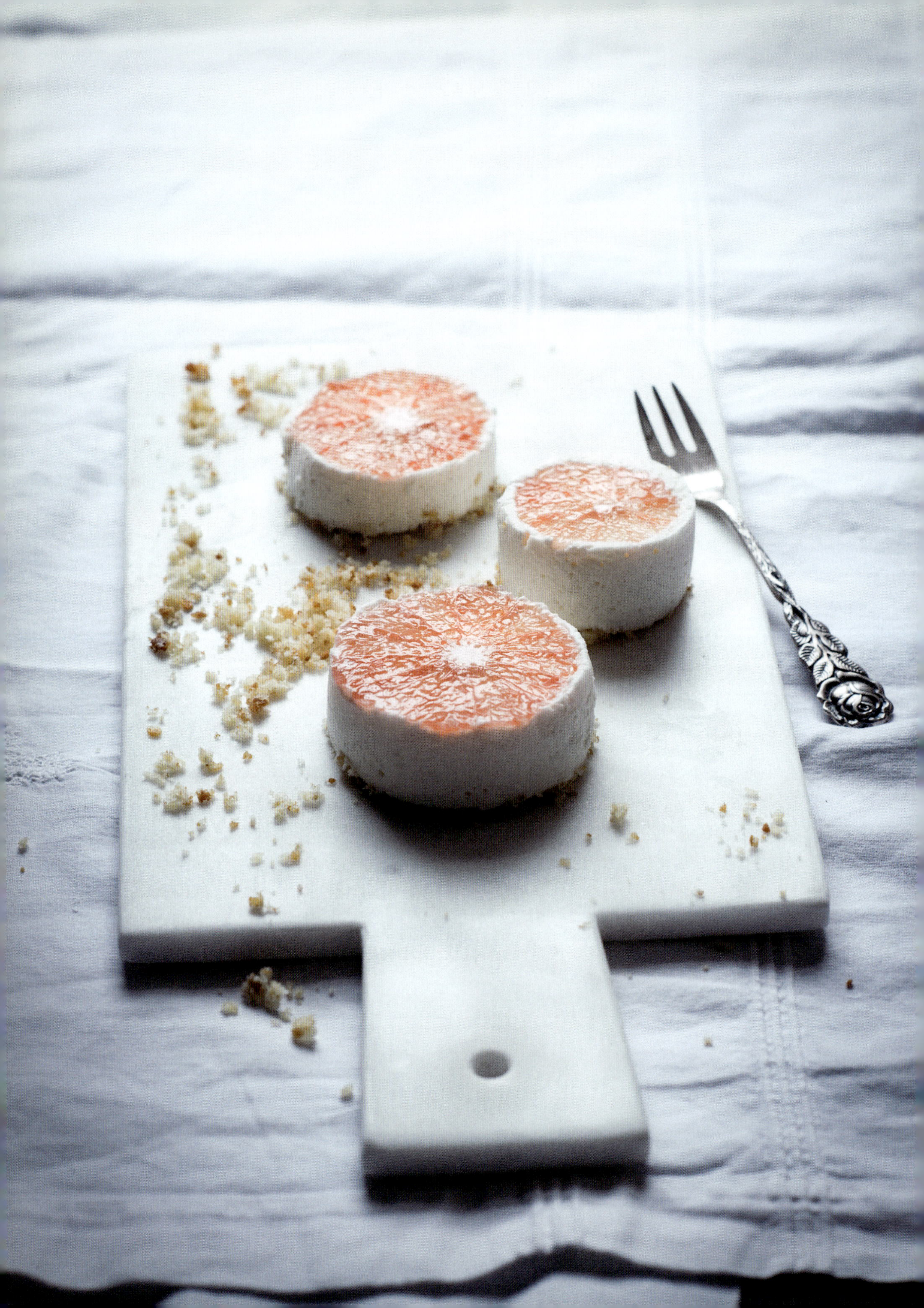

# FRISCHE GRAPEFRUIT-TÖRTCHEN

**Bitter-süße Grapefruitaromen und erfrischend luftiger Quark – diese Törtchen schmecken nach Sommer. Selbst wenn man sie im Winter isst!**

Für 8–10 Törtchen

200 ml frisch gepresster Grapefruitsaft (ca. 2 Früchte)
100 g Quark
4 Blatt Gelatine
100 g Zucker
200 ml Rahm (Sahne)
1 Grapefruit
8–10 EL Biskuitbrösel (von selbst gebackenem Biskuit oder Löffelbiskuits)

Die Hälfte des Grapefruitsafts mit dem Quark verrühren. Die Gelatine in kaltem Wasser einweichen. Den restlichen Grapefruitsaft mit dem Zucker in einen kleinen Topf geben und aufkochen. Den Topf vom Herd nehmen und die Gelatine darin auflösen. Die Quarkmasse unterrühren und die Masse in eine Schüssel umfüllen. Kalt stellen; dabei ab und zu umrühren. Sobald die Masse zu gelieren beginnt, den Rahm steif schlagen und unterziehen.

Ein flaches Tablett mit Klarsichtfolie auslegen und acht Tortenringe von 6–8 cm Durchmesser und 3–4 cm Höhe daraufstellen.

Die Grapefruit schälen und in Scheiben von ½ cm Dicke schneiden. In jeden Ring eine Grapefruitscheibe legen. Die Creme darauf verteilen und mit Biskuitbröseln bestreuen. Mit Folie abgedeckt mindestens 12 Stunden kühl stellen. Zum Servieren die Törtchen mit einem kleinen Messer vorsichtig aus den Ringen lösen und anrichten.

### Tipps
Die Gelatinemenge ist bewusst so gering gehalten wie möglich. Dadurch werden die Törtchen zwar zerbrechlicher, aber auch extrem cremig. Bei sehr warmer Lufttemperatur sollte man 1 Blatt Gelatine mehr nehmen.

Weniger aufwendig ist es, die Creme im Glas zu servieren. Dazu Brösel und Creme abwechselnd in Gläser schichten und die Creme fest werden lassen. Kurz vor dem Servieren mit Grapefruitfilets garnieren. In diesem Fall die Creme mit 1 Blatt Gelatine weniger zubereiten.

### Bitterfaktor
Pampelmusen und Grapefruits sind nicht dasselbe. Die Grapefruit ist eine Kreuzung von Pampelmuse und Orange. Von den vielen Grapefruitsorten kommen bei uns meist nur eine gelbe und eine rosafarbene in den Handel. Während die gelben Früchte oft etwas bitterer und saurer sind, schmecken Pink Grapefruits meist mild süß. Es lohnt sich, verschiedene Sorten zu testen, um die eigene Lieblingssorte zu finden.

# PINK-GRAPEFRUIT-SORBET MIT NUSSHIPPEN

Die saftigen bitter-süßen Grapefruits eignen sich hervorragend für cremig-frische Sorbets. Die Nusshippen sorgen für den süßen »Crunch«.

Für 4–6 Portionen

*Für das Sorbet*
350 ml frisch gepresster Grapefruitsaft (ca. 2–3 Früchte)
1 unbehandelte Zitrone, etwas abgeriebene Schale
120 g Puderzucker

*Für die Hippen*
2 unbehandelte Bitter- oder Saftorangen
100 g Puderzucker
50 g Butter, geschmolzen
50 g Walnusskerne
50 g gemahlene Mandeln
25 g Mehl

Den Grapefruitsaft mit Zitronenschale und Puderzucker verrühren. In der Eismaschine gefrieren. Alternativ im Gefrierfach gefrieren lassen; dabei etwa jede Stunde einmal mit dem Pürierstab pürieren. Nach 4–6 Stunden ist das Sorbet cremig gefroren.

Für die Nuss-Croustillons den Backofen auf 180 Grad vorheizen. Die Orangen heiß waschen, abtrocknen und die Schale von ¼ Orange abreiben. Beide Früchte auspressen. Die abgeriebene Schale und den Saft mit dem Puderzucker und der geschmolzenen Butter verrühren. Die Walnüsse sehr fein hacken und zusammen mit den gemahlenen Mandeln und dem Mehl unterrühren.

Den Teig in gleichmäßig dünnen Streifen auf Backpapier oder besser auf Silikonmatten streichen. Im vorgeheizten Ofen 10–15 Minuten goldgelb backen. Kurz abkühlen lassen, dann die lauwarmen Hippen nach Belieben über eine umgedrehte Terrinenform legen, damit sie sich biegen. Vollständig erkalten lassen und zusammen mit dem Sorbet servieren.

Tipps
Eine sehr einfache Art, Sorbet herzustellen ist, die Masse in einem verschließbaren Gefrierbeutel einzufrieren und zwischendurch immer wieder durchzukneten. Ist das Sorbet nach etwa 6 Stunden gefroren, gibt man es in einen eisgekühlten Behälter und püriert es vor dem Servieren noch einmal.

Es lohnt sich, gleich eine größere Menge der Hippen vorzubereiten. Die fertigen Hippen lassen sich in einer verschließbaren Dose einige Tage aufbewahren. Der ungebackene Teig hält sich im Kühlschrank mindestens 1 Woche.

Bitterfaktor
Probieren Sie mehr oder weniger bittere Grapefruitsorten aus. Meist sind die weißen Früchte etwas bitterer. Den Zuckergehalt des Sorbets können Sie nach Geschmack noch etwa um 20 g senken; so kommen die Bitternoten besser zur Geltung. Eine gewisse Menge Zucker braucht das Sorbet aber für eine cremige Konsistenz.

Die Hippen kann man vor dem Backen nach Belieben mit Piment d'Espelette bestreuen, so bekommen sie ein scharf-pikantes Aroma. Fein gehackte Kakaonibs sorgen für Bitternoten.

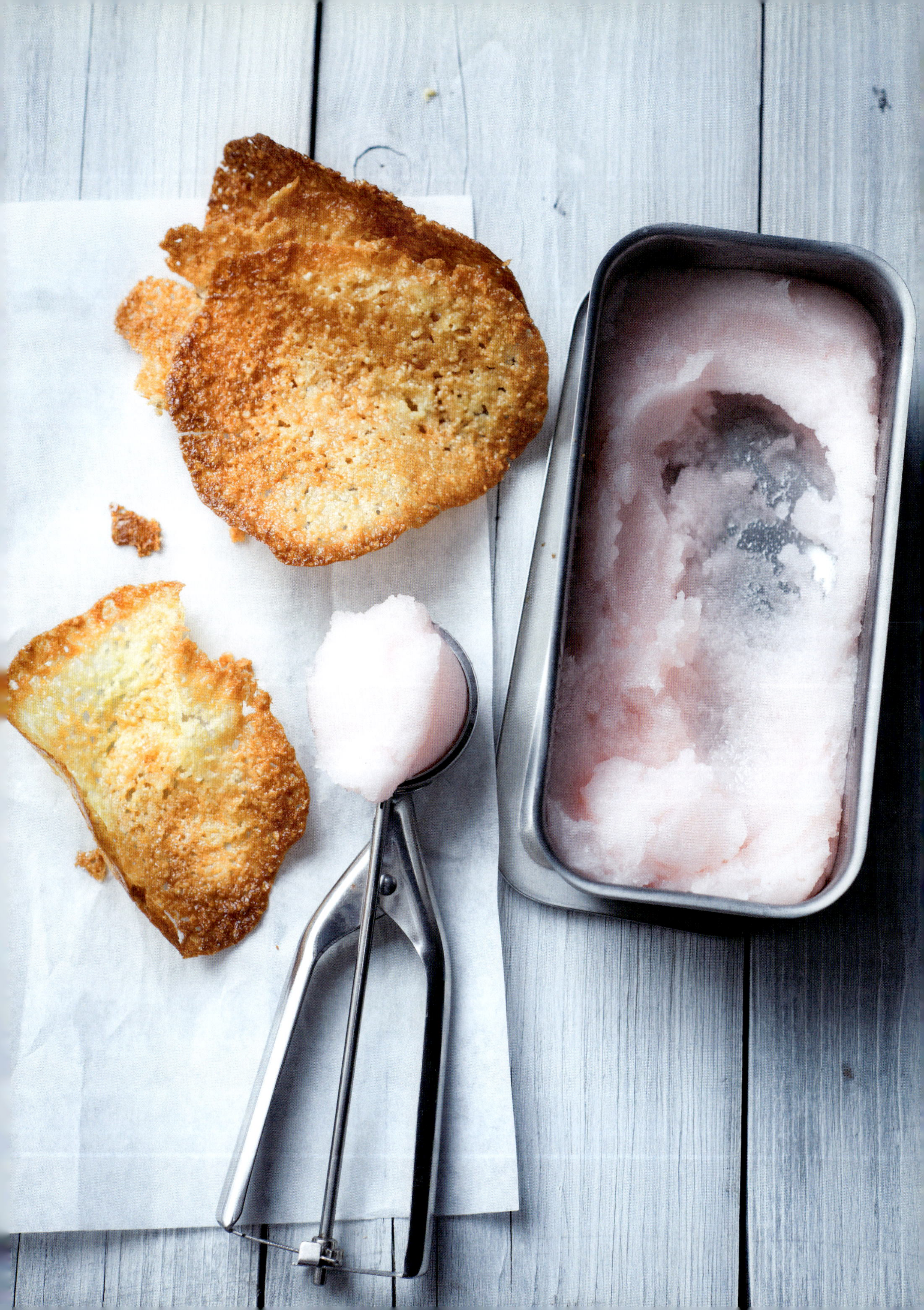

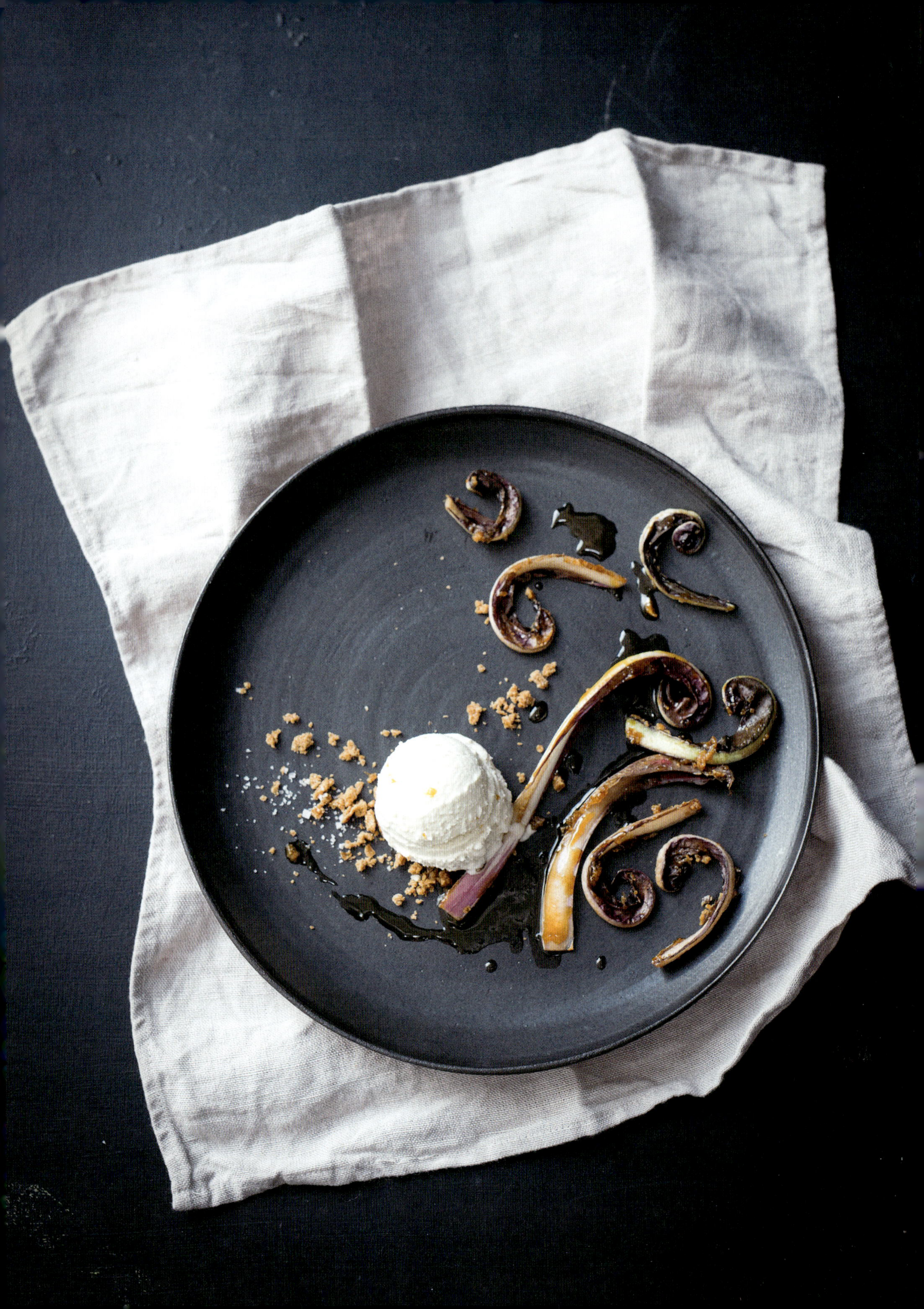

# CHICORÉE-EIS MIT KANDIERTEM TARDIVO

*Chicorée-Eis? Ob das schmeckt? Definitiv! Der Chicorée sorgt für eine milde Bitternote und ein cremig-pflanzliches Aroma. Die Orange bringt die nötige Frische. Ein feines Wintereis jenseits eindimensionaler Süße!*

Für 4 Portionen oder 580 ml Eis

*Für das Chicorée-Eis*
2–3 Köpfe Chicorée
350 ml Milch
200 ml Rahm (Sahne)
80 g Zucker
1 Prise Salz
1 kleine unbehandelte Orange
2 Eigelb

*Für den kandierten Tardivo*
½ Kopf Tardivo (Radicchio Rosso)
2 EL brauner Zucker
1–2 Prisen Fleur de Sel
2 kleine Orangen, Saft

1 Scheibe Honig- oder Lebkuchen, zerbröselt

Den Chicorée in Scheiben schneiden und zusammen mit Milch, Rahm, Zucker und Salz in einen Topf geben. Die Orange heiß waschen, zwei Drittel der Schale fein abreiben und zur Chicoréemischung geben. Alles aufkochen, dann abkühlen lassen und gut abgedeckt mindestens 12 Stunden im Kühlschrank ziehen lassen.

Die Eismasse nochmals aufkochen, durch ein Sieb gießen und den Chicorée dabei gut ausdrücken. Die Eigelbe in einer zweiten Schüssel verrühren. Die heiße Chicoréecreme unter Rühren dazugießen. Über einem heißen Wasserbad so lange rühren, bis die Masse dicklich wird. Anschließend in einem Wasserbad mit Eiswürfeln kalt rühren. Die restliche Orangenschale fein abreiben und zusammen mit 3 Esslöffeln Orangensaft unter die Eismasse rühren.

Das Eis in der Eismaschine cremig gefrieren und bis zum Servieren im Eisfach fest werden lassen. Die Eismasse alternativ im Gefrierfach gefrieren; dabei etwa jede Stunde einmal mit dem Pürierstab pürieren. Nach 4 Stunden sollte das Eis cremig gefroren sein.

Kurz vor dem Servieren die Radicchioblätter verlesen. In eine heiße Pfanne ohne Fett geben, den Zucker bei mittlerer Hitze nach und nach darüberstreuen, die Blätter dabei ständig wenden. Erst wieder Zucker zugeben, wenn der vorherige karamellisiert ist. So fortfahren, bis alle Blätter mit Zucker ummantelt sind. Mit Fleur de Sel würzen. Die Pfanne vom Herd nehmen und die Salatblätter nebeneinander auf Backpapier legen. Den Orangensaft in die Pfanne mit den Zuckerrückständen geben und sirupartig einkochen.

Auf den Gewürzbröseln jeweils 1 Kugel Eis anrichten. Einige Radicchioblätter und etwas Orangenkaramell dazugeben und sofort servieren.

### Tipp
Man kann das Chicorée-Eis auch einfach mit etwas Honigkuchen genießen. Es lohnt sich auch so!

### Bitterfaktor
Eine Spur bitterer wird das Eis mit Bitterorange statt gewöhnlicher Orange.

Auch die Wurzel des Chicorées, die allerdings nur sehr selten im Handel erhältlich ist, kann man zum Aromatisieren der Eismasse benutzen. Für die angegebene Menge Eis kann man mit einem etwa 2–3 cm langen Stück Wurzel beginnen, das man in Scheiben geschnitten in der Masse mitkocht und ziehen lässt. Experimentieren kann man auch mit Zichorien- oder Löwenzahnwurzeln.

# CEDRO-CHUTNEY

Dieses intensive und ausgewogen bittere Chutney ist das leckerste, was ich bisher an Zitrus-Chutney zubereitet habe.

Für 2 Gläser à 250 ml

1 unbehandelte Cedro (etwa 500 g)
150 g Zucker
3 kleine unbehandelte Orangen
½ Limette, Saft
2 Schalotten
Olivenöl zum Braten
Meersalz, schwarzer Pfeffer aus der Mühle

Die Gläser und Deckel mit kochendem Wasser ausspülen. Die Cedro mit heißem Wasser waschen, halbieren, das Fruchtfleisch aus den Schalen lösen und würfeln. Die Hälfte der Schale (die dicke weiße Schicht einschließlich der äußeren gelben Schale) fein würfeln, die andere Hälfte beiseitelegen und anderweitig verwenden.

Den Zucker mit 300 ml Wasser aufkochen und die gewürfelte Schale darin 10 Minuten köcheln lassen. Die Schale herausnehmen und den Sirup auf 150 ml einkochen. Das dauert etwa 5 Minuten.

Die Orangen heiß waschen. Die Schale von ½ Orange fein abreiben. Die Frucht schälen, die Filets herausschneiden und würfeln. Den Saft aus den Häutchen pressen. Die übrigen Orangen auspressen. Die Schalotten fein würfeln.

Etwas Olivenöl in einem Topf erhitzen und die Schalottenwürfel darin glasig andünsten. Die gewürfelte Cedroschale und die Orangenfilets dazugeben und unter Rühren einige Minuten mitbraten. 50 ml Cedrosirup, den Orangensaft und die Orangenschale dazugeben und so lange sprudelnd kochen, bis ein sämiges Chutney entstanden ist. Das dauert etwa 5–7 Minuten. Das Chutney mit Salz und Pfeffer abschmecken. Heiß in Gläser füllen und sofort verschließen.

### Tipp

Die restliche Cedroschale kann man wie folgt kandieren: 200 g Zucker mit 200 ml Wasser aufkochen. Die Cedroschale würfeln, 10 Minuten im Sirup kochen, dann darin abkühlen lassen. Diesen Vorgang mindestens dreimal wiederholen. Je öfter man sie aufkocht, desto mehr saugt sie sich mit Zuckersirup voll. Die Schale anschließend gut abtropfen lassen, in Zucker wälzen und als Süßigkeit essen. Oder als Zitronat zum Backen und Kochen verwenden.

### Bitterfaktor

Dieses Chutney schmeckt extrem bitter, gleichzeitig süßsauer und insgesamt sehr harmonisch. Wer mag, kann es zusätzlich mit Kräutern, Ingwer oder Chili abschmecken. Schmeckt zu gegrilltem oder gebratenem Fleisch und setzt (fettem) Schweinefleisch und Geflügel ein erfrischendes Aroma entgegen. Als Würze verleiht es Eintöpfen, Salaten mit Couscous, Linsen und Reisgerichten eine besondere Note.

### Schon gewusst?

Die Cedro war die erste Zitrusfrucht, die nach Europa eingeführt wurde. Im Jahre 70 nach Christus sollen jüdische Migranten sie nach Spanien, Griechenland und Italien gebracht haben.

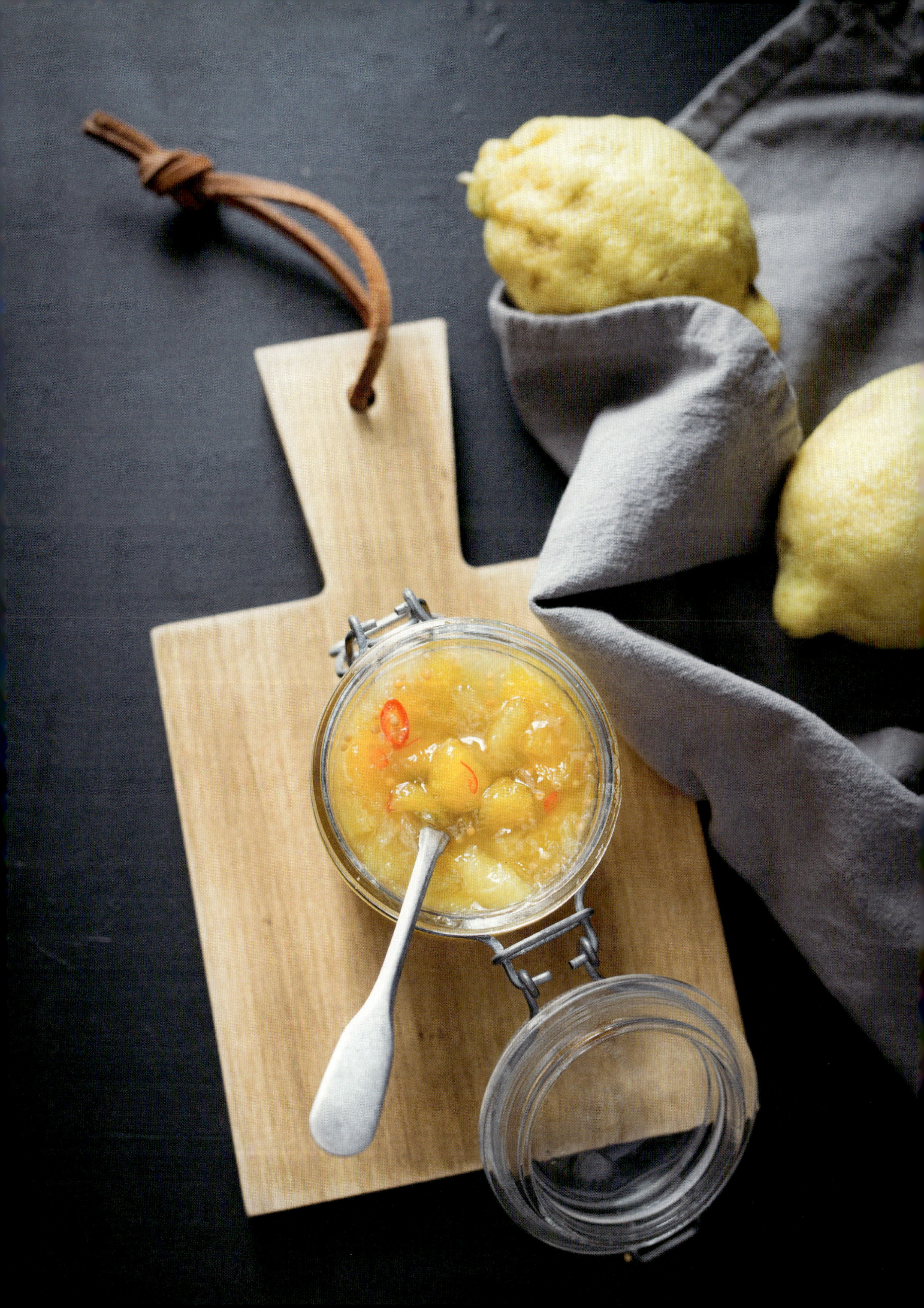

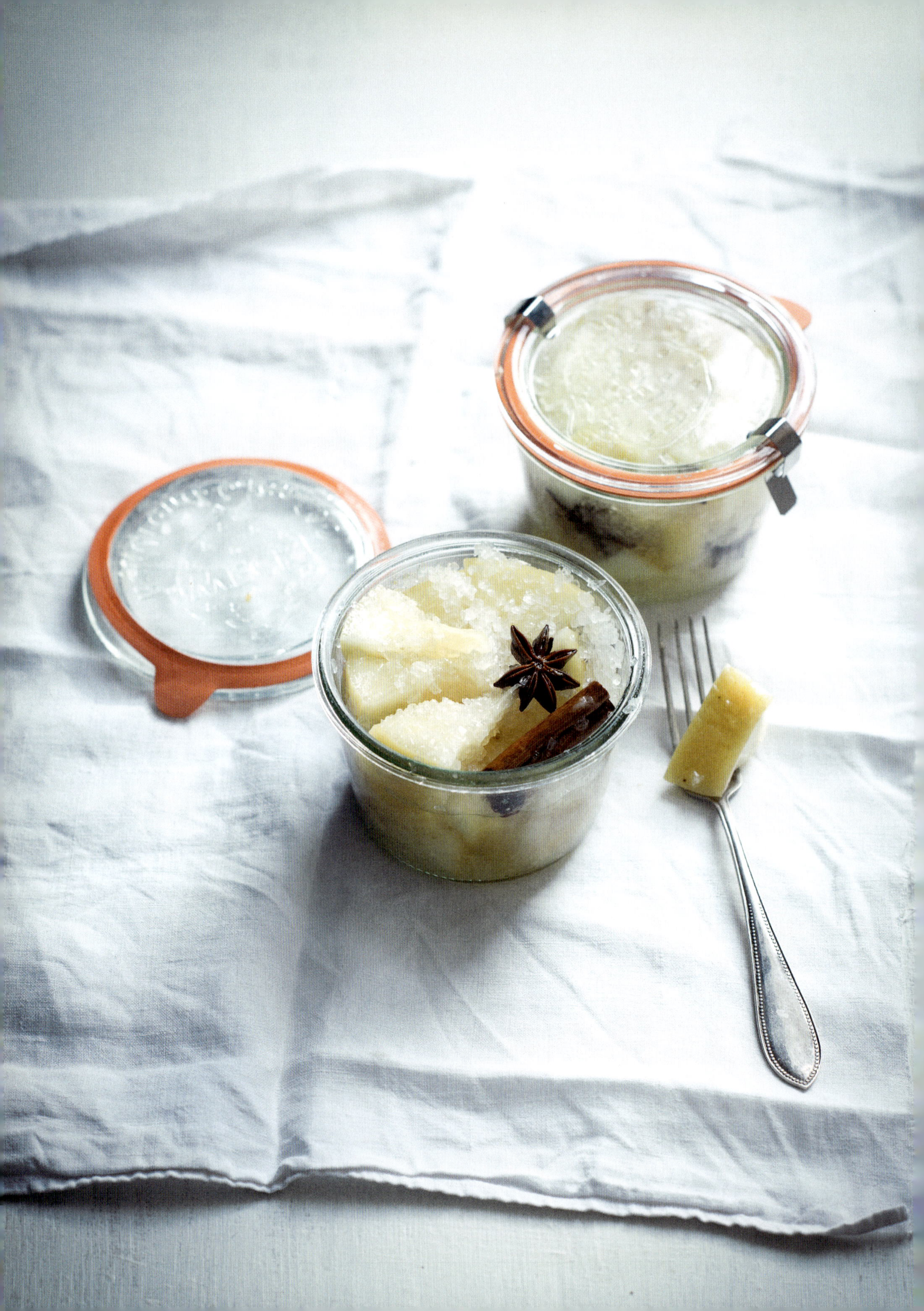

# SALZ-CEDRO

*Dies ist eine weitere Möglichkeit, die Cedro als bitter-saures Gewürz zu konservieren. Da sie kaum Fruchtfleisch, dafür aber umso mehr bitter-saure Schale hat, eignet sie sich besonders gut zum Einsalzen.*

Für 2 Einmachgläser à 370 ml

200 ml frisch gepresster Zitronensaft (ca. 5 Zitronen)
3 Sternanis
2 Gewürznelken
2 Zimtstangen
1 unbehandelte Cedro (ca. 500 g)
200–300 g grobes Meersalz

Den Zitronensaft mit allen Gewürzen aufkochen und abkühlen lassen, die Gewürze herausnehmen und beiseitestellen. Die Gläser samt Deckel einige Minuten in kochendem Wasser sterilisieren.

Die Cedro heiß waschen und gut abreiben. In 1 cm dicke Scheiben schneiden, die Scheiben achteln. Den Boden der Gläser mit Meersalz bedecken. Eine Lage Cedroscheiben darauflegen, darauf wiederum Salz geben. Salz, Cedro und die Gewürze abwechselnd einschichten. Die Gläser bis einige Zentimeter unter den Rand füllen. Die Früchte dabei immer wieder gut pressen, sodass möglichst keine Luft dazwischen zurückbleibt. Zum Schluss den Zitronensaft auf die Früchte gießen und mit einer Lage Salz abschließen.

Die Gläser mit einem sauberen Gummiring, Deckeln und Klemmen verschließen und mindestens 1 Monat im oberen Fach des Kühlschranks ruhen lassen. Die Schale der Cedro wird dabei weich, und die Aromen der Gewürze können sich gut entfalten.

**Tipp**
Salz-Cedro schmeckt fein geschnitten in Suppen, Schmorgerichten, zu Fisch und in Salaten. In der marokkanischen Küche würzt man damit Eintöpfe und Fleischgerichte. Angebrochene Gläser im Kühlschrank lagern und darauf achten, dass die Früchte immer mit Salzlake bedeckt sind. Die Früchte immer mit sauberem Besteck entnehmen. So halten sie sich einige Monate.

# TRINK
# BITTER

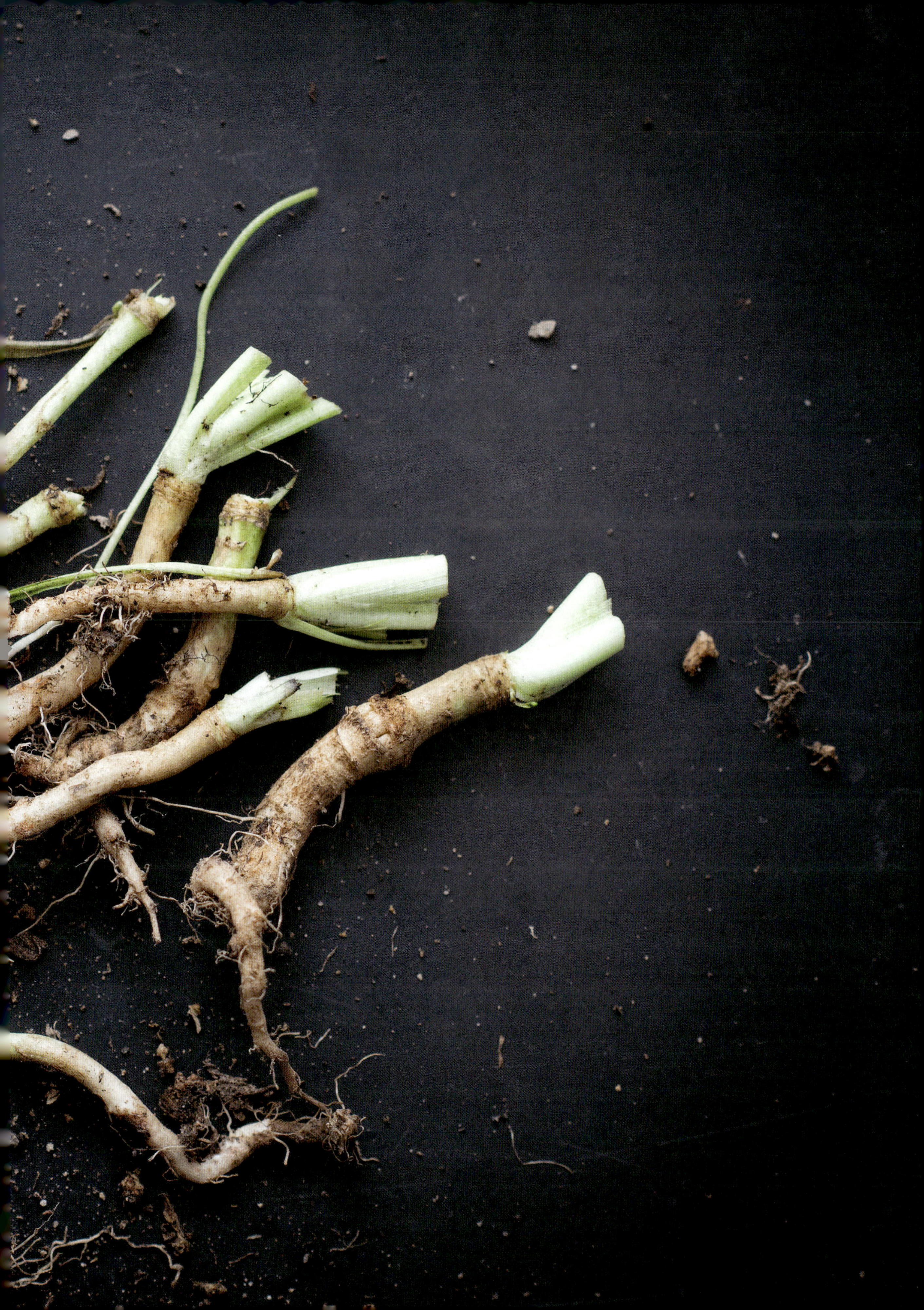

# DIE WELT DER BITTEREN GETRÄNKE

Die Welt der Getränke ist ohne das Bittere nicht vorstellbar. Kaffee und Tee, Bier (siehe Seite 20) und Bitterspirituosen sind in vielen Kulturen tief verwurzelt. Das Bittere ist dabei kein Störfaktor, sondern ein essenzieller Geschmack, der diesen Getränken erst ihre charakteristische Note gibt. Das Bittere ist darüber hinaus oft der Hauptwirkstoff. Bittere Spirituosen regen vor und nach dem Essen die Verdauung an. Bittere Smoothies und grüner Tee wirken vitalisierend und stärkend.

Die bitteren Getränke lassen sich in folgende drei Gruppen einteilen: Zunächst sind da die anregenden Bittergetränke wie Kaffee, Tee (einschließlich des grünen Tees, der jahrhundertelang auch als Heilgetränk diente) sowie Trinkschokolade. Sie sind, mit Ausnahme der Schokolade, eher Genuss- als Nahrungsmittel. Belebend, aber wesentlich gesünder sind die bitteren Smoothies. Sie werden aus aromatisch bitterem Gemüse, Obst und Wildkräutern roh gemixt und möglichst frisch getrunken. So enthalten sie alle Inhaltsstoffe von gesunden Pflanzen wie Brunnenkresse, Grünkohl, Löwenzahn, Schafgarbe, Gundelrebe, Bitterorange oder Grapefruit. Als dritte Gruppe kennen wir die alkoholischen Bittergetränke, zu denen auf der einen Seite das Bier gehört, auf der anderen Seite aber auch die große Gruppe der bitteren Spirituosen, die ab Mitte bis Ende des 18. Jahrhunderts ihren Siegeszug antraten. Als Aperitif oder Digestif regen sie den Appetit an und bringen die Verdauung auf Trab. In Cocktails sorgen sie für bitter-würzige Noten und oft auch den nötigen Alkohol. Zu diesen Spirituosen, die zwischen 15 und 90 Prozent Alkohol enthalten können, gehören neben den sogenannten »Magenbittern« folgende Getränke: die Wermutspirituose Absinth, der bittere Angostura, die fruchtig- bis würzig- bitteren Liköre Aperol und Campari, der Kräuterlikör Averna und der bittere Kräuterschnaps Becherovka, der Enzianlikör Suze und Enzianschnaps.

Übrigens, viele dieser bitteren Getränke wurden zunächst medizinisch genutzt. 1824 erfand der deutsche Arzt Johann Gottlieb Benjamin Siegert den hochprozentigen Magenbitter Angostura, der nach der gleichnamigen venezolanischen Stadt (heute Ciudad Bolívar) benannt ist. Ursprünglich sollte das Tonikum gegen Tropenkrankheiten helfen. Angostura enthält die extrem bittere Enzianwurzel, außerdem Bitterorange, Gewürznelken, Kardamom, Zimt und Chinarinde. Auch die »grüne Fee« Absinth, eine Spirituose aus Wermut, Anis und Fenchel, wurde ab der zweiten Hälfte des 18. Jahrhunderts zunächst als Heilmittel »Élixir d'absinthe« verwendet. Hundert Jahre später wurde es französischen Soldaten in dem von Frankreich besetzten Algerien verabreicht, um sie vor Malaria und Epidemien zu schützen.

## GRÜNER TEE

Grüner Tee gilt als besonders gesund. Als Ausgangsprodukt dienen – genau wie beim schwarzen Tee – Blätter, Knospen und Blüten der Teepflanze. Im Unterschied zum schwarzen Tee werden die Blätter für grünen Tee nicht oxidiert, sondern nach dem Pflücken und Welken nur kurz erhitzt, geröstet oder gedämpft. So behalten sie ihre grüne Farbe und nahezu alle Wirkstoffe des frischen Blattes. Dabei haben chinesische Tees, die in der Pfanne geröstet werden, eher einen leicht herb-rauchigen und blumigen Geschmack. Japanische Grüntees, die meist gedämpft werden, zeichnen sich durch grasig-frische Noten aus. Neben dem grünen und schwarzen Tee kennt man weißen Tee. Seine Blätter haben feine Härchen an der Unterseite und dadurch ein silbrig-helles Aus-

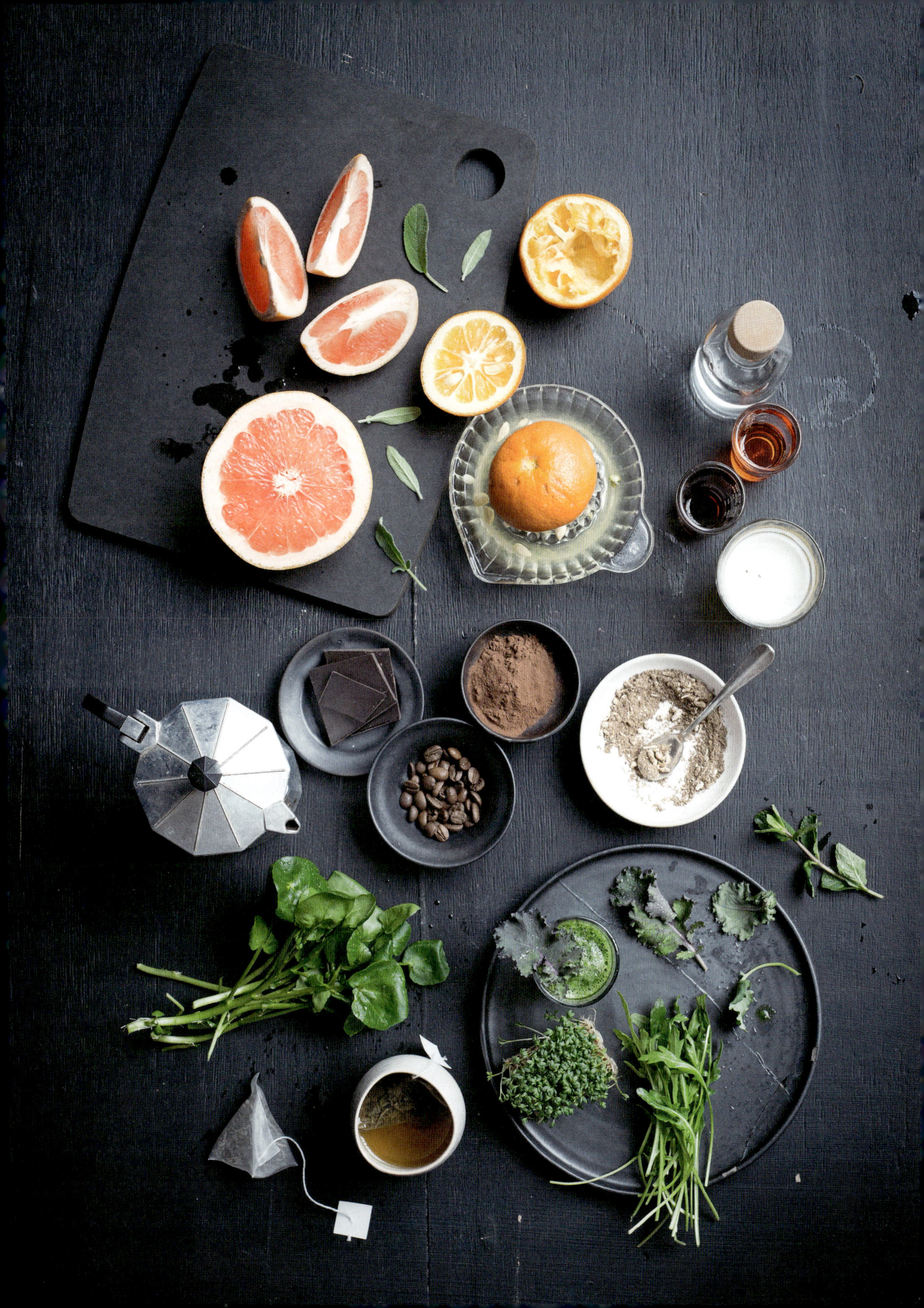

sehen. Sie werden nach der Ernte lediglich getrocknet.

Der regelmäßige Konsum von grünem Tee soll gesundheitsfördernde und präventive Wirkungen haben. Dafür sind weniger einzelne Wirkstoffe verantwortlich als vielmehr deren Kombination und Wechselwirkung. Grüner Tee enthält Catechine, die für den bitteren Geschmack verantwortlich sind, außerdem Polyphenole, Gerbstoffe und Koffein. Weitere Inhaltsstoffe sind Vitamin A, B, B2, Calcium, Kalium, Phosphorsäure, Magnesium, Kupfer, Zink, Nickel, Carotine, Fluorid und Aminosäuren. Unter anderem soll grüner Tee das Immunsystem stärken und insgesamt entgiftend wirken, er fördert die Verdauung, entsäuert, verbessert den Fettstoffwechsel und schützt gegen Karies. Generell soll er antientzündlich, antibakteriell und antimykotisch wirken, ja sogar der Krebsprävention dienen.

In China werden Teepflanzen seit mehreren Tausend Jahren angebaut. Grüner Tee ist dort seit dem 6. Jahrhundert vor Christus dokumentiert. Seit dem 16. Jahrhundert verbreitete er sich auch in Europa. Anders als schwarzen Tee sollte man grünen Tee nicht mit kochendem Wasser aufgießen, da sich sonst zu viele Gerbstoffe lösen und wertvolle Inhaltsstoffe zerstört werden. Ideal sind je nach Sorte 60 bis 80 Grad bei einer Ziehzeit von 1 bis 3 Minuten.

## KAFFEE

Kaffee ist aus dem täglichen Leben kaum wegzudenken. War der Genuss »echten Bohnenkaffees« bis ins 19. Jahrhundert aristokratischen Kreisen vorbehalten, kamen nach und nach auch die einfachen Haushalte in seinen Genuss. Zumindest am Sonntagnachmittag oder zu feierlichen Anlässen wurde Bohnenkaffee im feinen Service aufgetischt. Seitdem erfindet sich die Kaffeekultur immer wieder neu. Bis vor Kurzem war die italienische Art der Kaffeezubereitung das Maß aller Dinge. Dabei wird heißes Wasser mit hohem Druck durch den fein gemahlenen Kaffee gepresst, wobei ein harmonisch-bitterer Espresso mit einer Crema aus Kaffeebohnenöl darauf entsteht. Auch der klassische Filterkaffee hat wie eh und je seine Anhänger. Daneben kann man Kaffee in der sogenannten Pressstempelkanne aufbrühen. Bei allen drei Methoden sollte die Wassertemperatur für die optimale Geschmacksentwicklung zwischen 90 und 95 Grad liegen. Ist das Wasser zu kalt, schmeckt der Kaffee dünn und säuerlich. Bei zu heißem Wasser lösen sich mehr Bitterstoffe. Letzteres ist beim türkischen Kaffee gewollt. Bei dieser Methode wird das sehr fein gemahlene Kaffeepulver mit Zucker, Wasser und gern auch mit Gewürzen wie Kardamom, Zimt oder Rosenwasser in der Kanne aufgekocht und serviert. Sobald sich das Kaffeepulver abgesetzt hat, kann man ihn vorsichtig schlürfen.

Für die Kaffeezubereitung wird Rohkaffee unterschiedlich stark geröstet und mehr oder weniger fein gemahlen. Die Röstzeit und die Rösttemperatur beeinflussen dabei die Aromabildung, die Entwicklung der Geschmacksstoffe und die Bekömmlichkeit, wobei lange Röstzeiten bei mäßigen Temperaturen generell besser bekömmlich sind. Helle Röstungen schmecken eher säuerlich und sind wenig bitter. Bei dunkleren Röstungen überwiegen die süßlich-bitteren Aromen.

So ungesund wie angenommen ist Kaffee nicht. Neuere Studien widerlegen das altbekannte Vorurteil, Kaffee treibe den Blutdruck in die Höhe und wirke entwässernd. Sie betonen eher seine positiven Effekte: Kaffee enthält das B-Vitamin Niacin, das eine antioxidative Wirkung hat und an vielen enzymatischen Vorgängen teilhat. Es trägt zur Regeneration von

Haut, Muskeln, Nerven und DNA bei. Selbst die 80 bis 120 Milligramm Koffein pro 125 Milliliter Filterkaffee sollen bereits die Konzentrationsfähigkeit fördern. Bevor das Koffein wirkt, soll Kaffee übrigens eine beruhigende Wirkung haben, sodass er gut vor dem Zubettgehen getrunken werden kann. Gerade bei älteren Menschen soll er während des Einschlafens die Atemfrequenz stabilisieren.

Die beiden Sorten Robusta und Arabica werden weltweit in über fünfzig Ländern angebaut. Dabei sind Monokulturen zwar profitabler, verursachen aber die bekannten Umweltschäden: Wald wird gerodet, die Artenvielfalt geht zurück, Bodenerosion und klimatische Veränderungen sind die Folge. Zudem sind die Kaffeepflanzen in Monokulturen anfälliger und werden daher, um Krankheiten vorzubeugen, mit großen Mengen Pestiziden behandelt. Die einzige Alternative dazu stellt der ökologische Anbau dar (derzeit weltweit etwa 6,5 Prozent der Fläche), in Kombination mit dem Fair-Trade-Handel.

Ursprünglich stammt Kaffee aus der Region Kaffa im Südwesten Äthiopiens, wo er schon im 9. Jahrhundert erwähnt wird. Bei der ursprünglichen äthiopischen Zubereitungsart werden die Bohnen in einer großen Eisenpfanne geröstet, grob gemahlen, dann mit Wasser und Zucker in einem Tonkrug aufgekocht und serviert. Über Arabien kam der Kaffee in das Osmanische Reich, wo im 16. Jahrhundert die ersten Kaffeehäuser entstanden und von dort die kulturellen Zentren Europas, Venedig, Oxford, London, Marseille, Paris und Wien eroberten. Der Genuss von »echtem Bohnenkaffee« war vorerst noch ein Privileg der Aristokratie. Die ärmere Bevölkerung trank Ersatzkaffee aus Getreide, Malz, Zichorien- oder Löwenzahnwurzeln. Diese Ersatzkaffees enthalten kein Koffein. Sie schmecken süßlich bis herb-bitter, pflanzlich und etwas erdig. Zichorien- und Löwenzahnwurzeln enthalten Inulin, das beim Rösten teilweise zu Oxymethylfurfurol umgewandelt wird und für das kaffeeähnliche Aroma sorgt.

*Pink-Grapefruit-Smoothie*

*Pampelmusen-Eisshake*

# PINK-GRAPEFRUIT-SMOOTHIE

Dieser bitter-fruchtige Smoothie ist ideal für zwischendurch. Er erfrischt, belebt und sättigt.

Für 4 Gläser à 300 ml

700 ml frisch gepresster Grapefruitsaft (6–7 Pink Grapefruits)
1 Limette, Saft
150 g Joghurt
1–2 TL Honig
1 Banane (ca. 150 g)
1–2 Zweige Minze

Grapefruit- und Limettensaft, Joghurt, Honig und Banane in einen Mixbecher geben. Die abgezupften Minzeblättchen dazugeben. Alles zu einem cremigen Smoothie pürieren.

Den Smoothie entweder sofort genießen oder in Flaschen abfüllen und diese gut verschließen. Nicht länger als 48 Stunden im Kühlschrank lagern.

Tipp
Püriert man einige Eiswürfel mit, hat der Smoothie sofort die richtige Trinktemperatur.

Bitterfaktor
Probieren Sie verschiedene Grapefruitsorten aus, um den Bitterfaktor des Smoothies zu variieren. Meist sind die weißen etwas bitterer. Wer mag, lässt den Honig weg.

# PAMPELMUSEN-EISSHAKE

*Ein erfrischend bitterer Shake, der am besten halbgefroren schmeckt.*

**Für 6 Gläser à 100 ml**

2 Pampelmusen
(450 g filetiertes Fruchtfleisch)
300 g Joghurt
200 g Kefir
150 ml Agavendicksaft
100 g Blaubeeren
zum Garnieren

Die Pampelmusen schälen. Die Filets zwischen den Häutchen herausschneiden und zusammen mit Joghurt, Kefir und Agavendicksaft in den Mixer oder die Küchenmaschine geben. Fein pürieren.

Die Masse in einen flachen Gefrierbehälter füllen und mindestens 4 Stunden in das Gefrierfach stellen. Zwischendurch immer wieder mit einem Schneebesen umrühren oder besser mit dem Pürierstab durchmixen, sodass der Shake cremig gefriert.

Die Gläser kalt stellen. Den angefrorenen Drink in die gekühlten Gläser geben, mit Blaubeeren garnieren und sofort servieren.

### Bitterfaktor

Wer keine Pampelmusen bekommt, nimmt weiße Grapefruits. Reduziert man den Agavendicksaft, kommen die bitteren Aromen besser zur Geltung. Milder wird der Shake mit Pink Grapefruits oder Pomelos.

# ROHKAKAO-DRINK MIT GEWÜRZEN

Kakaonibs gelten als »Superfood«, da sie alle Inhaltsstoffe der rohen Kakaobohne enthalten. Sie schmecken angenehm bitter und wirken belebend.

Für 4 Gläser à 250 ml

1–2 Kardamomsamen
½ Vanilleschote
1 Sternanis
½ Zimtstange
1 Msp. abgeriebene unbehandelte Orangenschale
550 ml Milch
2 kleine Bananen (200–300 g)
150 g Rohkakaonibs

Die Kardamomsamen grob hacken. Die Vanilleschote längs halbieren und das Mark herauskratzen. Kardamom, Vanillemark und -schote, Sternanis, Zimtstange und Orangenschale in der Milch aufkochen. Von der Herdplatte nehmen und etwa 20 Minuten ziehen lassen.

Die Milch durch ein Sieb gießen und im Kühlschrank erkalten lassen.

Die Bananen zusammen mit den Rohkakaonibs und der kalten Milch in einen Mixbecher geben und pürieren. Der Drink schmeckt zum Frühstück oder zwischendurch als Energiekick.

### Tipps
Wer den Drink eiskalt genießen möchte, mixt einige Eiswürfel mit.

Achten Sie beim Kauf von Kakaonibs darauf, dass sie aus rohen Edelkakaobohnen, am besten in Bioqualität, hergestellt sind. Nur dann enthalten sie die wertvollen Inhaltsstoffe der Kakaobohne: unter anderem Mineral- und Ballaststoffe, Bitterstoffe sowie wertvolle Fettsäuren. Kakaonibs gibt es in Bioläden oder im Internethandel.

Kakaonibs schmecken in Drinks, im Müsli oder als Toppings, in Salaten und Suppen.

### Bitterfaktor
Kakaonibs und Gewürze verleihen dem Drink einen puren herb-bitteren Geschmack. Die Banane bringt Fruchtsüße. Zusammen mit der Milch mildert sie die Bitteraromen und sorgt für eine angenehme Konsistenz.

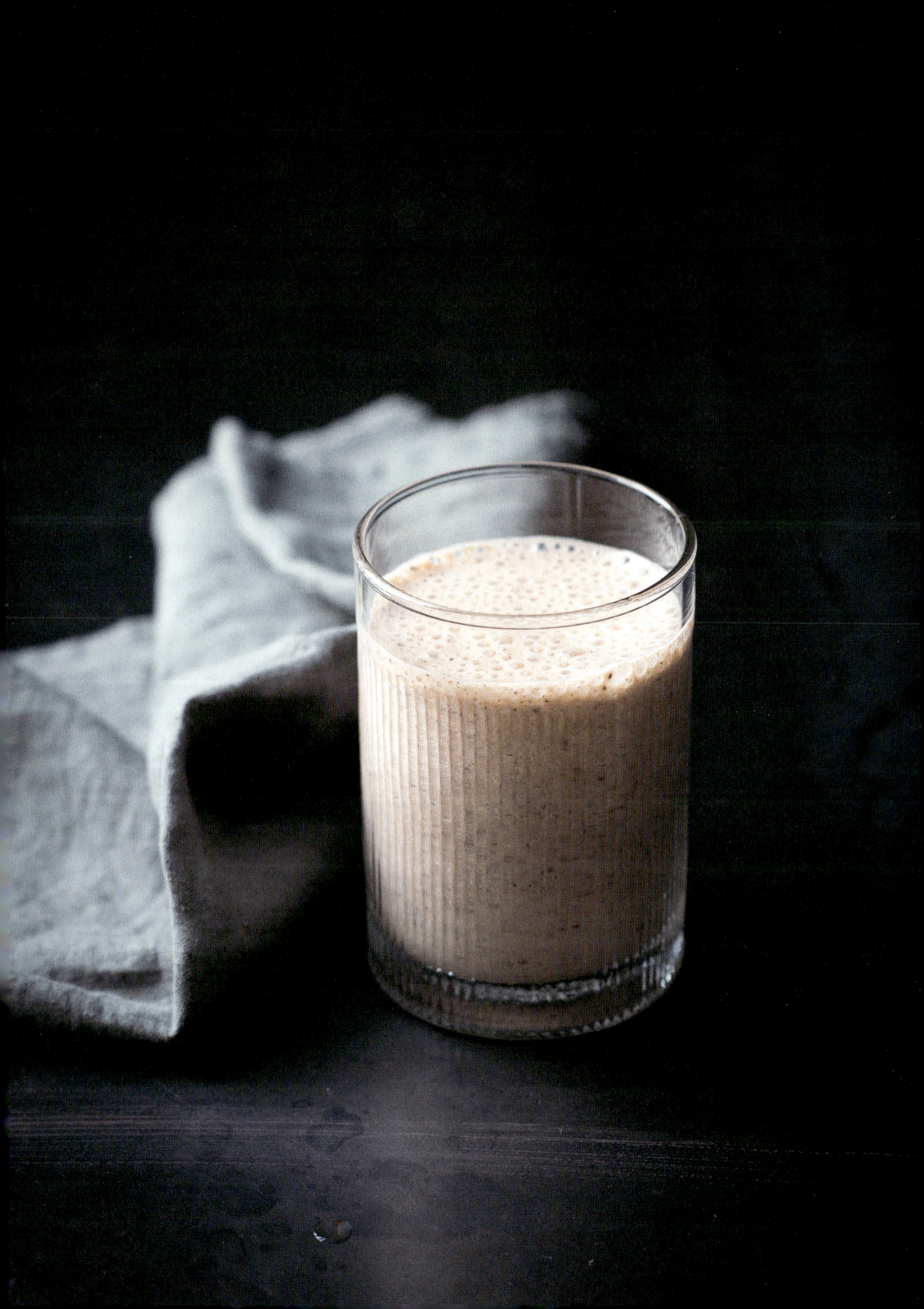

*Fruchtiger Kale-Smoothie*

Kale-Rote-Bete-Smoothie

# FRUCHTIGER KALE-SMOOTHIE

Keine Angst vor Grünkohl-Smoothies! Dieser hier schmeckt vor allem fruchtig und angenehm würzig-scharf nach Ingwer. Der Kohl steuert lediglich eine sehr dezente Bitternote bei.

Für 2 Gläser à 300 ml

40 g Grünkohlblätter
5–10 g frischer Ingwer
180 g Galia- oder Honigmelone
1 Kiwi
50 g Salatgurke
½ Zitrone, Saft
80 ml naturtrüber Apfelsaft
1 Prise Meersalz
Honig nach Belieben
1–2 EL Eiswürfel

Die Grünkohlblätter grob schneiden. Den Ingwer fein reiben. Die Melone und die Kiwi würfeln. Die Gurke halbieren, die Kerne herausschaben und das Fruchtfleisch würfeln. Alles in den Mixer geben. Zitronen- und Apfelsaft, Salz, nach Belieben Honig und die Eiswürfel dazugeben. Den Smoothie fein pürieren und sofort servieren.

### Bitterfaktor
Die Menge Grünkohl kann man nach Lust und Laune erhöhen und dafür jene der Melone reduzieren. So wird der Smoothie herzhafter und die bitter-scharfen Senföle des Grünkohls kommen besser zur Geltung. Allerdings ist die Konsistenz dann nicht mehr ganz so cremig.

### Schon gewusst?
Grünkohl, auch Braunkohl, Krauskohl oder Federkohl genannt, ist weltweit verbreitet und von einer überraschenden Sortenvielfalt: von der 'Ostfriesischen Palme' über 'Russian Red' bis zu 'Black Magic'. Kultiviert wird der Nachfahre des wilden Kohls schon seit dem 3. Jahrhundert vor Christus.

# KALE-ROTE-BETE-SMOOTHIE

Roh ist Grünkohl besonders gesund. Und lässt sich glücklicherweise auch besonders lecker zubereiten.

Für 2 Gläser à 250 ml

100 g rote Grünkohlblätter
160 g kernlose rote Weintrauben
160 ml Rote-Bete-Saft (Randensaft)
1 Bitter- oder Saftorange, Saft
½ Zitrone, Saft
1–2 TL Rübensirup
1 Prise Meersalz
Eiswürfel

Die Grünkohlblätter grob schneiden und mit den Weintrauben in den Mixer geben. Rote-Bete-Saft, Orangen- und Zitronensaft, Rübensirup, Meersalz und einige Eiswürfel dazugeben. Alles so lange mixen, bis der Smoothie fein-cremig ist. Sofort servieren.

**Bitterfaktor**
Bitterer wird der Smoothie, wenn man den Orangensaft durch Grapefruitsaft ersetzt.

# EISTEE MIT BERGAMOTTE UND MINZE

Eine gesunde und leckere Erfrischung für heiße Sommertage.

Für 4 Gläser à 250 ml

1 unbehandelte Bergamotte,
ersatzweise Orange
2 unbehandelte Orangen
8 Zweige Minze
6 Beutel hochwertiger grüner Tee
1 TL Agavendicksaft
Eiswürfel nach Belieben

Die Gläser kalt stellen. Die Bergamotte und die Orangen heiß waschen und halbieren. Jeweils eine Hälfte der Früchte auspressen, die andere in Scheiben schneiden. Acht Orangenscheiben und einige Minzblätter für die Garnitur beiseitelegen.

Die Teebeutel mit den restlichen Bergamotte- und Orangenscheiben, den Minzzweigen und dem Agavendicksaft in eine große Teekanne oder einen Topf geben. 800 ml Wasser aufkochen, auf 70–80 Grad abkühlen lassen und den Tee damit aufgießen. Die Teebeutel nach 3 Minuten herausnehmen. Den Tee abkühlen lassen, dann im Kühlschrank herunterkühlen.

Den kalten Tee kurz vor dem Servieren durch ein Sieb gießen, mit dem Saft der Zitrusfrüchte vermischen und in den gekühlten Gläsern, nach Belieben auf Eis, servieren. Mit den beiseitegelegten Orangenscheiben und Minzblättchen garnieren.

Tipp
Grünen Tee sollte man nicht mit kochendem Wasser aufgießen, da sich sonst zu viele Gerbstoffe lösen und wertvolle Inhaltsstoffe zerstört werden. Ideal ist (je nach Sorte) 60–80 Grad heißes Wasser bei einer Ziehzeit von 1–3 Minuten.

Bitterfaktor
Bergamotte sorgt in diesem Eistee für eine leichte Bitternote, hauptsächlich aber für Säure und ein unvergleichlich parfümiertes Aroma. Leider ist diese Zitrusfrucht relativ schwer zu bekommen, mit etwas Glück beim italienischen Gemüsehändler, auf dem Markt, im Feinkostgeschäft oder auch im Internethandel. Der Großteil der Früchte wird für die Herstellung von Bergamotteöl verwendet, das in der Parfümindustrie eine wichtige Rolle spielt und darüber hinaus zum Aromatisieren von Tees benutzt wird. In der Küche erfreut sich die Bergamotte als Aromageber aber immer größerer Beliebtheit. Ersetzen lässt sie sich in diesem Rezept durch Zitrone oder Limette.

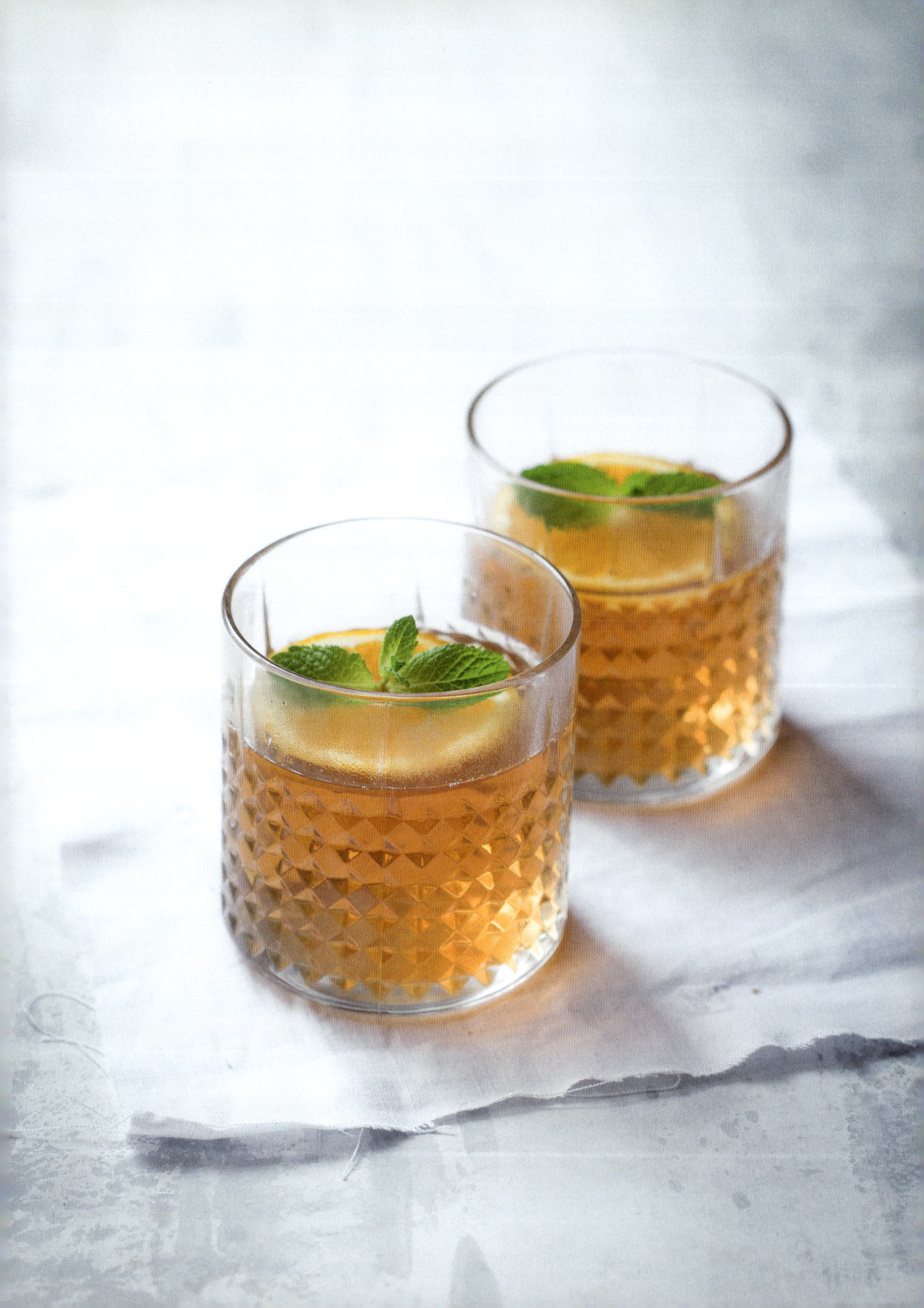

# GRÜNER SMOOTHIE MIT WILDKRÄUTERN UND RUCOLA

*Es lohnt sich, selbst gesammelte Wildkräuter in diesen Smoothie zu mischen, denn sie stecken nicht nur voller Vitamine und Mineralstoffe, sondern auch voller belebender Bitterstoffe.*

Für 2 Gläser à 300 ml

200 g weiche Birnen
100 g grüner Apfel
20 g frischer Ingwer
½ unbehandelte Zitrone
50 g gemischte Wildkräuter (z. B. Löwenzahn, Schafgarbe, Gänseblümchen, Gundermann)
50 g Rucola
60 ml frisch gepresster Orangensaft
1 Prise Meersalz
1–2 TL Agavendicksaft oder Honig
60–100 ml kaltes Mineralwasser

Birne und Apfel entkernen und in Stücke schneiden. Den Ingwer fein reiben. Die Zitrone heiß waschen, trocknen, etwas von der Schale abreiben, den Saft auspressen.

Wildkräuter, Rucola, Birne, Apfel und Ingwer mit Zitronensaft und -schale in den Mixer geben. Orangensaft, Meersalz, Agavendicksaft und 60 ml Mineralwasser zugeben und alles fein mixen. Die Konsistenz prüfen und noch so viel Mineralwasser dazugeben, dass der Smoothie schön dickflüssig ist. Sofort servieren.

### Bitterfaktor
Bitterer wird der Smoothie, wenn man statt Rucola Radicchio oder Löwenzahn verwendet. Zudem kann man die Süße reduzieren oder den Agavendicksaft ganz weglassen.

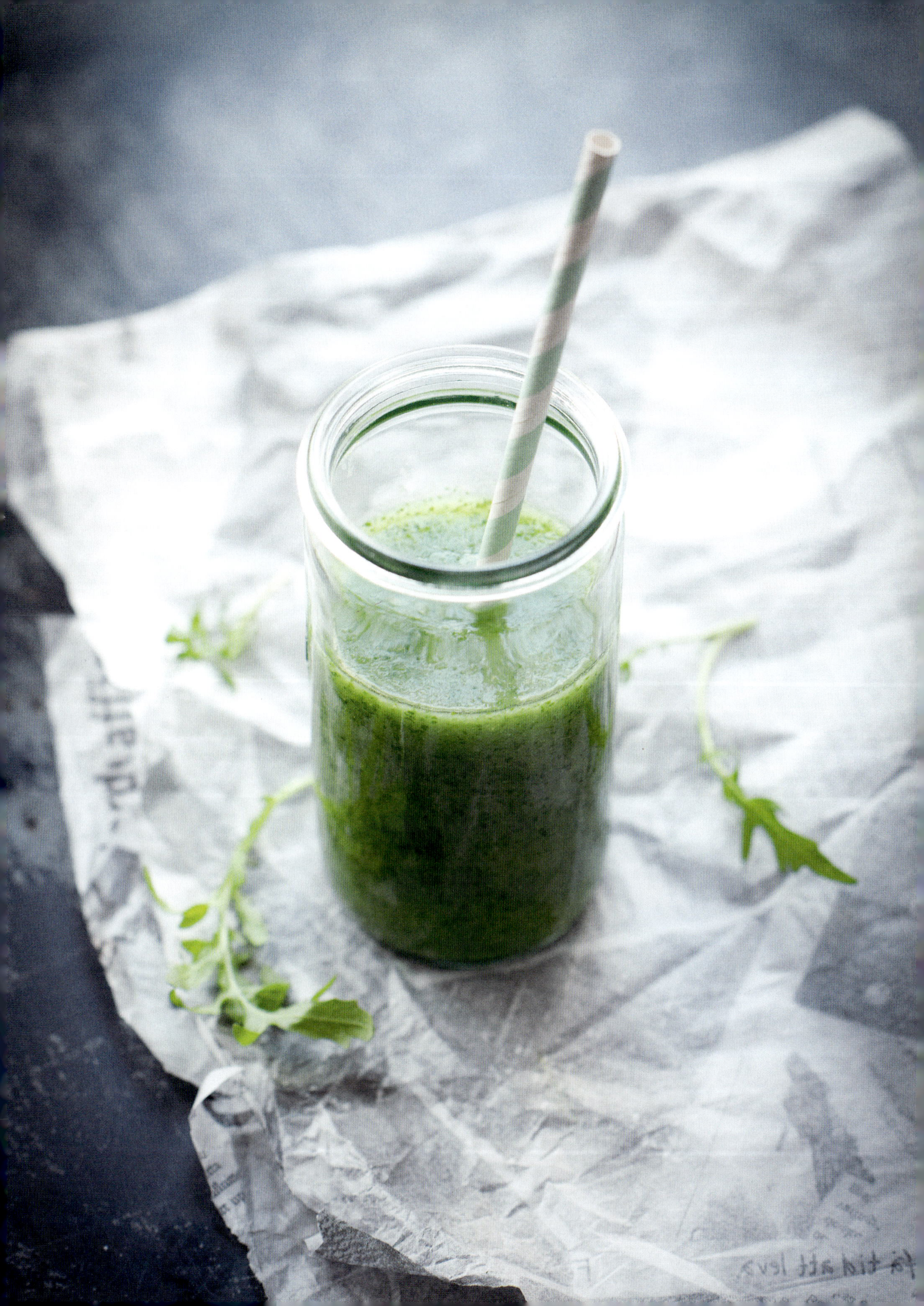

*Energy-Drink mit Brunnenkresse*

*Kresse-Drink mit Gurke und Limette*

# ENERGY-DRINK MIT BRUNNENKRESSE

Brunnenkresse hat viel Vitamin C und ein ganz besonderes Aroma. Ihre bittere Schärfe verleiht diesem Drink ein fast herzhaftes Aroma. Ideal zum Frühstück oder als leichter Energiedrink für zwischendurch.

Für 2 Gläser à 300 ml

250 g Brunnenkresse
½ unbehandelte Zitrone
4 EL Agavendicksaft
1 EL zarte Haferflocken
500 ml kalte Buttermilch

Von der Brunnenkresse den unteren Teil der Stiele etwa 1 cm abschneiden. Die Brunnenkresse grob schneiden und in den Mixer geben. Die Zitrone heiß waschen, die Schale fein abreiben, den Saft auspressen und beides dazugeben. Agavendicksaft, Haferflocken und Buttermilch ebenfalls hinzufügen. Alles zu einem cremigen Smoothie mixen.

### Tipp
Man kann den Drink im Voraus zubereiten und bis zu 1 Tag gut verschlossen im Kühlschrank lagern. Allerdings verliert er so seine schöne Farbe. Da die Haferflocken quellen, den Drink vor dem Trinken nochmals mit dem Mixstab aufmixen. Falls er zu dick geworden ist, mit etwas Buttermilch oder Mineralwasser verdünnen.

### Schon gewusst?
Brunnenkresse ist eine alte Heilpflanze, die sich durch ihren hohen Vitamin-C-Gehalt auszeichnet und schon bei den alten Römern und Griechen beliebt war. Sie gilt als appetitanregend, entschlackend, stoffwechselfördernd, harntreibend und wehenfördernd. Zudem soll sie blutreinigende und blutaufbauende Eigenschaften haben und Entzündungen der Mundschleimhaut lindern.

# KRESSE-DRINK MIT GURKE UND LIMETTE

Ein gesunder Salat im Glas, der nach dem Sport ebenso belebt wie zum Frühstück oder Abendbrot. Den Bitterstoffen sei Dank!

Für 4 Gläser à 250 ml

400 g Salatgurke
2 Kästchen Kresse (Sorte nach Wahl)
200 g zarte Stangen Staudensellerie mit Blättern
1 Romana-Salatherz oder 1 Handvoll Zuckerhutblätter (100 g)
1 Limette, Saft
1 TL Honig
1 TL Meersalz
200–300 ml kaltes Mineralwasser

Die Gurke halbieren, die Kerne herauskratzen, das Fruchtfleisch grob schneiden und in den Mixer geben. Die Kresse vom Beet schneiden und dazugeben. Staudensellerie und Salat in grobe Stücke schneiden und ebenfalls in den Mixer geben. Limettensaft, Honig und Meersalz sowie 200 ml Mineralwasser dazugeben und so lange mixen, bis ein cremiger Drink entstanden ist. Falls nötig noch Mineralwasser nachgießen. Auf die Gläser verteilen und sofort servieren.

Tipp
Nach Belieben einige Eiswürfel mitmixen.

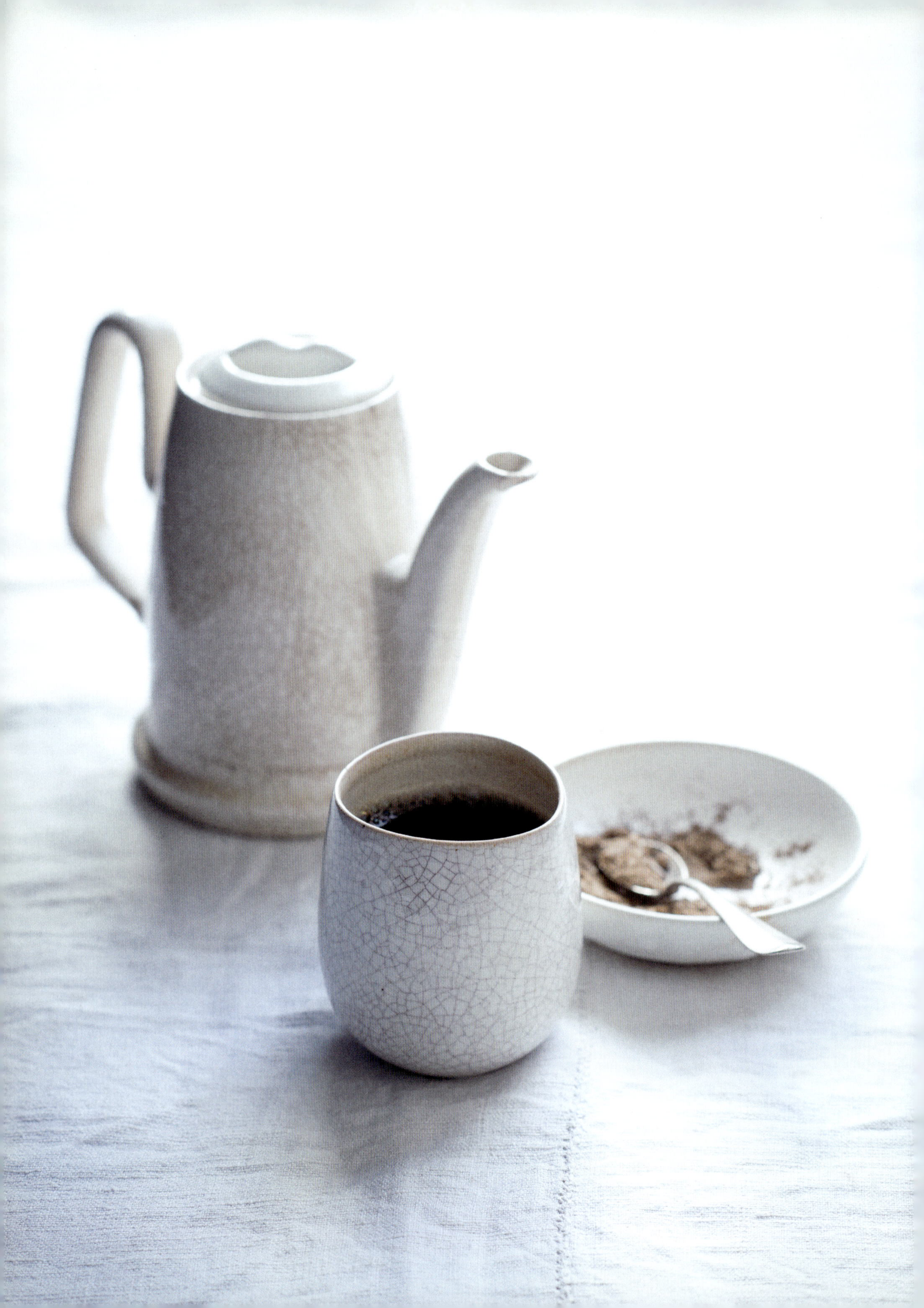

# WILDER WURZELKAFFEE

Ein Wurzel-Macchiato ist die perfekte Überraschung für Gäste. Was in Krisenzeiten ungeliebter Ersatz für echten Bohnenkaffee war, ist heute ein ganz besonderes Geschmackserlebnis. Zugegeben, das Sammeln, Putzen und Zubereiten ist sehr aufwendig. Das Ergebnis dafür umso spannender.

Für 4–6 Tassen Kaffee

1 Handvoll Zichorien- oder Löwenzahnwurzeln (von 10–12 Pflanzen)

Die Wurzeln waschen, dabei die Erde gründlich abbürsten. Auf einem Tablett ausbreiten und 2 Tage trocknen lassen. Anschließend die Wurzeln klein schneiden und in einer Pfanne bei mittlerer Hitze und ohne Fett so lange rösten, bis sie appetitlich riechen.

Dann die Wurzeln abkühlen lassen und in der Kaffeemühle oder im Blitzhacker zu feinem Pulver mahlen. Das Kaffeepulver entweder in einer geschlossenen Dose aufbewahren oder sofort aufgießen.

Pro Tasse 1 Teelöffel Pulver mit kochendem Wasser überbrühen, 1 Minute ziehen lassen und den Wurzelkaffee anschließend durch ein Sieb gießen. Er schmeckt pur, aber auch mit Milch und Honig.

### Bitterfaktor

Kaffee aus Löwenzahn- und Zichorienwurzeln enthält kein Koffein. Er schmeckt herb-bitter, dabei pflanzlich und etwas erdig. Die gerösteten Wurzeln verströmen ein angenehm warmes Aroma. Sammeln sollte man die Wurzeln am besten im Frühling oder Frühherbst, da sie dann am meisten Bitterstoffe enthalten.

# KAFFEE-ANGOSTURA-COCKTAIL

*Ein feiner, da nicht zu süßer Cocktail, der auch bestens als Dessert schmeckt.*

Für 4 Martinigläser

125 ml Espresso
3–4 EL Angostura
60 ml Kaffeelikör
120 ml Rahm (Sahne)
6 EL Crushed Ice

Die Gläser kalt stellen. Alle Zutaten im Kühlschrank herunterkühlen. Den Espresso mit Angostura, Kaffeelikör, Rahm und 2 Esslöffeln Crushed Ice im Mixer pürieren. Das restliche Crushed Ice auf die gekühlten Martinigläser verteilen. Den Cocktail durch ein Sieb daraufgießen und sofort servieren.

### Schon gewusst?
Angostura wurde 1824 von dem deutschen Arzt Johann Gottlieb Benjamin Siegert ursprünglich als Tonikum gegen Tropenkrankheiten entwickelt. Es enthält die extrem bittere Enzianwurzel, außerdem Bitterorange, Gewürznelken, Kardamom, Zimt und Chinarinde. Trotz seines Namens enthält das Originalrezept keine Angosturarinde.

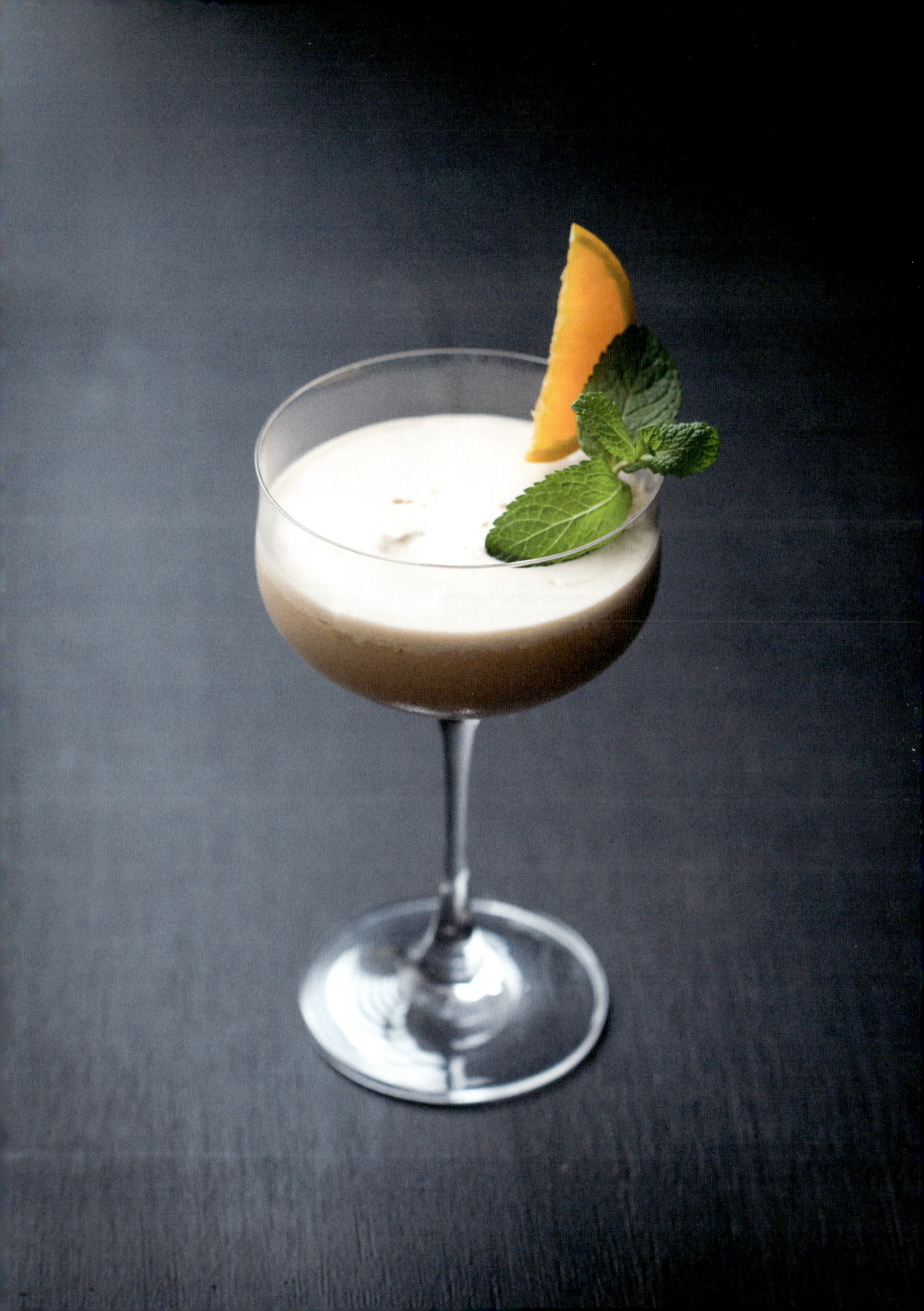

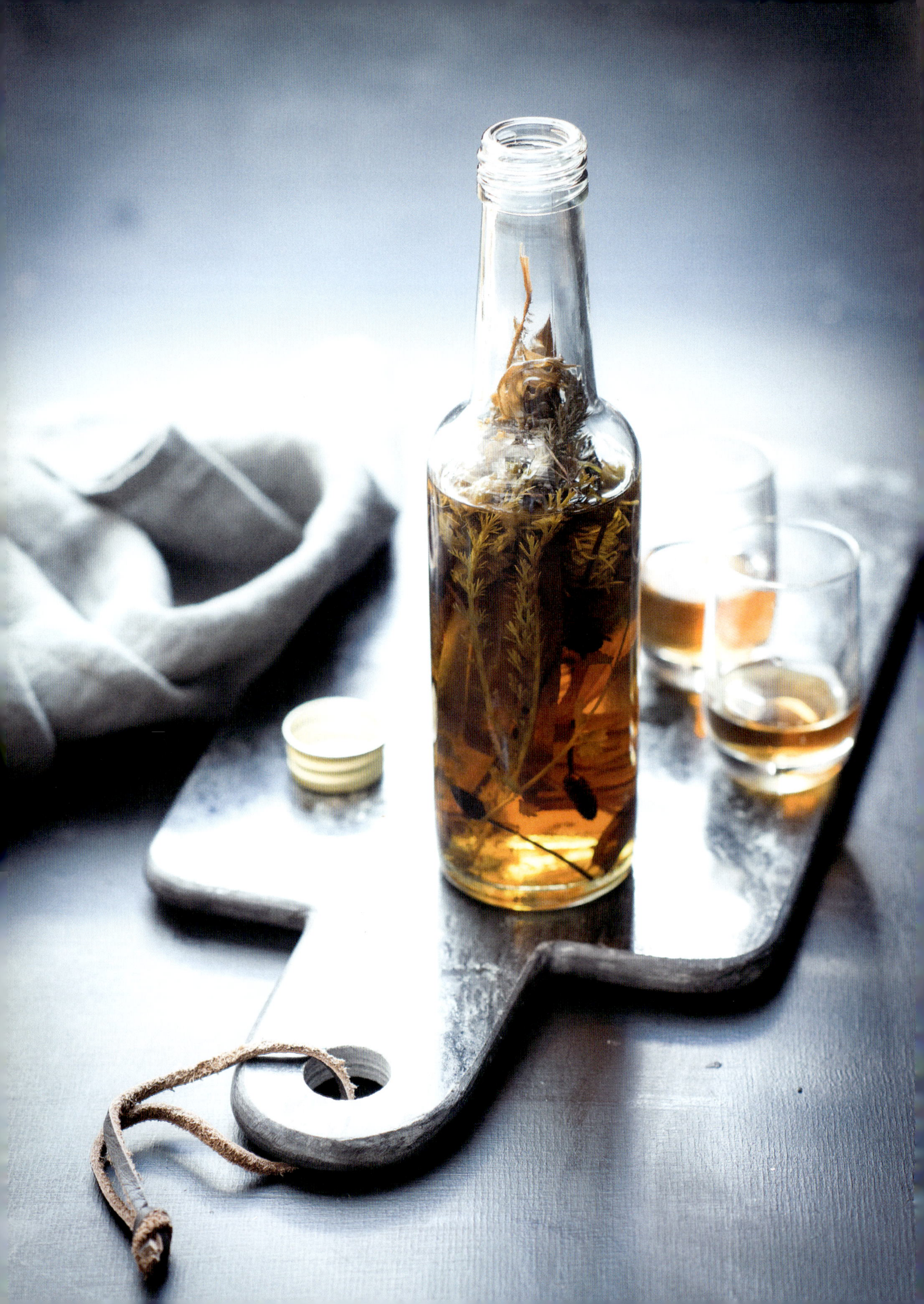

# MAGENBITTER MIT WURZELN UND WIESENKRÄUTERN

Wem die gängigen Kräuterliköre zu süß, klebrig und künstlich sind, der macht einen Spaziergang durchs frische Grün, sammelt fleißig, was er da so findet, und macht daraus den eigenen, weltbesten Kräuterbitter. Man ist fast geneigt, ihn gesund zu nennen – wenn da nicht der Alkohol wäre.

Für 4 Flaschen à 250 ml

4 Handvoll gemischte vorwiegend bittere Wiesenkräuter und Wurzeln (z. B. Wurzeln, Blüten und Blätter von Löwenzahn und Zichorie, Schafgarbe, Gänseblümchen, Gundermann, Enzian, Engelwurz, aber auch Roter Klee, Spitzwegerichknospen und Blätter)
4 EL brauner Kandiszucker
1 l hochprozentiger Alkohol (Korn, Doppelkorn oder weißer Rum)

Die Kräuter vorsichtig waschen, verlesen und zum Trocknen auf einem Küchentuch ausbreiten. Die Flaschen gut ausspülen und mit je 1 Esslöffel Kandiszucker füllen. Die Kräuter falls nötig zupfen und auf die Flaschen verteilen. Mit dem Alkohol auffüllen.

Die Flaschen mit Datum und Inhalt beschriften und den Aufgesetzten dunkel und kühl mindestens 1 Monat, besser 3 Monate lagern.

### Tipp
Es lohnt sich, gleich mehrere Flaschen anzusetzen. Experimentieren Sie mit dem Geschmack der unterschiedlichen Kräuter und Wurzeln.

### Bitterfaktor
Lieblicher wird der Aufgesetzte mit der doppelten Menge Zucker.

# WODKA MIT KALE UND SCHLEHE

Kartoffel trifft Kohl. Ein ungewöhnlicher »Magenbitter«, den auszuprobieren sich lohnt!

Für 4 Flaschen à 300 ml

4 EL Kandiszucker
200 g Schlehen
4–8 kleine Grünkohlblätter
1 l Wodka

Die Flaschen heiß ausspülen und je 1 Esslöffel Kandiszucker hineinfüllen. Die Schlehen und die Grünkohlblätter auf die Flaschen verteilen. Mit dem Wodka auffüllen und darauf achten, dass der Kohl davon bedeckt ist und nichts oben herausschaut.

Die Flaschen mit Datum und Inhalt beschriften und den Aufgesetzten dunkel und kühl mindestens 1 Monat, besser 3 Monate lagern.

Tipp
Schlehen wachsen an dornigen Büschen, die gern an sonnigen Weg- und Waldrändern sowie an felsigen Hängen zu finden sind. Falls keine Schlehen aufzutreiben sind, kann man es mit Johannisbeeren versuchen.

Bitterfaktor
Schlehen sind extrem gerbstoffhaltig. Isst man sie roh, zieht sich im Mund augenblicklich alles zusammen. Verwendet man sie jedoch für Aufgesetzten oder zum Einlegen in Essig, verändert sich ihr Geschmack. Sie schmecken dann eher süß-säuerlich. Im Aufgesetzten ergänzen sie den scharfbitteren Geschmack des Grünkohls durch säuerliche Fruchtigkeit.

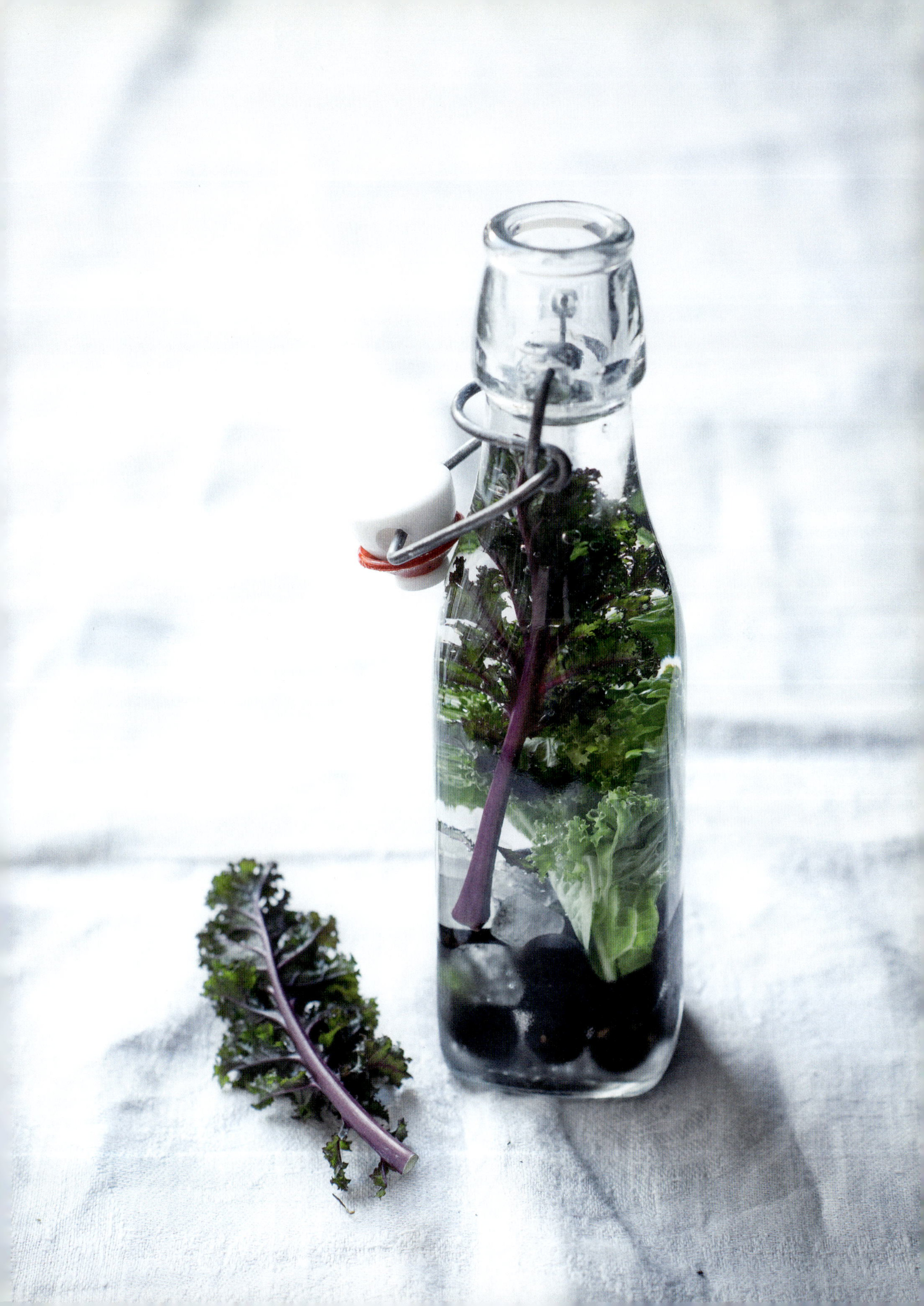

# BITTER-SWEET APEROL

*Eine eisige Variante des Klassikers: Bitterorangen-Granité wird mit Aperol und Prosecco aufgegossen. Sommer pur!*

Für 6–8 Sektgläser

50 g Zucker
100 ml frisch gepresster Bitterorangensaft, ersatzweise Grapefruitsaft
100 ml frisch gepresster Orangensaft
160 ml eisgekühlter Aperol
240 ml gekühlter Prosecco
Orangenscheiben zum Garnieren

Die Gläser kalt stellen. Für das Granité den Zucker mit 50 ml Wasser aufkochen, abkühlen lassen und mit dem Bitterorangensaft und dem Orangensaft verrühren. In eine flache Form füllen und in den Gefrierschrank stellen.

Das Granité 2 Stunden anfrieren lassen, dann regelmäßig – etwa einmal pro Stunde – mit einer Gabel aufrühren, sodass es zu Kristallen gefriert. Nach 3–4 Stunden ist es vollständig gefroren.

Die Gläser zur Hälfte mit dem Granité füllen. Mit Aperol und Prosecco aufgießen und mit Orangenscheiben garnieren. Sofort servieren.

### Bitterfaktor
Verwenden Sie für das Granité ausschließlich Bitterorangensaft, um das Bitteraroma zu betonen. Falls keine Bitterorangen erhältlich sind, verwenden Sie Grapefruits.

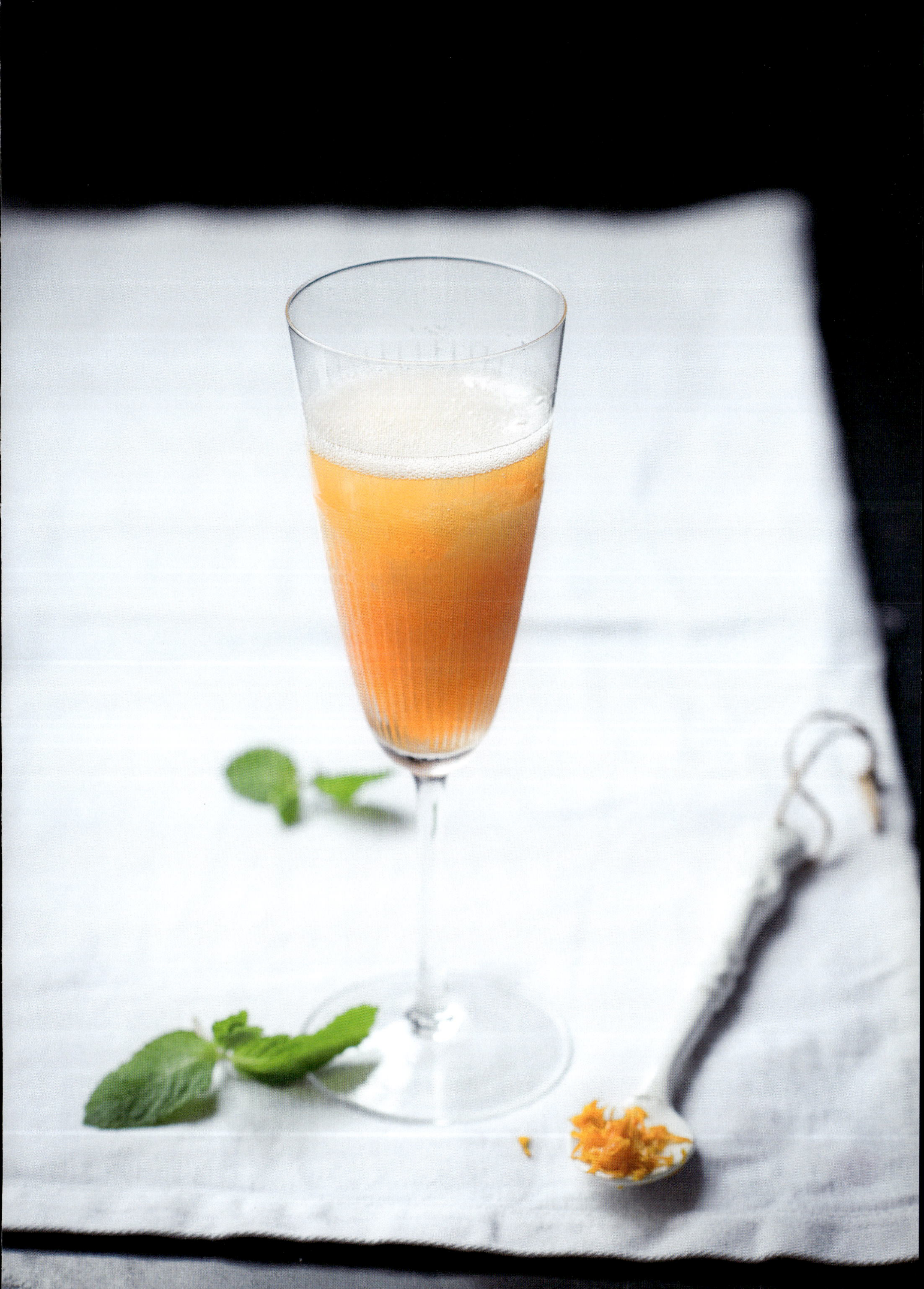

# BITTER
## APOTHEKE

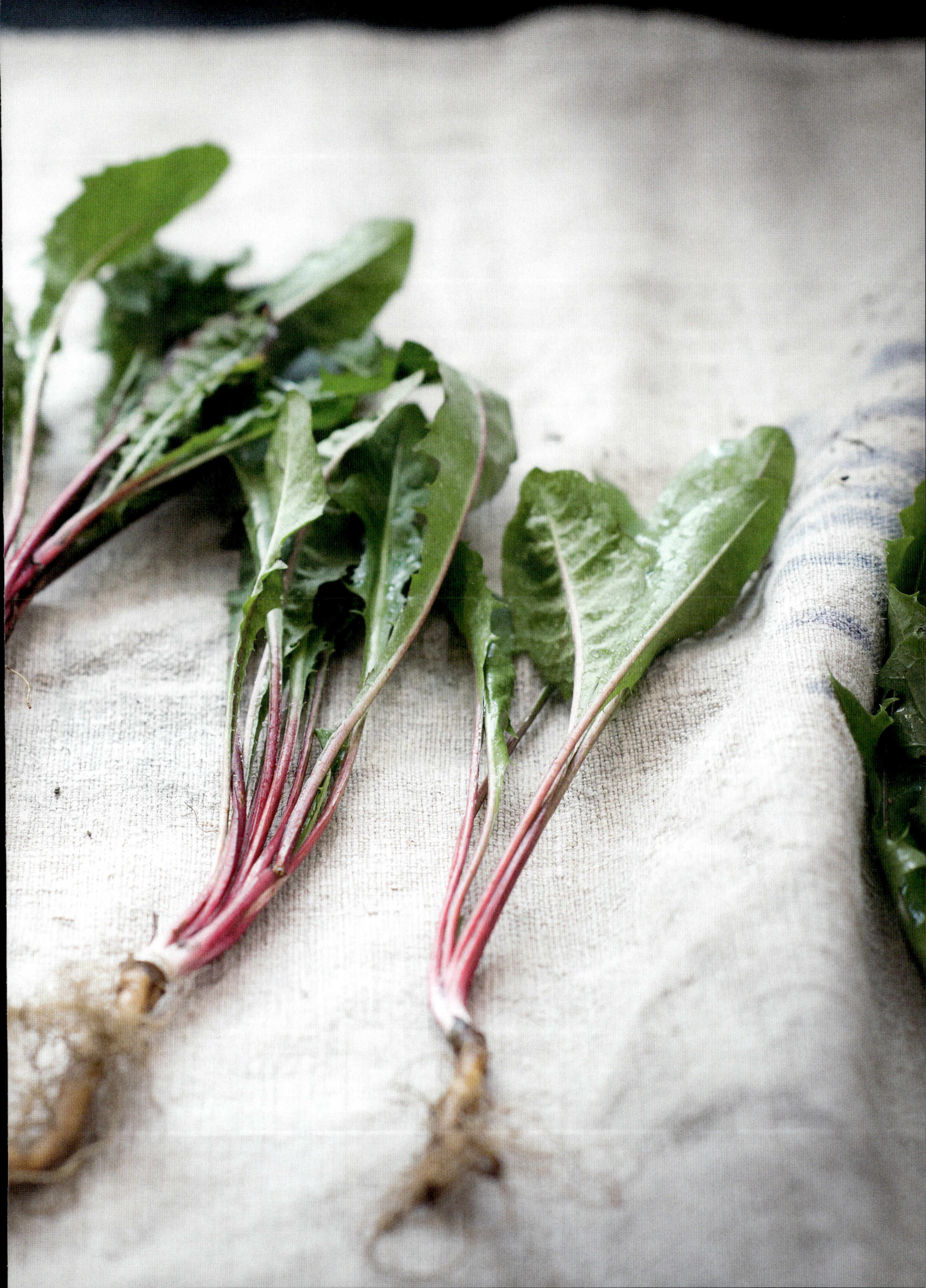

# HEILENDE BITTERPFLANZEN

Viele bitterstoffhaltige Kräuter und Gewürze gelten seit dem Altertum als Heilpflanzen mit gesundheitsfördernder Wirkung. Enzian, Löwenzahn und Wegwarte, Schafgarbe und Ringelblume sind aus der Pflanzenheilkunde nicht wegzudenken. Das Schöne dabei ist, dass viele dieser Kräuter direkt vor unserer Haustür oder im eigenen Garten wachsen und dass wir ihre Bitterstoffe ohne großen Aufwand zu heilenden Tees oder Tinkturen verarbeiten können. Natürlich sollte man bei ernsthaften Krankheiten immer zuerst mit einem Arzt sprechen. Doch der regelmäßige Genuss von bitterstoffreichen Tees kann das Wohlbefinden steigern, vitalisierend wirken und das Immunsystem stärken.

»Was bitter im Mund, ist innerlich gesund.« So lautet eine Volksweisheit, die die Wirkung von Bitterstoffen gut zusammenfasst. Doch wie genau wirken diese Substanzen? Sie steigern die Durchblutung und die Sekretbildung unserer Verdauungsorgane. Magen, Leber, Gallenblase und Bauchspeicheldrüse werden dadurch gestärkt. Der Appetit wird angeregt, Darm und Verdauung kommen in Schwung. Auch die Fettverdauung wird positiv beeinflusst. Weil viele unserer Immunzellen im Darm angesiedelt sind, ist eine gesunde und aktive Darmflora die beste Grundlage für ein starkes Immunsystem. Bestimmte Bitterstoffe sollen sogar gegen Bakterien wirken und darüber hinaus viren- und pilzhemmende Eigenschaften haben. Bitterstoffe werden außerdem zur Behandlung von Atemwegserkrankungen und Harnwegsinfektionen genutzt. Der vielleicht berühmteste bittere Wirkstoff ist das Chinin. Es wird aus dem Chinarindenbaum extrahiert und unter anderem als Medikament gegen Malaria eingesetzt.

Bitterstoffe wurden und werden in allen Zeiten und in allen Kulturkreisen heilkundlich genutzt. In der indischen Lehre des Ayurveda haben Bitterstoffe eine genauso große Bedeutung wie in der tibetischen und der Traditionellen Chinesischen Medizin (TCM). Auch in der Traditionellen Europäischen Medizin (TEM) übernehmen bittere Pflanzen eine wichtige Rolle. Die Erkenntnisse und Empfehlungen der mittelalterlichen Ordensfrau und Universalgelehrten Hildegard von Bingen werden immer wieder als grundlegend zitiert. Aber auch spätere pflanzenkundige Mediziner wie Paracelsus und Leonhart Fuchs haben die Heilkunde stark beeinflusst. Heilkräuter, die für medizinische Zwecke genutzt wurden, erkennt man heute noch an ihrem Beinamen *officinalis*.

In diesem Kapitel stelle ich einige Grundzubereitungen für die Hausapotheke vor. Neben Sirupen kann man heiß oder kalt aufgegossene Tees oder Tinkturen aus Heilkräutern herstellen. Grundsätzlich lassen sich frische wie getrocknete Pflanzen verwenden. Bei einigen Pflanzen eignen sich nur bestimmte Teile, bei anderen, wie dem Löwenzahn, kann die ganze Pflanze verwendet werden. Tinkturen werden mit hochprozentigem Alkohol zubereitet und wirken schon aufgrund dessen antibakteriell. Man kann sie äußerlich bei kleineren Wunden und Entzündungen anwenden oder sie mit Wasser verdünnt vor den Mahlzeiten trinken. Kinder oder Lebergeschädigte sollten sie jedoch nicht einnehmen. Tees eignen sich besonders gut für Kuren. Im Frühling bietet sich beispielsweise eine vitalisierende und entgiftende Löwenzahnkur an, während der man täglich mehrere Tassen Löwenzahntee in kleinen Schlucken trinkt. Süßen sollte man den Tee dabei nicht, da Zucker die Wirkung der Bitterstoffe mindert.

*Schwarzer Rettich*

*Gänseblümchen*

*Wegwarte*

*Eberraute*

**Wichtiger Hinweis**

Sie finden hier einige Grundzubereitungen für bittere Tees und Tinkturen. Diese können sich positiv auf das Wohlbefinden auswirken. Bei ernsthaften Beschwerden sollten Sie jedoch unbedingt Ihren Arzt oder Ihre Ärztin aufsuchen. Auch vor längeren Bitterkuren ist es ratsam, vorher mit dem Arzt zu klären, ob dies gesundheitlich ratsam ist. Generell sind Bitterkuren nur für eine Zeit von etwa sechs Wochen ratsam. Danach sollte man eine Pause einlegen, damit die Wirksamkeit nicht nachlässt und keine unerwünschten Langzeitwirkungen auftreten.

## EBERRAUTE

Diese Verwandte von Wermut und Beifuß wurde früher als Gewürz für fette Speisen verwendet. Die Blätter der Pflanze eignen sich für Tees und Tinkturen. Eberraute enthält ätherische Öle, Abrotin, Bitterstoffe und Gerbstoffe. Sie unterstützt die Abwehrkräfte, wirkt belebend, antibakteriell und krampflösend. Außerdem stärkt sie die Verdauungs- und Harnorgane, wirkt beruhigend bei Husten und Bronchitis. Zudem lindert Eberraute Frauenbeschwerden und aktiviert die Menstruation.

Zu finden ist die Eberraute im August. In der Schwangerschaft darf sie nicht angewendet werden.

## FENCHEL

Fenchel lässt sich als Tee, Tinktur und Gewürz anwenden. Besonders wertvoll sind seine Bitterstoffe. Fenchel wirkt antibakteriell, stärkend und entspannend, harntreibend, krampf- und schleimlösend. Fencheltee hilft bei Appetitlosigkeit, Blähungen und Verdauungsschwäche, auch bei Kindern und Säuglingen; er soll jedoch erst ab dem sechsten Monat angewendet werden. Außerdem tut er gut bei Bronchitis, trockenem Husten, Halsinfektionen und Erkältungen. Fenchelsamen wirken leicht menstruationsfördernd und können Periodenkrämpfe lindern. Sie fördern die Milchbildung bei stillenden Frauen.

## GÄNSEBLÜMCHEN

Blätter, Blüten und Stiele des Gänseblümchens schmecken als Tee und Rohkost. Die Pflanze enthält Bitterstoffe, Gerbstoffe und ätherische Öle, Inulin und Flavonoide. Gänseblümchen regen Appetit und Stoffwechsel an. Sie wirken blutreinigend, krampflindernd und harntreibend. Ein Tee daraus empfiehlt sich daher bei Husten, Erkältungen und Appetitlosigkeit, bei Verstopfung und Menstruationsbeschwerden. Äußerlich wird der Tee für Umschläge oder Bäder verwendet. Seine Wirkstoffe lindern Ausschläge, reinigen unreine Haut (Akne) und helfen, hartnäckige Wunden zu heilen.

Ihre Sammelzeit reicht von März bis November.

## KAPUZINERKRESSE

Alle Teile der Kapuzinerkresse können frisch oder getrocknet verwendet werden. Kapuzinerkresse enthält das Senfölglykosid Glucotropaeolin, aus dem das antibiotisch wirksame Benzylsenföl entsteht. Zudem enthält die Pflanze Ascorbinsäure, Flavonoide und Carotinoide. Die Inhaltsstoffe der Kapuzinerkresse sollen gegen verschiedene Bakterien und Viren wirken. Auch pilzhemmende Eigenschaften werden ihr zugeschrieben. Sie wird vor allem innerlich zur Behandlung von Atemwegs- und Harnwegsinfekten eingesetzt. Äußerlich angewendet kann Kapuzinerkresse durchblutungsfördernd und entspannend wirken.

## LÖWENZAHN

Der Löwenzahn *(Taraxacum officinale)* gilt als wahrer Alleskönner. Verwendet wird die ganze Pflanze: Blüten, Stiele, Blätter und Wurzeln können als Tee und Tinktur, Presssaft, Rohkost und Gemüse zubereitet werden. Löwenzahn enthält viele Vitamine, Mineralien und Spurenelemente, außerdem Inulin, Gerb- und Bitterstoffe. Er fördert die Durchblutung, wirkt reinigend und entschlackend, unterstützt die Verdauung und ist harntreibend. Bei Appetitmangel, Verdauungsbeschwerden mit Völlegefühl und Blähungen kann Löwenzahn helfen; er wirkt positiv auf Galle und Niere. In der Volksheilkunde wird der weiße Saft des Löwenzahns gegen Warzen und Hühneraugen empfohlen.

Blätter und Blüten werden von Frühling bis Herbst gesammelt. Die Wurzeln sollte man entweder im Frühling oder im Herbst sammeln, wobei sie im Frühling am bittersten und reichsten an Inulin sind.

## RINGELBLUME

Blüten und Blätter der Ringelblume *(Calendula officinalis)* können zu Tees und Tinkturen verarbeitet werden. Die Pflanze enthält ätherische Öle, Bitterstoffe, Calendula-Sapogenin, Flavonoide, Salizylsäure. Sie wirken abschwellend, adstringierend, entzündungshemmend und krampflösend. Ringelblume kann bei Infektionen, Magen- und Darmstörungen, Quetschungen, Ekzemen und schlecht heilenden Wunden eingesetzt werden.

Die beste Sammelzeit ist von Juni bis Oktober.

## SCHAFGARBE

Schafgarbe eignet sich als Tee, Tinktur und Rohkost. Die Pflanze enthält ätherische Öle, Gerb- und Bitterstoffe und antibiotische Substanzen. Sie wirkt krampflösend und ist daher besonders gut bei Menstruationsbeschwerden. Auch bei Kopfschmerzen und innerer Unruhe wird Schafgarbe empfohlen. Das Kraut regt Kreislauf, Appetit und Verdauung an. Es fördert die Durchblutung, wirkt blutreinigend und blutstillend. Bei Krampfadern, geschwollenen Füßen und Durchblutungsstörungen kann Schafgarbentee Linderung verschaffen. Bei Menschen mit Allergien kann es beim Kontakt mit der Pflanze, aber auch beim Genuss des Tees, allerdings zu Hautreizungen kommen.

## WEGWARTE

Die Wegwarte war im Altertum und im Mittelalter als Zauberkraut bekannt. Heute erfreuen wir uns an einem Füllhorn von Zichoriensalaten wie Chicorée, Radicchio und Endivie, die alle aus der Wegwarte gezüchtet worden sind. Verwenden lassen sich Blüten, Blätter und Wurzeln der Wegwarte als Tee, Kaffee, Tinktur oder Rohkost. Die Pflanze enthält die Bitterstoffe Lactucin und Lactucopikrin, die unterstützend auf Leber und Galle wirken und deren Wirkung gegen Malaria in Afghanistan ethnobiologisch bekannt ist. Wegwartentee wird bei Anspannung und Erschöpfung empfohlen, er wirkt zusammenziehend, anregend, blutreinigend und entzündungshemmend. Der Pflanzensaft kann kleinere, entzündete Hautstellen heilen.

Die Wurzeln werden im Frühling und im Herbst gesammelt, Kraut und Blüten von Juni bis September.

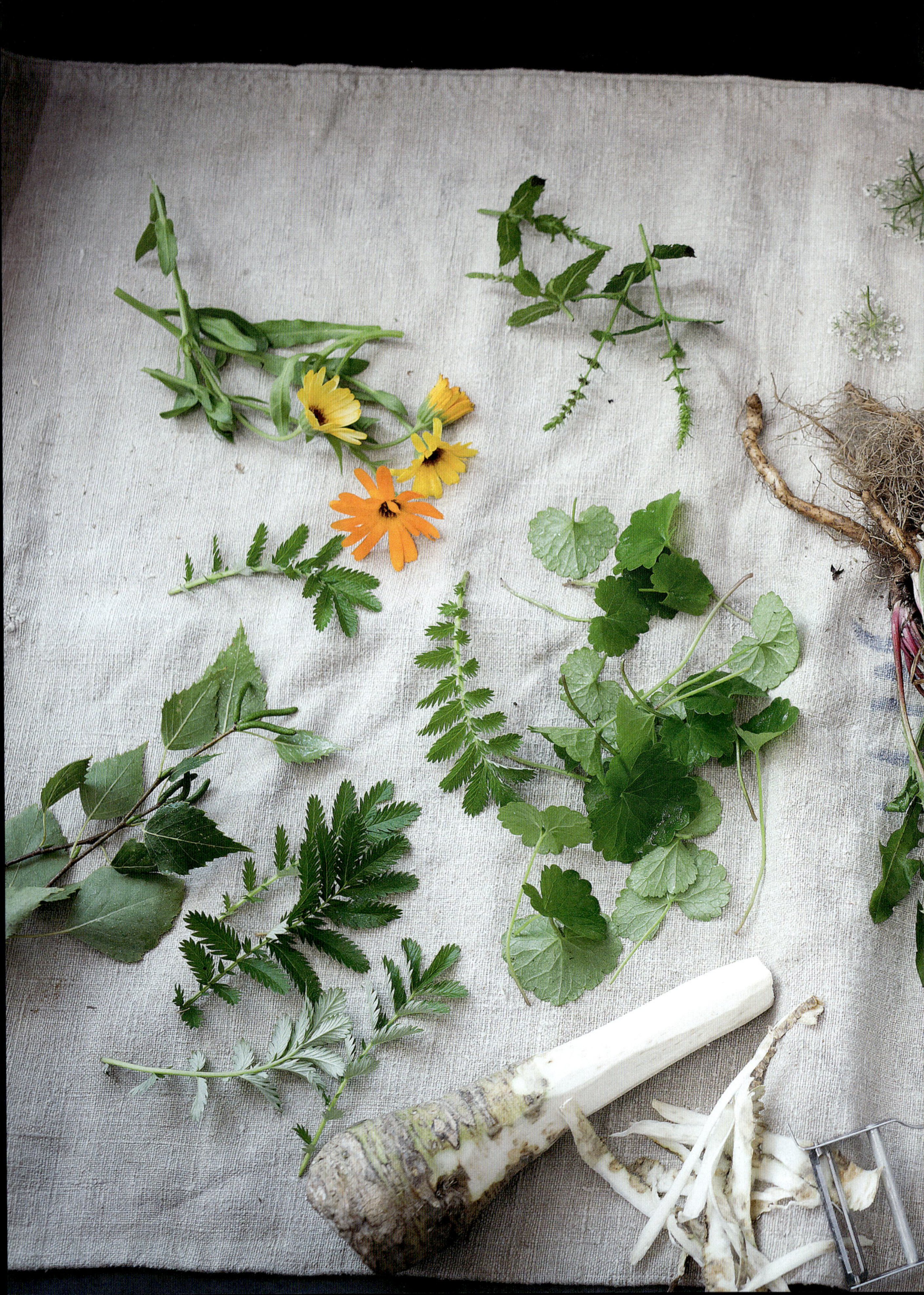

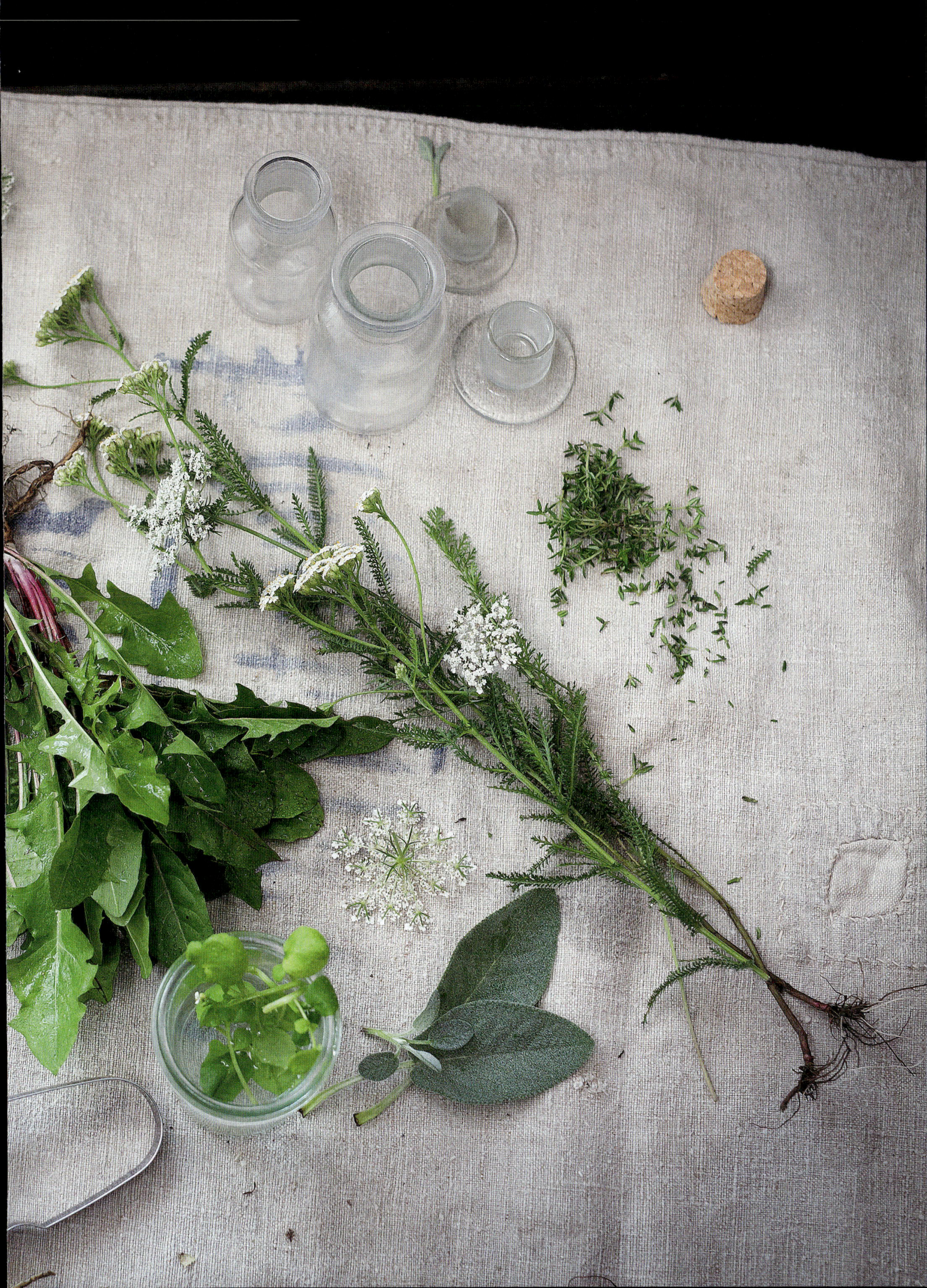

# FRAUENTEE AUS SCHAFGARBE

*Ein Tee gegen Frauenleiden und für die Magen-Darm-Gesundheit.*

**Für 1 Tasse**

3–4 junge, frische Blätter oder 1 TL getrocknete Blätter und Blüten
1 Doldenblüte

Die Schafgarbe in ein Teeglas geben. Mit kochendem Wasser aufgießen und 10 Minuten ziehen lassen, dann abgießen. Den Tee heiß in kleinen Schlucken trinken, bei Magen-Darm-Beschwerden am besten 10–15 Minuten vor den Mahlzeiten. Kurmäßig 3 Wochen lang täglich 2–3 Tassen trinken.

### Wirkung
Schafgarbe wirkt krampflösend und ist daher besonders gut bei Menstruationsbeschwerden, auch bei Kopfschmerzen, Stress und innerer Unruhe wird sie empfohlen. Schafgarbe regt Kreislauf, Appetit und die Verdauung an, fördert die Durchblutung, wirkt blutreinigend und blutstillend. Bei Krampfadern, geschwollenen Füßen und Durchblutungsstörungen kann Schafgarbentee daher Linderung verschaffen.

### Nebenwirkungen
Bei Menschen mit Allergien kann es beim Kontakt mit der Pflanze, aber auch beim Genuss des Tees zu Hautreizungen kommen.

### Schon gewusst?
Schafgarbe war immer schon eine der wichtigsten Heilpflanzen der Volksmedizin. Hebammen hatten früher diese Pflanze stets in ihrer Hausapotheke. Hohes Fieber wurde mit Schafgarbentee behandelt, Wunden wurden damit ausgewaschen. Sogar Tiere bekamen den Tee gegen Koliken und Durchfallerkrankungen.

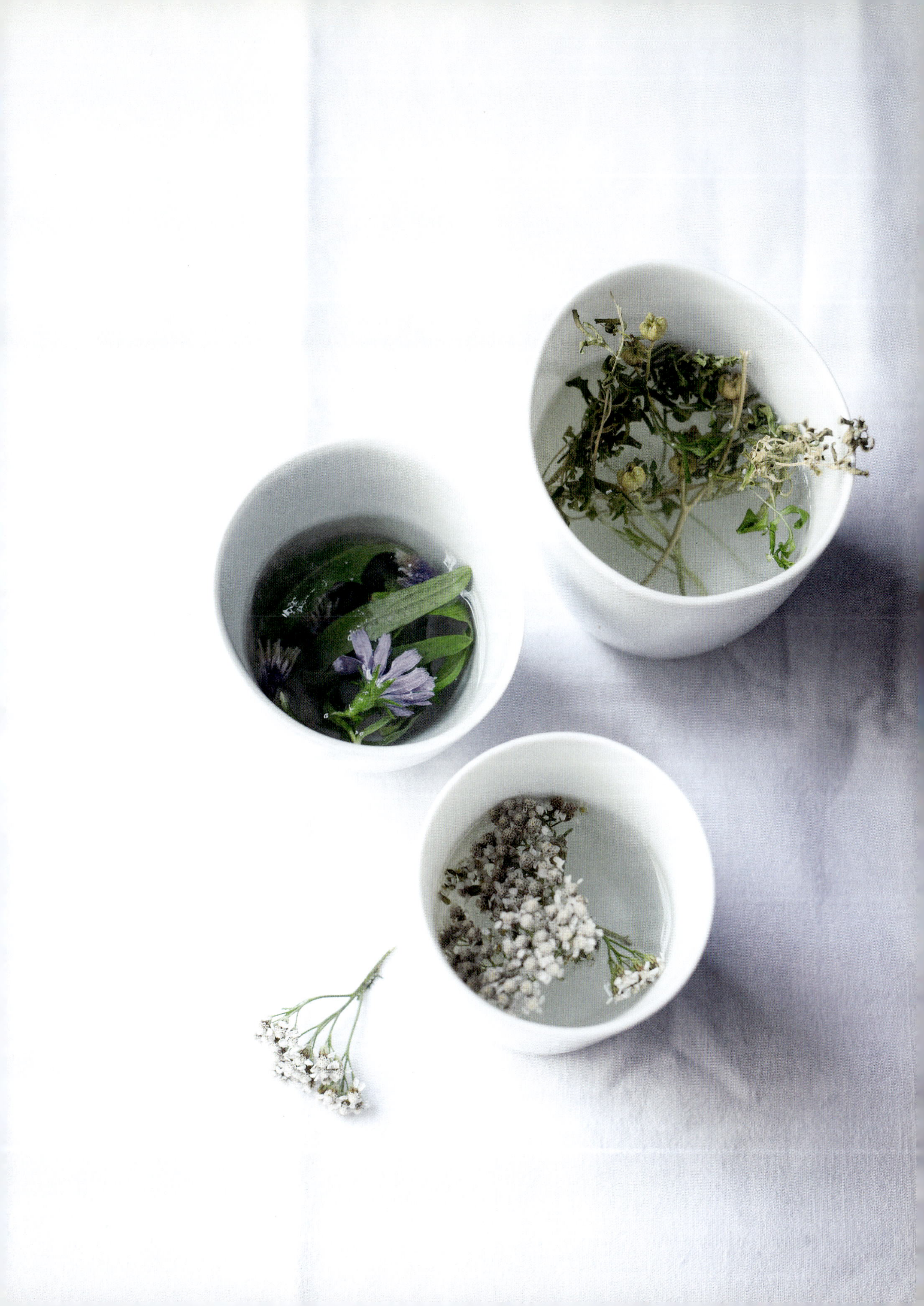

# WEGWARTENTEE

*Wohltuend für Leber und Gallenblase.*

**Für 1 Tasse**

Einige frische Blüten und Blätter oder 2 TL getrocknetes Kraut
etwas Wegwartenwurzel nach Belieben

Die Blätter gegebenenfalls zerkleinern. Die Wurzel, falls verwendet, unter fließendem Wasser schrubben und in Scheiben schneiden. Alles in einen kleinen Topf geben, mit einer Tasse kaltem Wasser aufgießen und 2 Stunden stehen lassen. Aufkochen, 10 Minuten ziehen lassen und in eine Tasse abseihen. Täglich 2–3 Tassen ungesüßten, heißen Tee trinken.

### Wirkung
Die Wegwarte unterstützt Leber und Galle. Sie wirkt zusammenziehend, anregend, blutreinigend und entzündungshemmend. Der Saft der Pflanze kann direkt auf kleinere, entzündete Hautstellen geträufelt werden. Wegwartentee wird auch bei innerer Anspannung und Erschöpfung empfohlen.

### Schon gewusst?
Die Wegwarte war im Altertum und im Mittelalter als »Zauberkraut« bekannt. Die ganze Vielfalt der Zichoriensalate wie Chicorée, Radicchio, Endivie usw. wurde aus der Wegwarte als Mutterpflanze gezüchtet.

# EBERRAUTENTEE

Wirkt krampflösend, unterstützt Abwehrkräfte, Harnorgane und die Verdauung.

Für 1 Tasse

Einige frische oder 1–2 TL getrocknete Eberrautenblätter

Frische Blätter klein zupfen. Die Blätter mit einer Tasse heißem Wasser überbrühen. 5–10 Minuten ziehen lassen und heiß trinken. Empfohlen werden 1–3 Tassen täglich.

### Wirkung
Eberraute unterstützt die Abwehrkräfte, wirkt belebend, antibakteriell und krampflösend. Es stärkt die Verdauungs- und Harnorgane, wirkt beruhigend bei Husten und Bronchitis, lindert Frauenbeschwerden und aktiviert die Menstruation.

### Nebenwirkungen
Achtung, Eberraute darf nicht in der Schwangerschaft verwendet werden!

### Schon gewusst?
Wie Beifuß wurde Eberraute früher als Gewürz für fette Speisen verwendet, um diese bekömmlicher zu machen.

# SCHWARZER-RETTICH-SIRUP

Für 1 Fläschchen von 150 ml

320 g schwarzer Rettich
200 g Zucker

Eine kleine Flasche oder ein Schraubglas mit heißem Wasser ausspülen. Den Rettich in eine Schüssel reiben und mit dem Zucker verkneten. Die Mischung über Nacht ziehen lassen.
Den Rettich am nächsten Tag durch ein Sieb drücken. Die aufgefangene Flüssigkeit durch einen Kaffeefilter oder ein mit Küchenpapier ausgelegtes Sieb seihen, um alle Trübstoffe herauszufiltern und einen klaren Sirup zu erhalten. Den Sirup abfüllen und kühl lagern. Er hält sich im Kühlschrank einige Tage und kann bedenkenlos mehrmals täglich eingenommen werden.

### Wirkung
Rettichsirup ist ein altes Hausmittel gegen trockenen Reizhusten. Die im Rettich enthaltenen Senföle und der Inhaltsstoff Raphanol wirken entzündungshemmend und entspannen die Muskulatur der Atemwege.

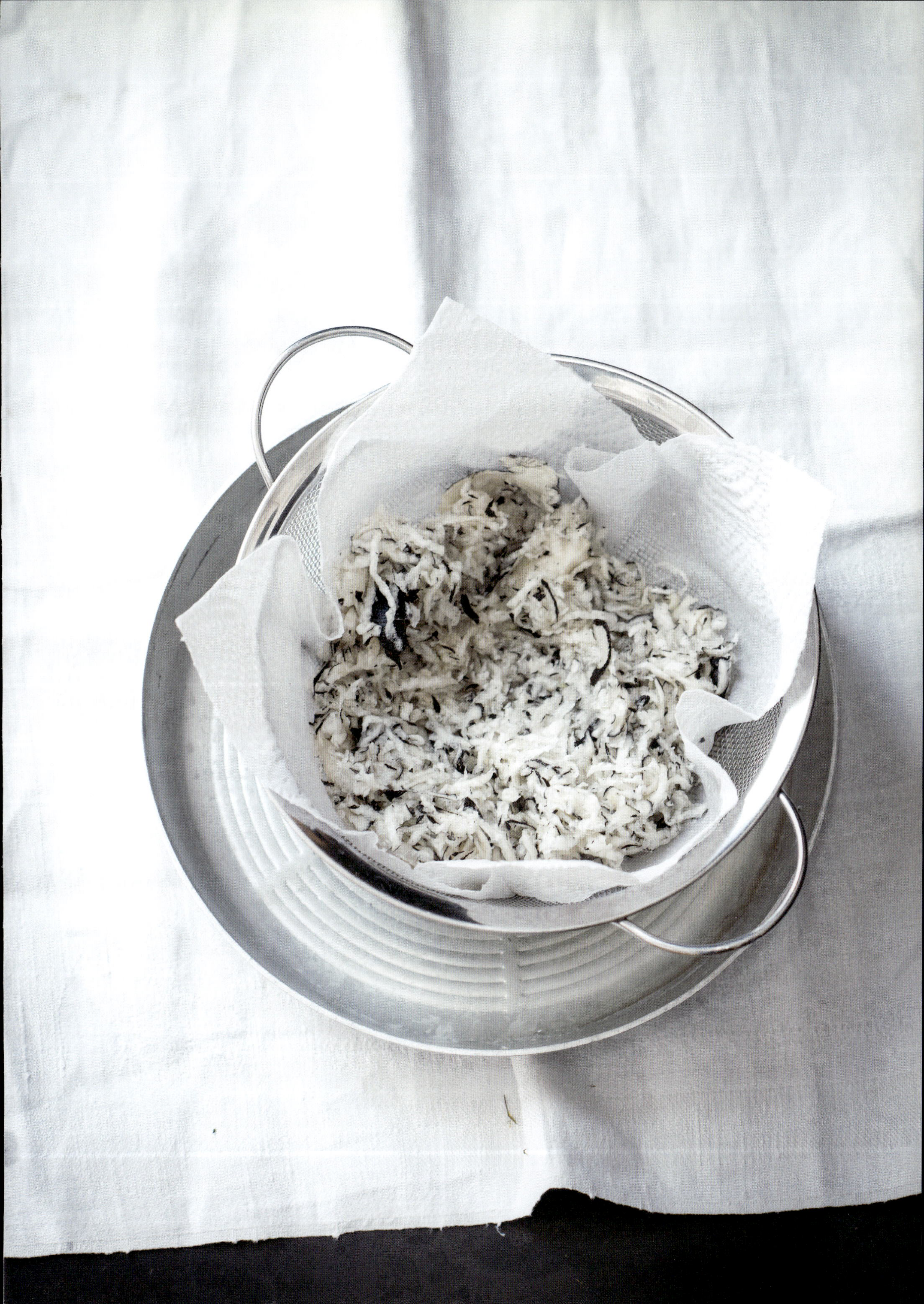

# GÄNSEBLÜMCHENTEE

Gänseblümchen wirken blutreinigend, krampflösend und fördern die Verdauung.

**Für 1 Tasse**

3 Gänseblümchen samt Stiel und Blättern
beliebig viele Blüten

Die Gänseblümchen in ein Glas geben. Mit kochendem Wasser aufgießen und 10 Minuten ziehen lassen. Die Blumen herausnehmen. Täglich 1–3 Tassen des heißen Tees trinken. Der Tee kann auch äußerlich für Umschläge oder Bäder angewendet werden.

**Wirkung**
Gänseblümchen regen Appetit und Stoffwechsel an, sie wirken blutreinigend, krampflindernd und harntreibend. Der Tee empfiehlt sich bei Husten, Erkältungen und Appetitlosigkeit, bei Verstopfung und Menstruationsbeschwerden. Äußerlich für Umschläge oder Bäder. Seine Wirkstoffe lindern Ausschläge, reinigen unreine Haut (Akne) und helfen, hartnäckige Wunden zu heilen.

**Tipp**
Der Tee kann auch aus getrockneten Gänseblümchen zubereitet werden, wenngleich er dabei viel von seinem grasig-frischen Geschmack einbüßt. Die Pflanzen einige Tage trocknen lassen, zerbröseln und in einer geschlossenen Dose aufbewahren; so sind sie immer griffbereit. Pro Tasse rechnet man 1 Teelöffel getrocknetes Kraut.

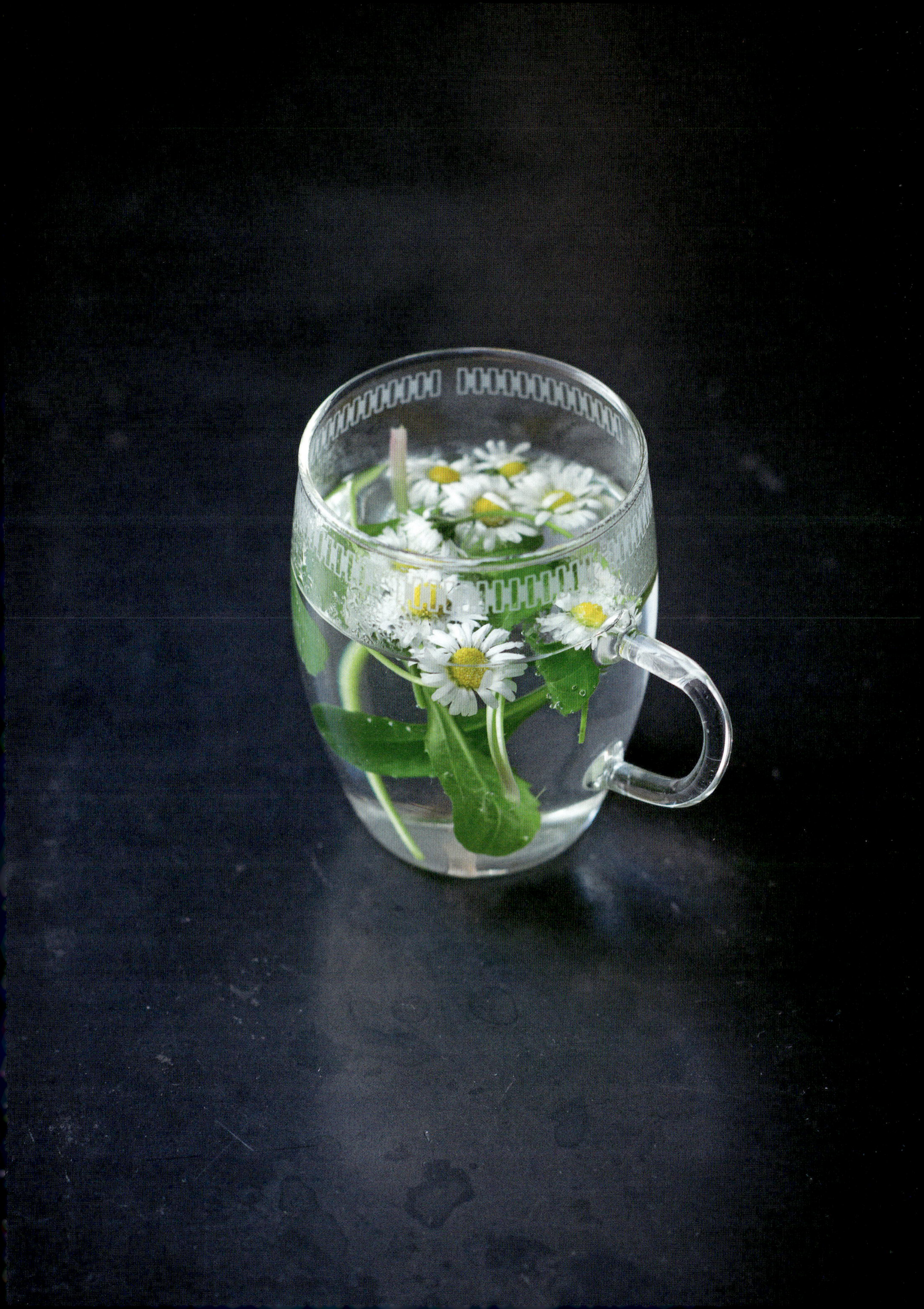

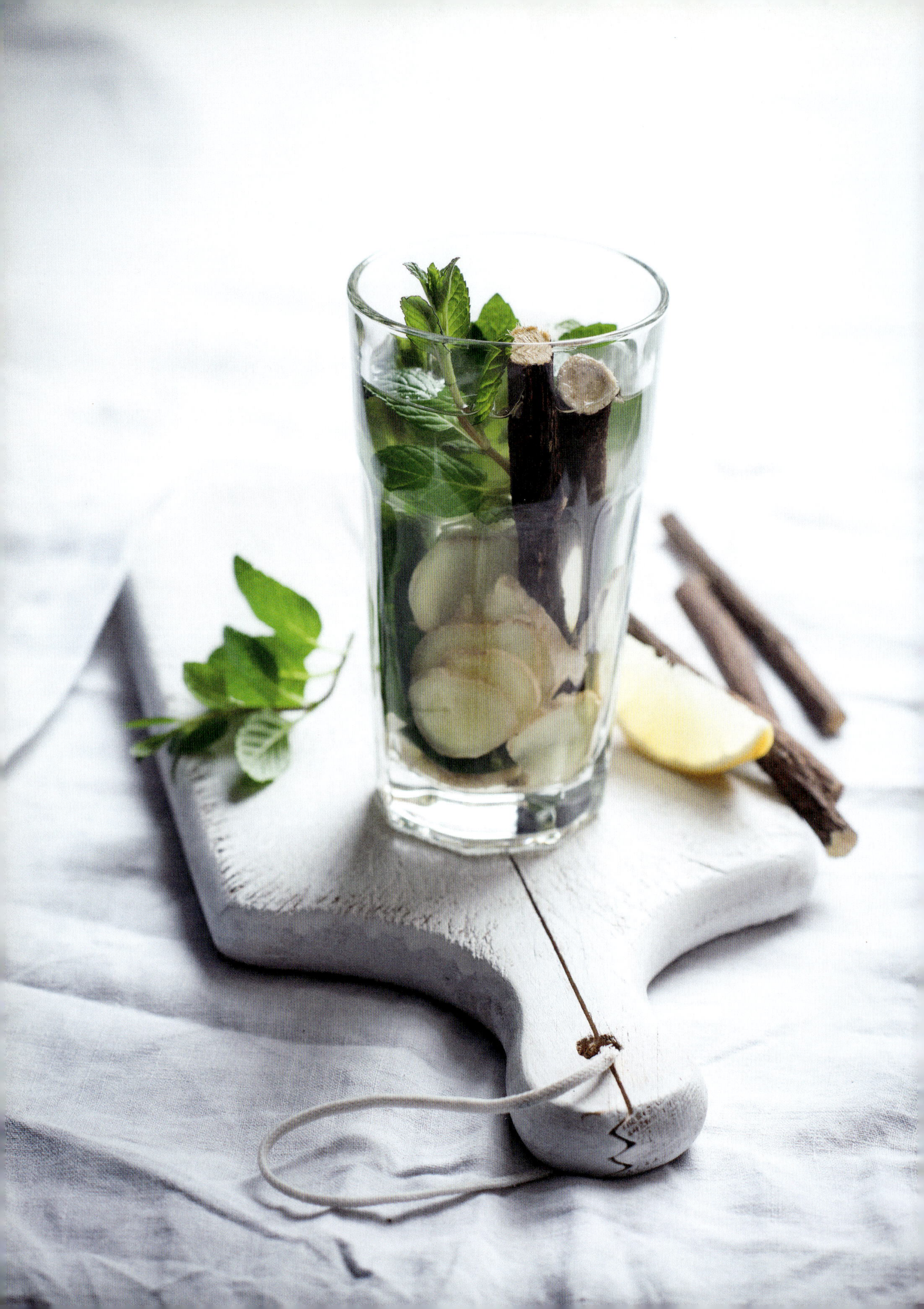

# MINZTEE MIT SÜSSHOLZ UND GALGANT

Süßholz hilft bei Husten, Galgant und Minze stärken die Verdauung.

Für 4 Gläser à 200 ml

60 g Galgantwurzel oder frischer Ingwer
einige Zweige Minze
4 Stücke Süßholz
Honig oder Rübensirup nach Belieben

Die Galgantwurzel in Scheiben schneiden und auf die Gläser verteilen. Minze und Süßholz ebenfalls in die Gläser geben.

Wasser aufkochen, die Gläser damit aufgießen und mindestens 5 Minuten ziehen lassen. Den Tee nach Belieben mit Honig oder Rübensirup süßen.

### Wirkung
Süßholz hilft bei Erkältungen, indem es zähen Schleim löst, und soll Entzündungen lindern. Galgant wirkt krampflösend, entzündungshemmend und appetitanregend. Er regt die Verdauung an und kann gegen Blähungen und Völlegefühl helfen. Auch die Minze wirkt heilsam auf Magen und Darm.

### Nebenwirkungen
Süßholz sollte nicht zu hoch dosiert und nicht über einen zu langen Zeitraum eingenommen werden. Während der Schwangerschaft ist darauf zu verzichten, ebenso bei Bluthochdruck, Diabetes oder Nierenproblemen, da es einen Anstieg des Blutzuckerspiegels und des Blutdrucks bewirken kann. Zudem kann Süßholz die Wirksamkeit bestimmter Medikamente (u. a. Cortisonpräparate und Herzmittel) negativ beeinflussen.

### Schon gewusst?
Forscher haben bislang etwa 400 verschiedene Inhaltsstoffe im Süßholz entdeckt. Sein süßer Absud diente schon im Altertum als Hustensaft.

# RINGELBLUMENTINKTUR

Für 1 kleine Flasche von 100 ml

1 Handvoll Ringelblumenblüten
100 ml Doppelkorn

Ein Einmach- oder Schraubglas heiß auswaschen und zu zwei Dritteln mit den Blüten füllen. Mit Doppelkorn auffüllen und an einem warmen, dunklen Ort 4–6 Wochen ziehen lassen. Jeden Tag einmal schütteln und darauf achten, dass die Pflanzen stets von Alkohol bedeckt sind.

Die Tinktur durch ein feines Sieb oder besser durch einen Kaffeefilter abseihen. In eine braune Apothekerflasche abfüllen und verschließen.

### Anwendung
Die Tinktur ist äußerlich und innerlich anwendbar. Innerlich bei Verdauungsschwäche, Magenschleimhautentzündung, Darmentzündungen, Kopfschmerzen und Periodenkrämpfen. Erwachsene nehmen zwei- bis dreimal täglich 20–50 Tropfen. Äußerlich hilft sie bei schlecht heilenden Wunden, Hautreizungen, Entzündungen und Geschwüren. Man tupft sie unverdünnt auf kleinere Hautreizungen, etwa Mückenstiche. Oder man verdünnt sie mit Wasser und verwendet sie für Waschungen, Teilbäder, Kompressen und Umschläge. Darüber hinaus kann man die Tinktur in Cremes einarbeiten.

### Wirkung
Ringelblumen wirken abschwellend, adstringierend, entzündungshemmend und krampflösend. Die Pflanze kann bei Infektionen, Magen- und Darmstörungen, Quetschungen, Ekzemen und schlecht heilenden Wunden eingesetzt werden.

### Nebenwirkungen
Kinder, Lebergeschädigte und Alkoholiker sollten die Tinktur wegen des hohen Alkoholgehalts nicht einnehmen.

### Tipp
Blätter und Blüten der Ringelblume schmecken auch gut als Tee. Dazu einige frische oder getrocknete Blätter und Blüten heiß aufgießen.

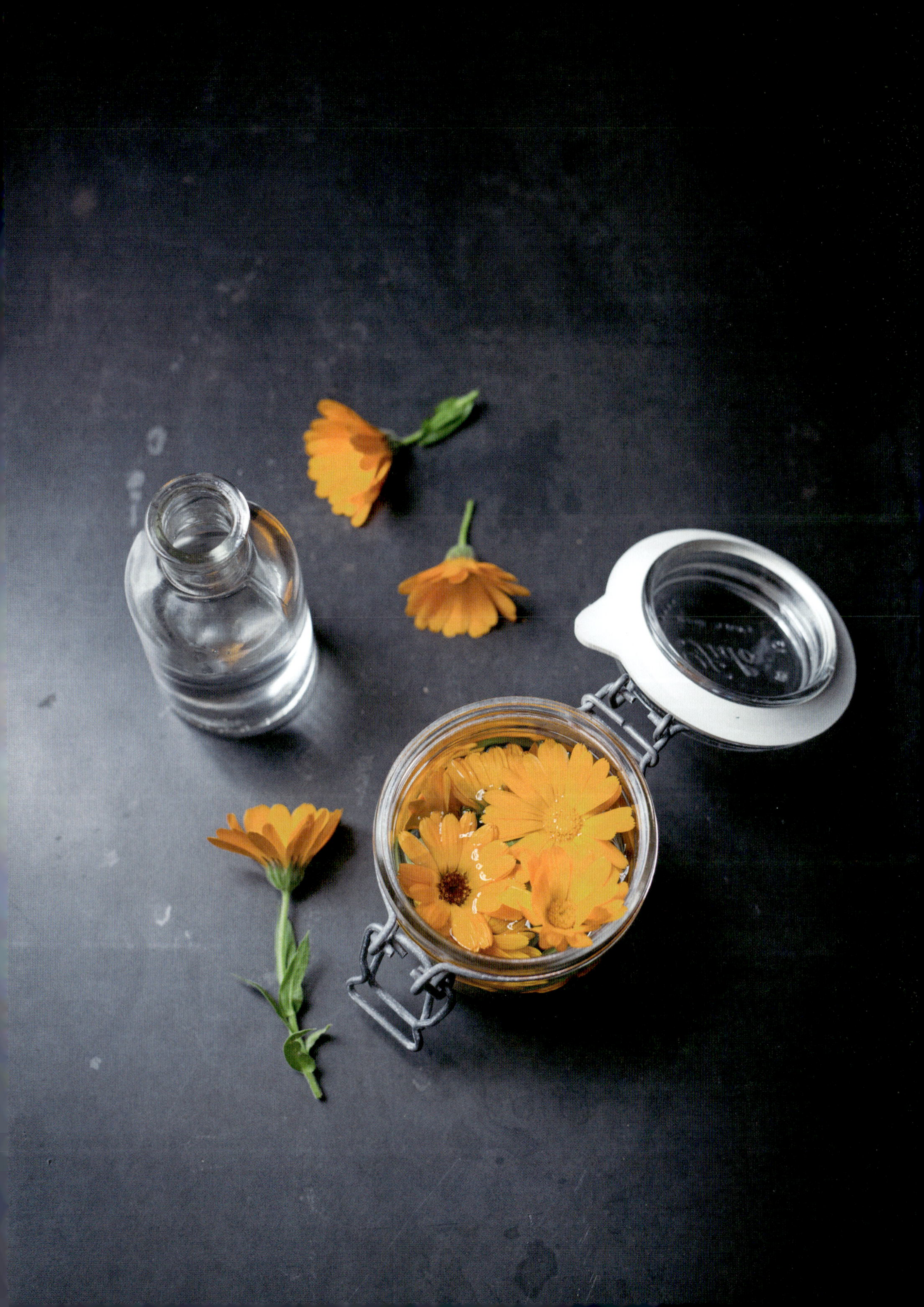

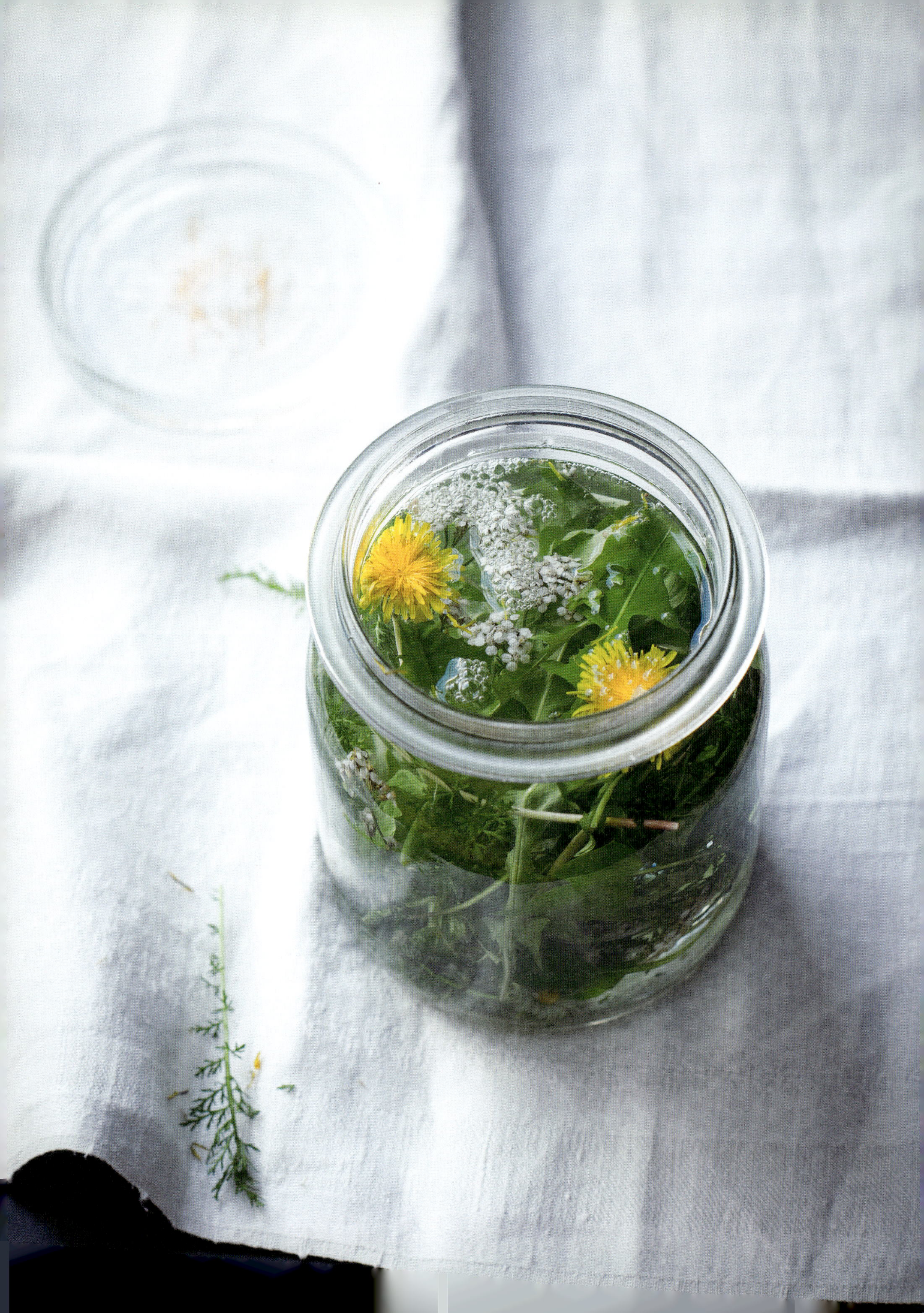

# LÖWENZAHNTEES

Löwenzahntees helfen der Verdauung und eignen sich gut zum Entschlacken.

### Löwenzahntee aus Blüten und Blättern

Für 4 Tassen

8–10 Löwenzahnblätter
4–6 Löwenzahnstiele
4 Löwenzahnblüten
1 Stück Löwenzahnwurzel nach Belieben

Den Löwenzahn grob zerkleinern und in eine Teekanne geben. Die Wurzel, falls verwendet, unter fließendem Wasser säubern, zerkleinern und dazugeben. Mit 600 ml kochendem Wasser übergießen und 10 Minuten ziehen lassen. Durch ein Sieb abgießen und heiß trinken.

#### Tipp
Die Wurzel ist der bitterste Teil der Pflanze. Wie viel man davon verwendet, ist Geschmackssache. Wer mag, kann den Tee auch ausschließlich aus den Wurzeln zubereiten und heiß oder kalt aufgießen (siehe unten). Für den Winter kann man alle Teile des Löwenzahns trocknen, zerkleinern und in einer Dose aufbewahren. Pro Tasse 1 Teelöffel davon heiß aufgießen.

### Kalt angesetzter Löwenzahnwurzeltee

Für 4 Tassen

3–4 Löwenzahnwurzeln

Die Wurzeln unter fließendem Wasser säubern, zerkleinern und in eine Teekanne oder ein Einmachglas geben. Mit 600 ml kaltem Wasser übergießen und mindestens 8 Stunden ziehen lassen. Alles einmal aufkochen, nochmals 10 Minuten ziehen lassen und den Tee abseihen. Heiß trinken.

#### Tipp
Welche Menge Löwenzahnwurzel man pro Tasse verwendet, hängt vom persönlichen Geschmack ab. Je mehr Wurzeln, desto bitterer der Tee.

#### Anwendung
Sowohl heißen wie kalten Löwenzahntee trinkt man vor den Mahlzeiten, um den Appetit zu zügeln und die Verdauung in Schwung zu bringen. Im Frühling bietet sich eine Löwenzahn-Kur zum Entschlacken an.

# TINKTUR AUS LÖWENZAHNWURZELN

Bei Verdauungsbeschwerden helfen die Bitterstoffe des Löwenzahns.

Für 1 kleine Flasche von 100 ml

1 Handvoll Löwenzahnwurzeln, frisch oder getrocknet
100 ml Doppelkorn

Die Löwenzahnwurzeln unter fließendem Wasser säubern, grob zerkleinern und zusammen mit dem Doppelkorn in ein Schraubglas geben. Verschließen, an einen warmen Ort stellen und mindestens 4 Wochen ziehen lassen. Die Tinktur durch ein feines Sieb oder einen Kaffeefilter abseihen und in ein braunes Apothekerfläschchen abfüllen. Zwei- bis dreimal täglich 20–50 Tropfen vor den Mahlzeiten einnehmen.

### Wirkung
Löwenzahn fördert die Durchblutung, wirkt reinigend und entschlackend, unterstützt die Verdauung und ist harntreibend. Er hilft bei Appetitmangel, Verdauungsbeschwerden mit Völlegefühl und Blähungen, wirkt positiv auf Galle und Niere.

### Nebenwirkungen
Kinder, Lebergeschädigte und Alkoholiker sollten die Tinktur wegen des hohen Alkoholgehalts nicht einnehmen.

### Schon gewusst?
Der weiße Saft des Löwenzahns wird in der Volksheilkunde gegen Warzen und Hühneraugen empfohlen.

### Variation
Die oben beschriebene Tinktur kann durch folgende Zutaten ergänzt werden: Fenchelsamen, einige Minzblätter, einige Scheiben frischer Galgant oder Ingwer. Hilft bei Verdauungsbeschwerden, Darmträgheit und Völlegefühl.

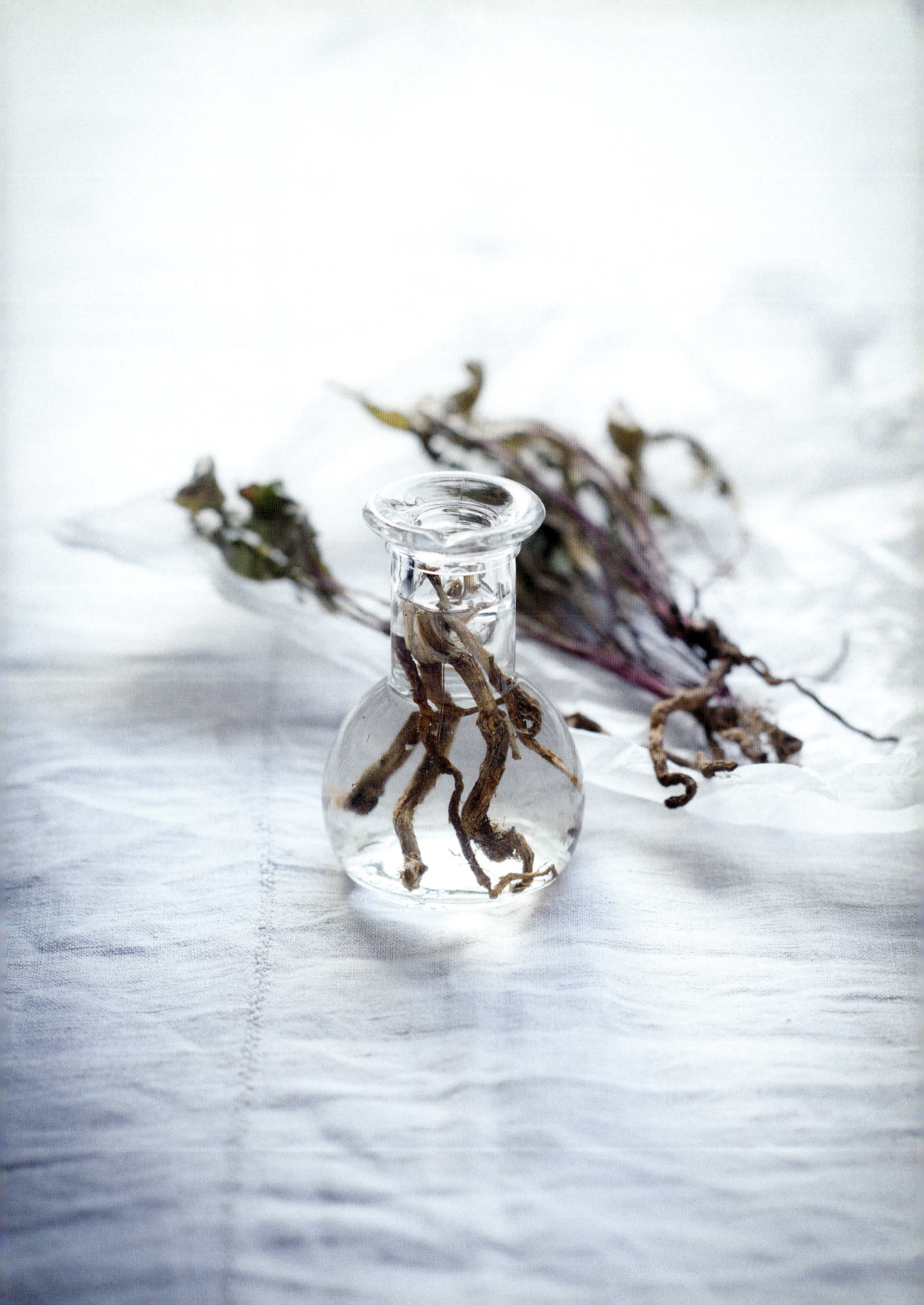

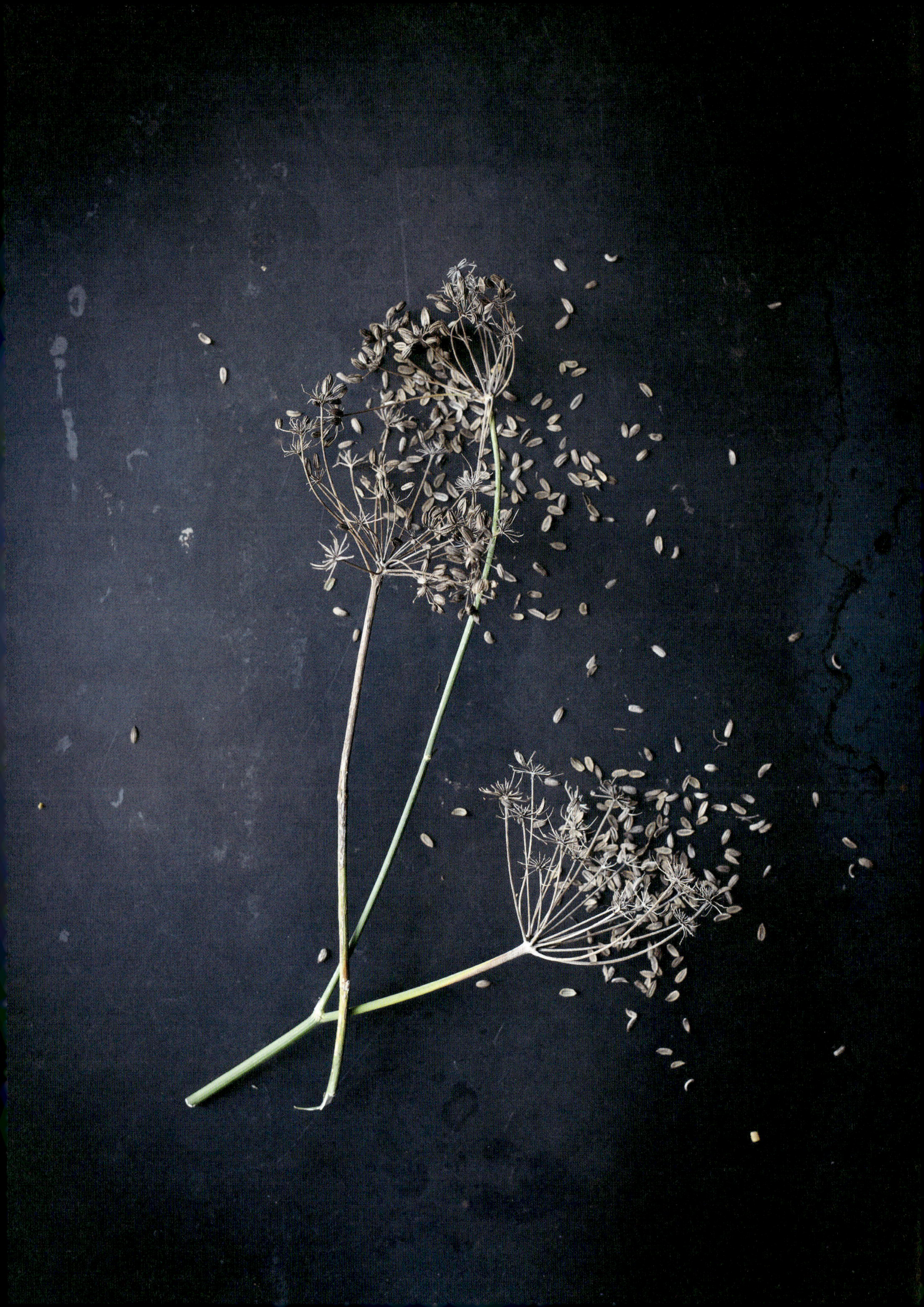

# FENCHELTEE

*Dieser Tee hilft gegen Husten, Bauchschmerzen und Blähungen.*

Für 1 Tasse

1–2 TL Fenchelsamen

Die Fenchelsamen im Mörser grob zerstoßen und mit 200 ml kochendem Wasser aufgießen. 5–10 Minuten ziehen lassen und warm trinken. 2 Tassen täglich decken die empfohlene Tagesdosis von 7 g Heilkraut pro Tag.

### Wirkung
Fenchel wirkt antibakteriell, stärkend und entspannend, harntreibend, krampf- und schleimlösend. Er kommt bei Appetitlosigkeit, Blähungen und Verdauungsschwäche (auch bei Kindern und Säuglingen ab dem sechsten Monat) zum Einsatz. Außerdem tut er gut bei Bronchitis, trockenem Husten, Halsinfektionen und Erkältungen. Fenchelsamen wirken leicht menstruationsfördernd, sie können Periodenkrämpfe lindern und fördern die Milchbildung bei stillenden Frauen.

### Teemischungen
Fenchelsamen eignen sich gut für wohltuende Teemischungen. Um Blähungen zu lindern, mischt man Fenchel mit Anis und Kamillenblüten. Eine Mischung aus Anis, Kümmel und Fenchel ergibt einen Stilltee, der die Milchbildung fördert und gegen Blähungen des Säuglings helfen kann.

### Tipp
Für eine selbst gemachte Fenchelschorle süßen Sie 1 Tasse Fencheltee mit 1 Teelöffel (Fenchel-)Honig und gießen Sie diese Mischung mit der gleichen Menge Mineralwasser auf. Eisgekühlt ein erfrischendes Sommergetränk.

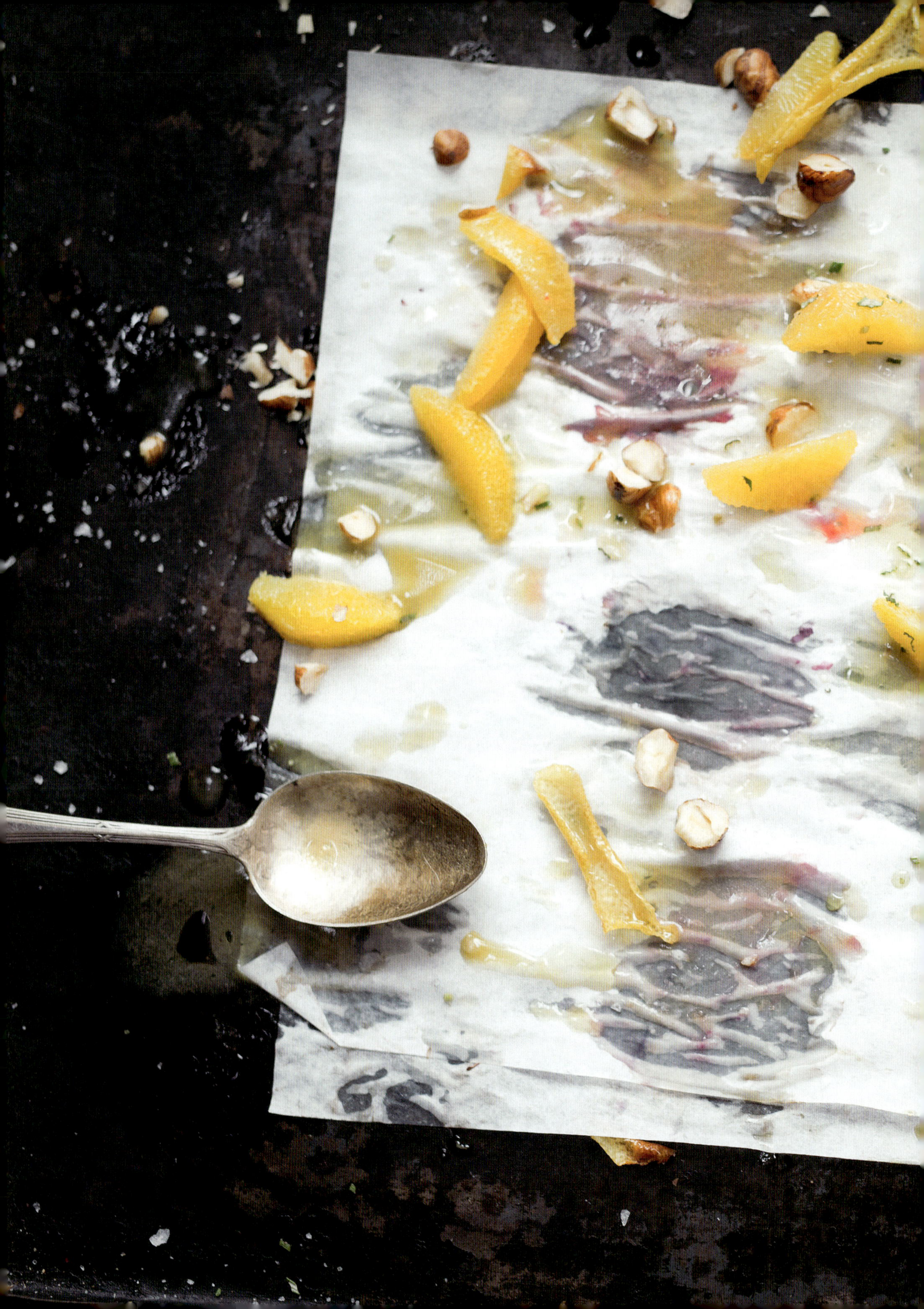

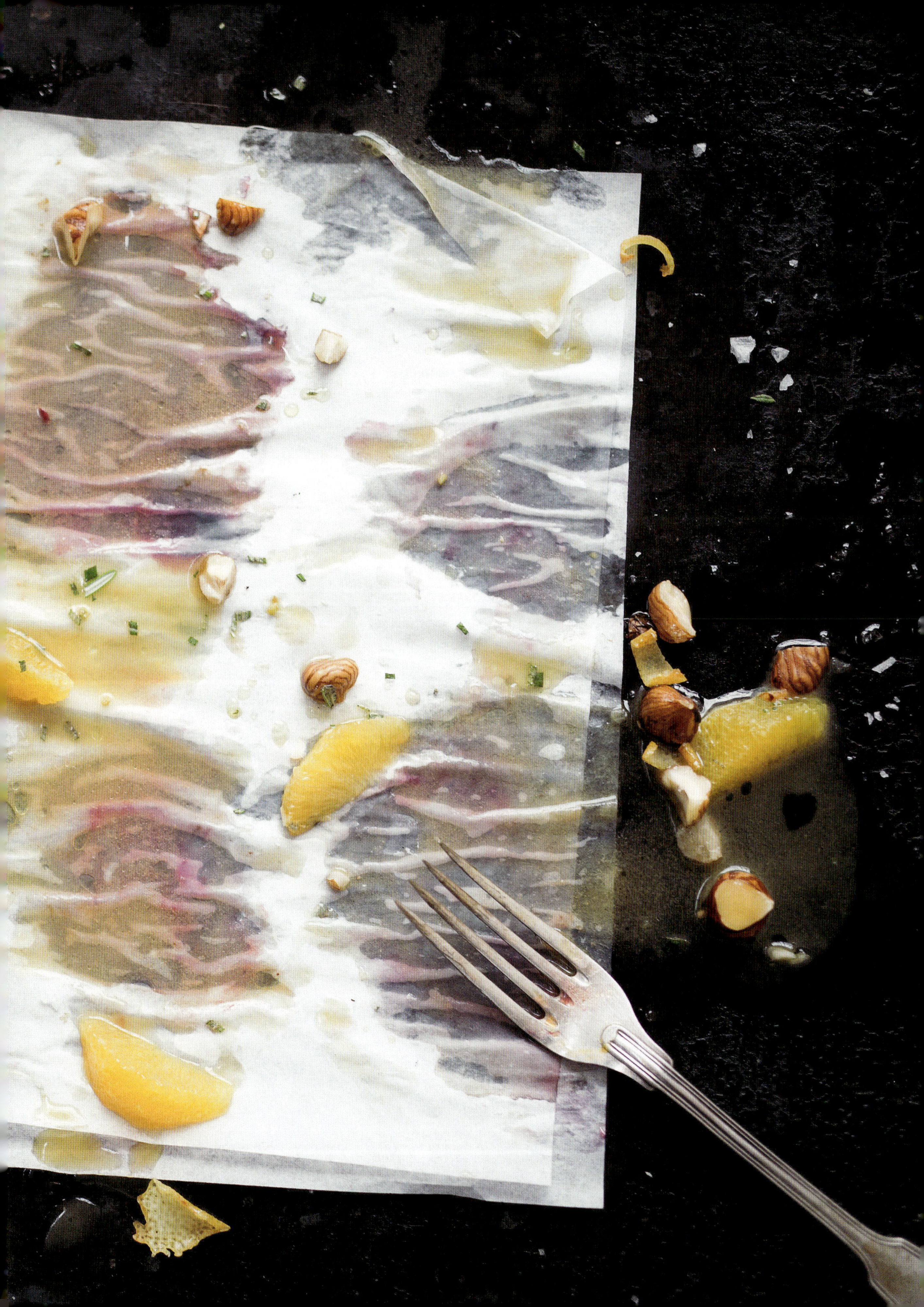

## BUCHHINWEISE

Bissegger, Meret: Meine wilde Pflanzenküche, AT Verlag, [7]2015

Eckmann, Anette: Wild kochen, Christian Verlag, 2011

Fischer-Reska, Hannelore: Die Bitterstoff Revolution, Südwest Verlag, 2010

Fleischhauer et al.: Essbare Wildpflanzen, AT Verlag, [10]2016

Holler, Christiane: Vital und schlank mit Bitterstoffen, kneipp verlag, 2016

Katz, Sandor Ellix: The Art of Fermentation, Chelsea Green Publishing, 2012

McLagan, Jennifer: Bitter. A Taste of the World's Dangerous Flavor, with Recipes, Ten Speed Press, 2014

Storl, Wolf-Dieter: Heilkräuter und Zauberpflanzen zwischen Haustür und Gartentor, AT Verlag, [8]2016

Vilgis, Thomas (Hg.): journal culinaire. Kultur und Wissenschaft des Essens, No. 7: Schmecken, Edition Wurzer & Vilgis, 2008

## AUSSERDEM

Zum Thema wilde Fermentation: www.wildefermente.de

Zum Thema Sensorik: eva-derndorfer.at/index.html

Zum Thema Olivenöl: Sonderheft der Zeitschrift »Merum«; aktualisierte Auflage von 2015 unter: www.dasgoldderbauern.de/Shop2/Publikationen-Olivenoel; erste Ausgabe von 2003 auszugsweise unter: www.oelkampagne.de/download/olivenoel_dossier.pdf. Außerdem jährlicher Olivenöltest der Zeitschrift »Der Feinschmecker« unter: www.der-feinschmecker.de/olio_awards/

Zu Heilkräutern: www.heilkraeuter.de

## BEZUGSQUELLEN

Besondere Gemüse und Früchte, je nach Saison auch Puntarelle, Cima di Rapa, Artischocken und Zitrusfrüchte aus Italien, kann man einmal pro Woche online bestellen unter: www.sandner-fruechte.de

Christiane und Johannes Thees verkaufen Wildkräuter und bittere Salate auf Bauernmärkten in Düsseldorf und Krefeld sowie über einige Vertriebspartner am Niederrhein: www.bio-thees.de

Wildkräuter(mischungen) kann man bei der Gemeinschaft Schloss Glarisegg online bestellen unter: www.chruetliposcht.ch

Der Keltenhof in Filderstadt (www.keltenhof.com) ist spezialisiert auf Wild- und Wiesenkräuter, Blüten, Salate (vor allem Micro- und Baby Leaves) und Gemüse. Grünkohl (Kale) und Sprossenbrokkoli sind bei ihnen in den Größen »Micro«, »Baby« und »Junior« erhältlich. Zu beziehen zum Beispiel über FrischeParadies: https://frische-paradies.de Der Online-Shop liefert nur in Deutschland. FrischeParadies-Märkte gibt es in verschiedenen Städten in Deutschland, sowie in Wien und Innsbruck.

Ausgewählte Gemüse, Zitrusfrüchte und Olivenöle sind online zu bestellen unter: www.genusshandwerker.de (Versand innerhalb der EU)

Sehr gute Olivenöle auch unter: www.dasgoldderbauern.de sowie hochwertige italienische Olivenöle unter: www.gustini.de/sortiment/olivenoel-aus-italien.html

Biologische Zitrusfrüchte und Olivenöl zu bestellen bei Casa del Mas AG, https://casadelmas.ch

Großartige Schokoladen (mit besonderen Schätzen vor allem unter den hochprozentigen), fair gehandelt und bio-zertifiziert unter: www.zotter.at/de/startseite.html sowie www.originalbeans.com/de

Fair gehandelter Kaffee:
www.coffeecircle.com
www.derkaffeeshop.ch

Fair gehandelter und bio-zertifizierter Tee:
www.teekampagne.de

Fair gehandelte und bio-zertifizierte Gewürze:
www.gewuerzkampagne.de

Fair gehandelte Produkte:
www.fairtrade-deutschland.de
www.fairtrade.at
www.gepa-shop.de
www.el-puente.de
www.maxhavelaar.ch

## DANKESCHÖN

Dank für ihre freundliche Unterstützung geht an:

Keltenhof, Gerhard Daumüller,
   www.keltenhof.com
Christiane und Johannes Thees,
   Kräutergärtnerei Thees,
   www.bio-thees.de
Kräuterkauz Köln,
   www.kraeuterkauz.de
Genusshandwerker,
   Hans-Georg Pestka,
   www.genusshandwerker.de
Sebastian Bordthäuser,
   Sommelier, Sensorikexperte
   und Weinjournalist

Ein großes Dankschön an meine
   Familie, an Petra Wegler und
   Bettina Bormann.
Vielen Dank auch an das Team des
   AT Verlags für das schöne
   Thema und für die Geduld.

## DIE AUTORIN

Manuela Rüther
geboren 1979, kochte nach dem Abitur in verschiedenen Sterneküchen. Seit 2008 ist sie freischaffende Fotografin und Autorin. Ihre Bilder, Geschichten und Rezepte, die zahlreiche Auszeichnungen erhalten haben, erscheinen regelmäßig in Magazinen und Büchern sowie in ihrem Blog.
www.elaruether.de

# REZEPTVERZEICHNIS

Artischocken mit Erbsen, Pilzen, Speck und Vinaigrette 78
Artischocken, Mini-, gebraten, mit Joghurt 81
Auberginencreme mit Tahini und Sprossen 35

Bitter-Sweet Aperol 202
Blattzichorie mit Ente, Nüssen und Pomelo 112
Brot mit Wildkräuterbutter und Radieschen 73
Brunnenkressesuppe 62

Caesar Salad »bitter« 111
Campari-Granité 157
Cedro, Salz- 169
Cedro-Chutney 166
Cedro-Fenchel-Carpaccio mit Crostini 108
Chicorée, überbacken 124
Chicorée-Eis mit kandiertem Tardivo 165
Chicorée-Risotto mit Gundermann 123
Chicoréesuppe mit Zitrus-Topping 104
Conchiglie alla Catalogna 118
Couscous mit Löwenzahn und Pfirsich 122

Eberrautentee 215
Eistee mit Bergamotte und Minze 186
Energiebällchen 152
Energy-Drink mit Brunnenkresse 192

Fencheltee 229
Fermentierte Radieschen 72
Flammkuchen mit Radicchio, Blauschimmelkäse und Birne 132
Frauentee aus Schafgarbe 212

Gänseblümchen-Tee 218
Gewürz-Couscous mit Löwenzahn und Pfirsich 122
Grapefruit-Törtchen 161
Grüner Smoothie mit Wildkräutern und Rucola 188
Grünkohl siehe auch Kale

Huhn, in Craft-Beer geschmort 44

Kaffee-Angostura-Cocktail 196
Kaffee aus wilden Wurzeln 195
Kalbstafelspitz, rosa gebraten, mit Meerrettich und Kresse 84
Kale-Rote-Bete-Smoothie 185
Kale-Salat, bunter 74
Kale-Smoothie, fruchtiger 184
Kalt angesetzter Löwenzahn-Wurzeltee 225
Kartoffelsalat, lauwarmer, mit Frisée und Pulpo 107
Kresse-Drink mit Gurke und Limette 193

Lammburger mit Sesamjoghurt 88
Lammkarree mit Kapuzinerkresse-Kruste 89

Löwenzahntee aus Blüten und Blättern 225
Löwenzahnwurzeltee, kalt angesetzt 225

Magenbitter mit Wurzeln und Wiesenkräutern 199
Mairübchen in Senfdressing mit Schollenfilets 82
Mini-Artischocken, gebraten, mit Joghurt 81
Minztee mit Süßholz und Galgant 221
Muscheln mit Sellerie und Bier 423

Obstsalat mit Gänseblümchen 158
Ofenaprikosen, Zitrone und Ricotta 46
Oliven-Tapenade mit Zitronenthymian 27

Pampelmusen-Eisshake 179
Pide mit Treviso, Trauben und Ziegenkäse 131
Pink-Grapefruit-Smoothie 178
Pink-Grapefruit-Sorbet mit Nusshippen 162
Pomeranzen-Cookies mit Fleur de Sel 144
Pomeranzen-Marmelade 145
Puntarelle, gegrillt, mit Knoblauch-Sardellen-Dip 114
Puntarelle, gratiniert 117

Radicchio, gegrillt, mit
    Orangen und Thymian  127
Rinderfilet mit Süßholz
    und Bitterschokolade  49
Ringelblumentinktur  222
Rohkakao-Drink mit
    Gewürzen  180
Rohschokolade
    »Traube-Nuss«  151
Rosenkohlblätter, geröstet,
    mit Kurkuma und
    Walnüssen  76
Rübstiel-Minestrone  86
Rübstiel mit Kartoffelstampf
    und Ei  69

Salat mit Löffelkraut, rotem
    Rettich und Kefirdressing  64
Salz-Cedro  169
Scampi mit Senf und Sellerie  36
Schafskäse und Wildkräuter
    im Strudelteig  34
Schokoladenkuchen
    mit Estragon  156
Schwarzer-Rettich-Sirup  216
Smoothies
    Fruchtiger Kale-Smoothie  184
    Grüner Smoothie mit
        Wildkräutern und Rucola  188
    Kale-Rote-Bete-Smoothie  185
    Pink-Grapefruit-Smoothie  178
Sommerrolle mit Eisbergsalat,
    Sprossen und Cashew-
    kernen  39
Spargel, gebraten, mit
    Erdbeeren und Rucola  28
Spargelrohkost mit Limetten-
    joghurt und Walnüssen  30

Stängelkohl mit Curry, Kokos und
    Cashewkernen  91
Steckrübenpüree mit Süß-
    holz-Kalbsbäckchen  92

Tee
    Minztee mit Süßholz
        und Galgant  221
    Eberrautentee  215
    Eistee mit Bergamotte
        und Minze  186
    Fencheltee  229
    Frauentee aus Schafgarbe  212
    Gänseblümchen-Tee  218
    Kalt angesetzter
        Löwenzahn-Wurzeltee  225
    Löwenzahntee aus Blüten
        und Blättern  225
    Löwenzahnwurzeltee, kalt
        angesetzt  225
    Wegwartentee  214
Teecreme mit Limette,
    Ingwer und Kumquats  148
Tinktur aus Löwenzahn-
    wurzeln  226
Treviso, in Rotwein
    geschmort  128

Vollkorn-Crostini
    mit Rettichdip  60

Wegwartentee  214
Wildkräuterbutter, Brot mit  73
Wodka mit Kale und Schlehe  200
Wurzelgemüse in Bier  40

Zitrusfrüchte-Tarte  147

# BÜCHER AUS DEM AT VERLAG

Tanja Grandits
**Kräuter**
Vierzig Kräuter und
hundertvierzig Rezepte

Tanja Grandits
**Gewürze**
Fünfzig Gewürze und
hundertfünfzig Rezepte

Cornelia Schinharl
**Gemüse all'italiana**
Über 200 vegetarische Rezepte
aus allen Regionen Italiens

Meret Bissegger
**Meine Gemüseküche
für Herbst und Winter**

Meret Bissegger
**Meine wilde Pflanzenküche**
Bestimmen, Sammeln und
Kochen von Wildpflanzen

Steffen Guido Fleischhauer
**Wildpflanzen-Salate**
Sammeltipps, Pflanzenporträts
und 60 Rezepte

Mary Karlin
**Das große Buch
vom Fermentieren**
Grundlagen, Anleitungen
und 100 Rezepte

Marianna Serena,
Michael Suanjak, Beat Brechbühl,
Franca Pedrazzetti
**Das Lexikon
der alten Gemüsesorten**
800 Sorten – Geschichte,
Merkmale, Anbau und
Verwendung in der Küche

Andrea Überall, Florian Überall
**Herb- und Bitterstoffe**
Rezepte und Anwendungen
aus der Tibetischen Medizin

Karen Page, Andrew Dornenburg
**Das Lexikon der Aromen- und
Geschmackskombinationen**

Christine Mayr
**RohVegan**
100 Rezepte – natürlich raffiniert

Delphine De Montalier
**Roh**
115 Rezepte – unverfälscht
natürlich

Nicky Sitaram Sabnis
**Das große
Ayurveda-Kochbuch***
150 einfache, indisch
inspirierte Rezepte

Markus Dürst, Johanna Wäfler,
Doris Iding
**Sinnliche Ayurvedaküche***
Über 100 Rezepte für Gesundheit
und Lebensfreude

Louisa Shafia
**Die neue Persische Küche**
Traditionelle Rezepte
modern interpretiert

Peter Oppliger
**Grüner Tee**
Kultur – Genuss – Gesundheit

Vicki Edgson, Adam Palmer
**Darmgesund**
Ernährungsplan mit über
100 Rezepten für Gesundheit
und Vitalität

Christine Baumann
**Darm – natürlich gesund***
Ein praktischer Ratgeber mit
Rezepten aus der Naturheilkunde

* Auch als E-Book erhältlich

**AT Verlag**
Bahnhofstraße 41
CH-5000 Aarau
Telefon +41 (0)58 200 44 00
info@at-verlag.ch
www.at-verlag.ch